高等职业教育公共基础课系列规划教材

新编实用应用文写作

主编 赵娇　副主编 韩畅 文丽萍

大连理工大学出版社
Dalian University of Technology Press

图书在版编目（CIP）数据

新编实用应用文写作 / 赵娇主编. -- 大连：大连理工大学出版社, 2024.8（2025.1重印）--（高等职业教育公共基础课系列规划教材）. -- ISBN 978-7-5685-5070-3

Ⅰ. H152.3

中国国家版本馆 CIP 数据核字第 2024W9X428 号

大连理工大学出版社

地址：大连市软件园路 80 号　邮政编码：116023
发行：0411-84708842　邮购：0411-84708943　传真：0411-84701466
E-mail:dutp@dutp.cn　　　　　URL:https://www.dutp.cn

大连日升彩色印刷有限公司印刷　　　大连理工大学出版社发行

幅面尺寸：185mm×260mm	印张：14.5	字数：305 千字
2024 年 8 月第 1 版		2025 年 1 月第 3 次印刷

责任编辑：欧阳碧蕾　　　　　　　　　　　责任校对：程砚芳
　　　　　　　　　　　封面设计：张　莹

ISBN 978-7-5685-5070-3　　　　　　　　　　　定　价：48.80 元

本书如有印装质量问题，请与我社发行部联系更换。

前　言

应用文是现代社会人们在工作、学习和生活中必不可少的信息交流工具，具有综合性、实践性和工具性的特征。应用文写作课程能够全面提升学习者的写作水平和综合素养，帮助其提高职业水平和就业竞争力，在高层次技术技能人才培养过程中，发挥着重要作用。

本教材以习近平新时代中国特色社会主义思想为指导，深入贯彻党的二十大精神，全面落实习近平总书记关于职业教育工作、教育强国建设的重要指示。在教材编写过程中，为适应社会和职业教育发展的趋势，将职业性和教育性相结合，应用性和人文性相结合，在帮助学习者掌握写作技能、提升写作水平的同时，以传统中国文化为导引，塑造价值观和人生观，提升文化自信，优化综合素质。教材内容科学实用、呈现方式多元多样，体系严谨、结构清晰，力求深入浅出、通俗易懂。本教材具体特色如下：

1. **立德为先，育人为本**。本教材落实立德树人的根本任务，将文化传承与文化自信、职业精神与社会责任等有机地融入教材内容的编排中。每一章均以党的二十大原文或重要论述开篇，引导学生阅读原文，领悟真谛。同时，本书注重挖掘文种本身的思政元素，在材料选取和评析时兼顾知识性和思想性，确保显性教育与隐性教育相结合，在传授专业知识的同时，实现润物细无声的思政教育效果。

2. **实用渐进，学思练一体**。本教材以实用为导向，按照学生认知规律和发展轨迹安排编写体例，分为应用文写作基础、大学生活常用文书、职场公务文书、业务技能文书、商务活动文书以及资讯传播文书六个大类，涵盖了职业教育典型应用文书类型，内容结构上循序渐进；每类文种又从概念、种类、写作格式、例文等方面进行编写，难易程度上由浅入深。同时，教材注重学习、思考、演练相结合，在基础知识之外，设置"文海百科"和"写作之窗"两个模块，拓宽学生知识面，引导学生思考明理，设置"牛刀小试"模块用来检验学生学习效果。

3. **图构框架，助学利教**。教材每章开头均配备了思维导图，用以展示章节框架和知识点逻辑，便于学生快速把握整体结构。对于各文种的重难点知识，亦辅助有思维导图，用来梳理复杂信息，突出核心知识，简化理解和记忆过程。这种结构化的呈现方式，有助于学生建立知识体系，也便于教师进行针对性授课，确保教与学的过程高效顺畅。

4. **融媒赋能，资源丰富**。本书将"互联网+"的理念融入教材编写之中，多渠道拓展学习空间，学生可以通过手机或其他移动设备扫描二维码来观看相关知识点的微课视频，根据个人学情实现自主学习。另设创新课堂二维码资源，视频源自编者参加的教学大赛获奖作品，"教赛同步"为学习者提供高层次优质素材。

本教材由陕西工业职业技术学院赵娇任主编；由陕西工业职业技术学院韩畅、咸阳职业技术学院文丽萍任副主编；陕西工业职业技术学院李冉、杨芸芸、孟献刚、杨凌波、张菲菲参与了教材的编写。延安职业技术学院王亚丽承担教材题库的资源建设任务。具体编写分工如下：赵娇编写第一章；韩畅编写第二章、第五章第一节；文丽萍编写第三章第一节；孟献刚编写第三章第二节；李冉编写第四章第一节；杨芸芸编写第四章第二节；张菲菲编写第五章第二节、第六章第二节；杨凌波编写第六章第一节。

在编写教材的过程中，编者参考、引用和改编了国内外出版物中的相关资料以及网络资源，在此一并致谢！本书不足之处，敬请广大师生、读者指出，以便进一步完善本教材。

所有意见和建议请发往：dutpgz@163.com
欢迎访问职教数字化服务平台：https://www.dutp.cn/sve/
联系电话：0411-84706672　　84706581

目 录

第一章　应用文写作基础　01
第一节　应用文概述　02
第二节　应用文的材料收集与处理　09
第三节　应用文的结构与语言　14

第二章　大学生活常用文书　25
第一节　校园活动文书　26
第二节　求职实践文书　45

第三章　职场公务文书　61
第一节　公务信息文书　62
第二节　上下沟通文书　94

第四章　业务技能文书　111
第一节　书面汇报文书　112
第二节　发言报告文书　127

第五章　商务活动文书　139
第一节　礼仪交际文书　140
第二节　经济活动文书　165

第六章　资讯传播文书　　　　　　　　　　　193

　　第一节　宣传资讯类文书　　　　　　　　194
　　第二节　信息传播类文书　　　　　　　　208

参考文献　　　　　　　　　　　　　　　　222
附　　录　　　　　　　　　　　　　　　　223

文化兴则国家兴，文化强则民族强

第一章　应用文写作基础

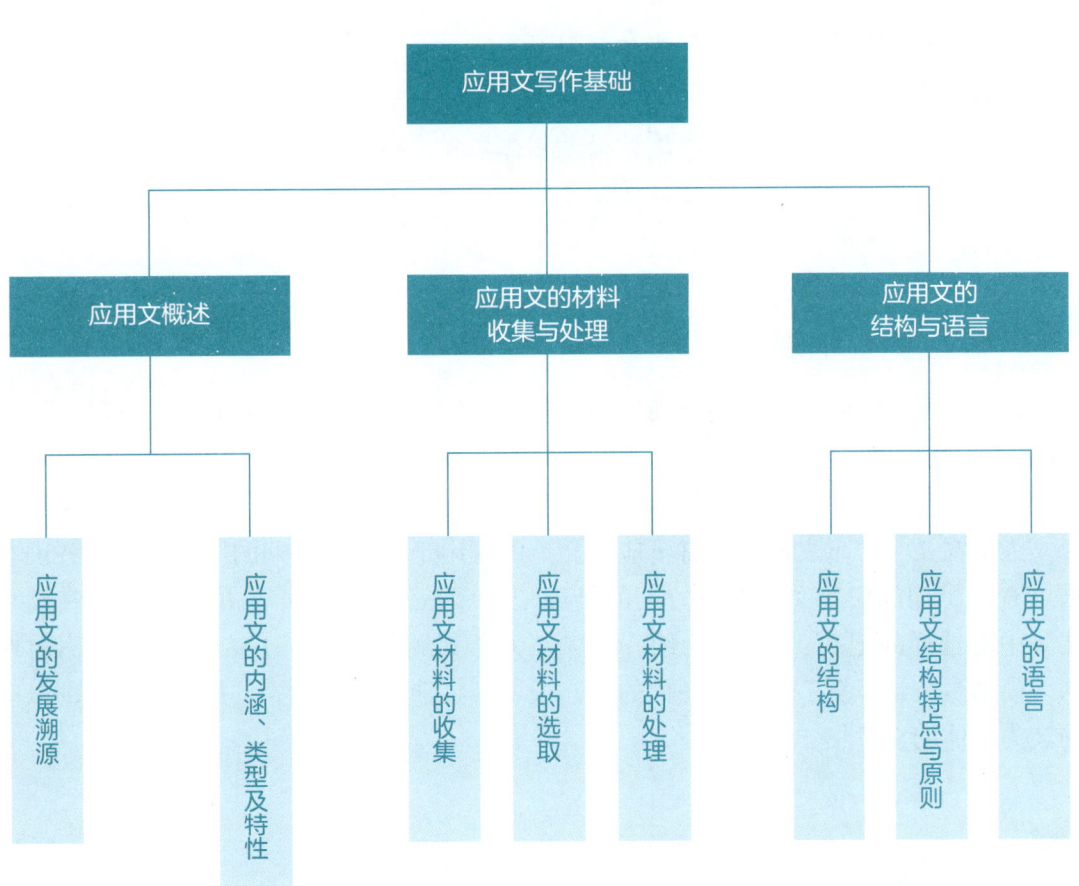

第一节 应用文概述

学习目标

- **知识目标**
1. 了解应用文文化意蕴。
2. 掌握应用文的内涵与特征。

- **能力目标**
1. 能够增强使命感，转变思想，强化应用文写作意识。
2. 能够厘清应用文写作的知识及能力要素。

- **素质目标**
1. 通过中华优秀传统文化渗透，提升学生文化素养。
2. 通过例文评析，培养学生文学鉴赏能力。

一 应用文的发展溯源

任何文体的产生和发展都与那个时代的政治、经济是密切相关的。应用文已有 3 500 多年的历史，文章体式不断变化，形成了自己独特的风格。

（一）上古时期——萌芽期

人类在文字产生之前，就有了应用文。殷墟出土的商周时期的甲骨卜辞是我国有据可查的早期的应用文。上古时期的结绳记事就是为应用而产生的。郑玄的《周易注》中有这样的记载："结绳为约。事大，大结其绳；事小，小结其绳。"先秦时期的《尚书》收录了夏、商、周各代的典、谟、训、诰、誓、命等，是我国第一部以应用文为主体的文章集。

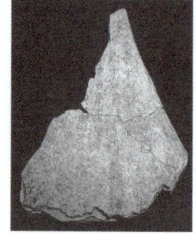

甲骨文——早期应用文

甲骨文是占卜时刻在龟甲、兽骨上的文字。1898 年，在河南安阳小屯村陆续发现的刻有文字的甲骨，考古学家称之为"甲骨文书"。从文字结构上看，甲骨文已基本具备汉字构成的条件，即所谓

"六书"，其中最多的是象形、会意、形声、假借四种。甲骨文是中国最早的系统的成熟文字，这些也是早期应用文。

（资料来源：央博官网，2012-05-24，有改动）

（二）秦汉时期——演变期

秦始皇统一天下，下令统一文字，统一文书体制，使得应用文在秦汉时期基本成型。"公文"的称谓是在这一时期出现的。"制""诏"等都是皇帝的命令。皇帝自称"朕"，下臣上书为"奏"。应用文写作有了完整的规范体制，如贾谊的《论积贮疏》、晁错的《论贵粟疏》、司马相如的《上书谏猎》等。

（三）魏晋六朝——转折期

魏晋六朝时期是应用文的转折期，刘勰的《文心雕龙》是我国第一部写作以及应用写作理论著作，奠定了我国古代应用写作理论的基础，成为应用写作发展的里程碑。这一时期，人们逐渐对应用文写作有了比较自觉的认识，应用文体形成了自己的理论与观念，代表作品有诸葛亮的《出师表》、李密的《陈情表》等。

微课：
应用文的产生及发展

（四）唐宋时期——成熟期

唐宋时期政治开明、经济稳定，为应用文创造了宽松的环境，涌现出许多为应用文的发展做出贡献的卓越人物和代表作品，如王安石的《答司马谏议书》、韩愈的《上宰相书》、柳宗元的《答韦中立论师道书》、白居易的《请赎魏征宅奏》、欧阳修的《五代史伶官传序》、文天祥的《指南录后序》等，这一时期应用文的数量和质量都达到了顶峰。

（五）元明清时期——稳定期

元明清时期出现了资本主义的萌芽和个性解放思潮，同样涌现出了许多应用文大家和名作，是应用文发展的稳定期，如海瑞的《治安疏》、宗臣的《报刘一丈书》、王桢的《农书》等。

（六）辛亥革命以后——繁荣期

汉语言在辛亥革命后发生了巨大变化。封建色彩减少，民主意识增强，文言文变为白话文，以白话文为中心的新文种和公文程式产生，语体形式更加贴近生活，反映经济文化生活的文体大量产生。中华人民共和国成立后，我国的公文制度不断完善，先后多次修订公文制度，各种公文体裁用途或使用范围日益规范化。

虽艺文之末品，而政事之先务也

刘勰在《文心雕龙·书记》中说应用文"虽艺文之末品，而政事之先务也"。应用文写作是以有效的行动为目的的，自古以来它就被各种规章、制度以及应用文写作的惯用格式所约束和限制，但是在一定的空间内，它又具有一般文体所不具备的特点，发挥着不一般的作用。

（资料来源：王晓.《文心雕龙》对当下应用文写作的借鉴意义.今古文创，2021.07，有改动）

二 应用文的内涵、类型及特性

（一）应用文的内涵

应用文侧重"应用"二字，是人类在长期的社会实践活动中形成的，是机关、企事业单位、社会团体和个人在日常工作、学习和生活中处理公私事务、传递信息、表达意愿、交流情感、用作凭证时所使用的具有实用价值和惯用格式的书面语文体。比如，我们要了解天下大事，就要阅读新闻、消息；召开会议要有会议文件；党政机关要有公文上通下达以指导工作；企事业单位正常运转，要有各类事务文书；日常生活，离不开条据、请柬等日用工具类文书。

写作之窗

书面语："一元五角"

口语："一块五"

书面语是指用文字记载下来供"看"的语言，它在口语的基础上形成，使听说的语言符号系统变为"看"的语言符号系统。由于书面语是人们在文本上交流所使用的语言，相对于口语，它有其内在的稳定性。

口语是指口头交际使用的语言，是最早被人类普遍应用的语言形式，口语通常是通过声音传播的。根据需要，文学作品中也常以文字记叙口语。

（资料来源：李福基.口语化语言在公文中的应用.办公室事务，2024.02，有改动）

（二）应用文的分类

1. 按照用途分类

微课：
应用文的性质、
种类及写作要求

（1）指导性应用文。指导性应用文是指具有指导作用的应用文，一般用于上级对下级的行文，如命令（令）、决定、决议、指示、批示、批复等。

（2）报告性应用文。报告性应用文是指具有报告作用的应用文，一般用于下级对上级的行文，如请示、工作报告、情况报告、答复报告、简报、总结等。

（3）计划性应用文。计划性应用文是指具有各种计划性质作用的应用文，常用于对某件事或某项工程等开始前的预计，如计划、规划、设想、意见、安排等。

2. 按照性质分类

（1）一般性应用文。一般性应用文是指法定公文以外的应用文。一般性应用文又可以分为简单应用文和复杂应用文两大类。简单应用文是指结构简单、内容单一的应用文，如条据、请柬、聘书、海报、启事、证明等；复杂应用文是指篇幅较长、结构较繁、内容较多的应用文，如总结、条例、合同、会议纪要等。

（2）公务文书。公务文书又称为公文，是指国家法定的行政公务文书。最新版的《国家行政机关公文处理试行办法》将公务文书规定为15类，即命令（令）、决议、决定、公报、公告、通告、通知、通报、议案、报告、请示、批复、意见、函、纪要。

应用文的分类如图1-1所示。

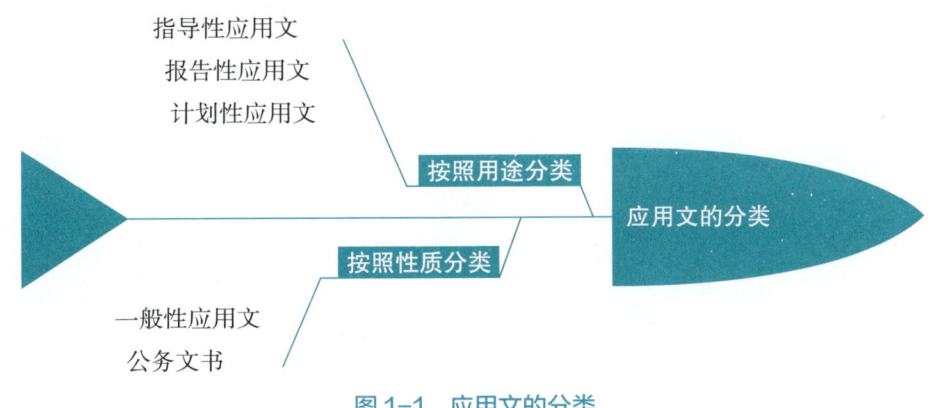

图1-1 应用文的分类

（三）应用文的特点

1. 实用性

"实用性"是应用文区别于其他文章的根本属性。与其他文章相比，理论文章重在析理，给人以知识；文学作品重在给人以审美愉悦，以陶冶读者性情为主；而应用文不同，它重在为处理公私事务服务，体现出最直接的实用价值。

2. 真实性

应用写作以"应"付生活，"用"于事务为目的。应用文的真实性至少要体现在三个方面：一是选用的材料本身必须是真实的，是符合客观实际和社会生活现实的；二是写作时运用材料的方式是得当的，反映给阅读者即受众的材料必须是真实可靠、准确无误的；三是材料的选用与事实核心或实质是一致的，即材料的取舍与应用文主旨之间的关系是紧密的，材料必须充分地支撑观点。

3. 针对性

应用文的对象是十分明确的，可以根据不同的领域、不同的具体业务、不同的行文目的，选用不同的文种。比如，写给谁看的、写些什么、达到怎样的效果，行文者要一清二楚。

4. 时效性

应用文往往是在特定的时间来处理特定的问题，需要尽快传递相关信息，因此必须注意时间、效率，讲究时效性。如开会要先写通知，请假要先写请假条，入党、入团要先写申请书等，强调的都是应用文的时效性。

5. 程式性

在形式上，应用文有其惯用的外观体式和主体风格，其结构、格式、语言等为实用性服务，一般都是约定俗成的。应用文是典型的书面语文体，其文面格式有两种情况，一种是已固化并被指定的规范格式，如公文格式、合同格式等；另一种是惯用格式，虽没有严格的规定，但格式比较稳定、一致，比如一些会议文书、事务文书等。

应用文的特点如图 1-2 所示。

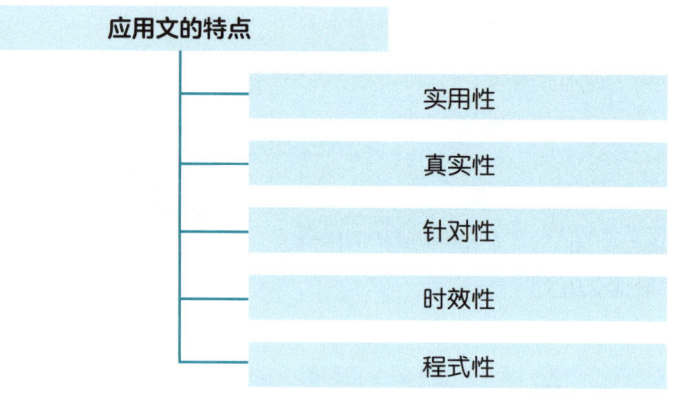

图 1-2　应用文的特点

"告示"的由来

告示，这种文体，自古有之，称为"诰""告""谕"，是古代官府昭示民众的一种下行公文文种。《尚书》有《汤诰》，是我国历史上最早的告示，最初是用口头宣述的。明清时期，官府为了将某些旨意和重要事件广泛而快速地告诉民众，使用"告示"文书张贴在本衙门所管辖的要道路旁，以昭示民众。清代，凡新官上任前，会在衙门前张贴用红纸书写的告示，称为"红示"。"告示"的写作，要求"凡诸晓谕宜明白简切，勿以词华是炫，所谓妇人童竖可知之也。"也就是说，"告示"要写得简洁、明白，用语朴实，能让人一目了然。

（资料来源：今日头条，2020-02-03.）

例文简析

例文一

禁馈送告示

（明·海瑞）

接受所部内馈送土宜礼物，受者笞四十，与者减一等，律有明禁。粮里长各色人等每每送薪送菜，禁不能止。

穷诘所以，盖沿袭旧日风，今日视为常事。且尔等名为奉承官府，意实有所希求。谓之意有希求者，盖亿官府不易反面，而今少献殷勤，他日秉公事、取私债、多科钱粮、占人便宜，得以肆行无忌也。若有美意，则周尔邻里乡党之急，可也。官有俸禄，何故继富？与之官，取之民，出其一而收其十，陷阱不浅。

今后凡有送薪送菜入县门者，以财嘱论罪。虽系乡宦礼物，把门皂隶先禀明后许放入。其以他物装载，把门人误不搜检者，重责枷号。

例文二

**厦门市公安交通管理局关于思明区东岳路施工期间
采取道路交通限行措施的通告**

因思明区东岳路提升改造需要，为确保施工期间道路交通安全、通畅，依据《中华人民共和国道路交通安全法》第二十五条、三十九条，决定于2024年6月29日至12月31日对思明区东岳路施工期间采取道路交通限行措施，并增设、调换、更新有关道路交通信号，具体事项通告如下：

限行期间，思明区东岳路机动车由双向行驶调整为由东往西（东岳二路往湖滨东路方向）单向行驶，禁止机动车由西往东（湖滨东路往东岳二路方向）通行，受限机动车请绕行湖滨东路、仙岳路及东岳二路等周边道路。请过往机动车合理选择出行方式，按照现场道路交通信号指示通行，服从现场民警和管理人员的指挥和疏导。我局将根据施工进度，适时调整相关道路交通限行措施。

特此通告。

厦门市公安交通管理局

2024 年 6 月 24 日

（资料来源：厦门市公安局官网，2024-06-27.）

例文评析

第一篇例文是一篇禁止送礼的告示。明代中叶，吏治腐败，贿赂公行，送礼成风。海瑞出任浙江淳安知县，针对当地给官府送薪送菜的旧习，写了这张告示。

据载，海瑞贴出这张告示后，自己穿布袍吃粗米，让一位老仆种菜，自己母亲做寿仅买二斤肉，传为佳话。可见告示事小，却表现了海瑞禁馈反贪、廉洁刚直的风范。

告示首段是发布告示的法律依据：收受下属"馈送土宜礼物"为法律明令禁止，收受礼物者"笞四十"，馈送礼物者"减一等"。但乡村官吏仍"每每送薪送菜，禁不能止"，故颁此告示，严加禁止。第二段深刻剖析了贪赃受贿屡禁不绝的主要原因、送礼行贿者的不良用心和官员收礼受贿的潜在危害。官吏认为"土宜礼物"礼轻物小，故"沿袭旧日风"，视为常事，不以为意。但送礼者"实有所希求"，另有图谋。其"而今少献殷勤"，意在"他日禀公事、取私债、多科钱粮、占人便宜，得以肆行无忌也"。其"与之官，取之民，出其一而收其十，陷阱不浅"，危害实深。剖析送礼行贿者的用心，可谓一针见血。第三段宣布禁令，视具体职责和情节轻重，依法惩处。"凡有送薪送菜入县门者"，一律视为请托行贿，"以财嘱论罪"。对官员个人之间正常的礼尚往来，门吏须"先禀明"，查清实情，再准入内。凡掩藏行贿财物混入县衙者，或门吏玩忽职守"误不搜检者"，均重加刑责。

（资料来源：方春荣．荡涤赃滥之积习　开启廉政之新风——包拯《乞不用赃吏疏》、海瑞《禁馈送告示》鉴赏．秘书工作．2006.03，有改动）

第二篇例文概念清晰，文种选择准确恰当。通告、公告这两个文种虽有一些相似之处，都具有晓谕性和公布性，但是仍有根本区别，主要是行文范围、事项大小的不同。公告是用来发布重要事项和法定事项的，涉及内容多是国家大事或省市级的行政大事，或者履行法律规定必须遵循的程序。通告是用来发布在一定范围内需要遵守或周知的事项。该通告例文主旨是关于交通限行措施问题，对限行期间交通通行提出明确规定，规定切实可行，对执法部门照章办事、依法治理提供了很好的文件依据，反映了公文实事求是、尊重民众的特点，具有较强的可行性。

牛刀小试

一、填空题

1. 应用文的特点有（　　　）、（　　　）、（　　　）、（　　　）、（　　　）。

2. 应用文是在（　　　）活动中形成的。

二、判断题

1. 应用文在生活中不承担"传递信息"的功能。（　　　）

2. 会议文件不属于应用文。（　　　）

三、实务实练

列举3～5个你生活中最常用的应用文种，并讲讲这些文种的作用。

第二节 应用文的材料收集与处理

学习目标

● **知识目标**
1. 了解应用文材料收集与选取的重要性。
2. 掌握应用文材料收集与处理的基础知识。

● **能力目标**
1. 能够掌握应用文材料收集的方向和方法。
2. 能够掌握应用文材料选取的原则。

● **素质目标**
1. 培养学生理性、客观看待事物的能力。
2. 培养学生规范标准、严谨求实的工作态度。

一 应用文材料的收集

收集材料是各类文章写作的前提。应用文写作材料信息的收集要做到真实、全面、新颖，同时还要注意材料的政策性、广泛性、实用性和预见性等要求。

（一）政策性

应用文中的很多文种在写作时有很强的政策要求。因此，在收集材料时，要及时关注党和国家的方针、政策、法令、法规，领会其精神实质；同时，还要注意收集上级下发的各类材料，了解、掌握新的形势，以便写作时作为依据，研究解决本地区、本行业、本单位的实际工作问题。

（二）广泛性

由于应用文写作涉及的范围广，要研究解决的问题多种多样，因此，广泛收集材料十分重要。例如，注意收集各级各类公文、简报、总结、规章制度、会议纪要等；重视下级各业务职能部门提供、上报的材料；通过参观学习、出席会议、交换、函索等手段收集其他机关、系统、行业的材料；收集书、报、杂志中的材料。凡是与工作、学习有一定联系的材料，都应当尽力收集。此外，在科技飞速发展的今天，通过互联网获取素材，已成为应用文写作收集材料的重要途径。

（三）实用性

应用文写作都是针对某一问题展开的，广泛地收集材料固然会为写作提供便利，但文中使用的材料更重要的是体现它的实用性。因此，还要根据实际情况，确定材料的收集范围，提高材料的质量。

（四）预见性

收集应用文写作材料时要善于把握动态、趋势，注重对那些代表新动向、新形势、新的经济发展趋势的材料的收集，尤其要重视各行各业有预见性、前瞻性的材料的收集。

二 应用文材料的选取

应用文写作对材料是十分依赖的，常言道"巧妇难为无米之炊"，为了表现主题，我们在收集一系列材料之后，需要综合或舍取后运用到文章的写作之中，使主题真实、立体地表现出来。

（一）选取真实性材料

应用文在材料的选用过程中必须保证材料的真实性，应用文要求的真实是"绝对的真实"，也就是说所有材料要确凿无误、持之有据。不仅要对收集到的材料要反复核实，在材料的解释上，也要有科学的态度，实事求是。例如，要撰写一篇关于当地环保政策变化的报道，其中对于政策影响的分析，必须基于确凿的数据和事实，如污染排放的变化情况、环境质量的监测数据等。这些数据应该来自权威的环保机构或政府部门，并且需要经过仔细的核查。这些官方统计数据、权威研究报告、公认的专家意见等往往作为决策的依据，只有基于真实材料的分析和建议，才能为决策者提供可靠的信息，从而制定出有效的政策和措施。因此，必须保证材料的真实性和准确性。

写作之窗

文学作品和应用文对材料"真实性"的要求

在文学世界里，"真实性"往往被赋予了更深层次的意义。例如，《红楼梦》通过贾宝玉和林黛玉的爱情故事，揭示了一个封建王朝的衰落和社会的不公。这样的"真实"不仅仅是表面上的事实，更是深入骨髓的情感共鸣和精神共振。应用文的"真实性"表现为实用性和准确性，要求材料的来源、特征、背景、写作技巧等方面能够真实、客观、理性、科学、全面地反映事实。

（二）选取新颖性材料

应用文是用于指导实际工作、解决实际问题的一种文体。其在内容中能够准确地反映当前的形势和状况，包括新事实、新政策、新的统计数据、新发现的问题等，能够起到准确反映客观实践活动的作用。材料的选取必须具备新颖性，用新的角度重新审视其新意。例如，为推广一种新型的LED节能灯，需拟写一份关于新型节能灯推广的宣传册，为达到吸引顾客而成功销售的目的，在材料的选取上，我们需要突出新型节能灯的技术创新点，如使用了新一代的半导体材料，具有智能调节亮度的功能，以及采用最新的测试数据等，甚至还可以融入一些与节能灯相关的新兴概念，如智能家居控制、物联网（IoT）整合等，这样可以显示公司对未来趋势的把握和产品的前瞻性。通过选取产品的创新特性、最新的性能数据等典型材料，制作一份既新颖又具有说服力的宣传册，可以有效地吸引消费者，并使他们对产品产生兴趣，同时也预示了新的发展方向，具有现实意义。

应用文写作要严格选材

鲁迅讲："选材要严，开掘要深，不可将一点琐屑的没有意思的事故，便填成一篇，以创作丰富自乐。"

创作如此要求，应用文的写作也是如此。获取材料多多益善，以多取胜。选取材料则要十分严格，以少胜多。这是文章本身的需要，也是对我们写作态度的要求。

（三）选取典型性材料

选取典型性材料是指应用文选取的材料应具有代表性和普遍意义，能起到以少胜多，以一当十的作用。典型材料可以是具体的事例和有说服力的数据，以及带有普遍性的现象。例如，拟写一份关于环保活动推广的倡议书，目的是呼吁社区成员参与垃圾分类和回收的环保活动。可以选择一些垃圾分类和回收的成功的案例，将这些案例作为典型材料，能够展示垃圾分类和回收的具体操作和预期成效；也可以引入一些社区内部的成功案例以及相关数据，如个别居民或组织已经采取的环保行动，以展现这些行为在当地社区的可行性。结合成功的案例、强有力的数据支持和社区内部的实践经验，最终编写出一份既具有感染力又充满说服力的倡议书，有效地激发社区成员参与到垃圾分类和回收的环保活动中，体现了典型材料在应用文中的有效运用。

应用文材料的选取如图1-3所示。

应用文材料的选取 —— 选取真实性材料 —— 选取新颖性材料 —— 选取典型性材料

图 1-3　应用文材料的选取

三　应用文材料的处理

（一）量体裁衣，决定取舍

"量体裁衣"，是指根据文章体裁不同，对选定的材料进行不同的"剪裁"、加工。例如针对一些法规性、指令性文书，多数材料只是作为写作的依据，不进入正文，虽然经过了挑选，但实际写作过程中还是要进行取舍。

（二）主次分明，详略得当

使用材料时，能直接说明和表现主题的，应置于核心地位；配合或间接说明、表现主题的，应置于次要地位。两者是"红花"与"绿叶"的关系。核心材料要注意详尽；过渡材料、交待性材料要相应从略；读者感到生疏或难以把握的材料应详尽，读者了解或容易接受的材料可从略。

（三）条理清晰，排好顺序

对已选定的材料，应根据事物发展的过程、人们的认识规律或材料之间的逻辑关系排好顺序，将各种不同类型的材料合理搭配，有条不紊地写出来。

例文简析

谏逐客书（节选）
（先秦·李斯）

臣闻吏议逐客，窃以为过矣。昔缪公求士，西取由余于戎，东得百里奚于宛，迎蹇叔于宋，来丕豹、公孙支于晋。此五子者，不产于秦，而缪公用之，并国二十，遂霸西戎。孝公用商鞅之法，移风易俗，民以殷盛，国以富强，百姓乐用，诸侯亲服，获楚、魏之师，举地千里，至今治强。惠王用张仪之计，拔三川之地，西并巴、蜀，北收上郡，南取汉中，包九夷，制鄢、郢，东据成皋之险，割膏腴之壤，遂散六国之从，使之西面事秦，功施到今。昭王得范雎，废穰侯，逐华阳，强公室，杜私门，蚕食诸侯，使秦成帝业。此四君者，皆以客之功。由此观之，客何负于秦哉！向使四君却客而不内，疏士而不用，是使国无富利之实，而秦无强大之名也。

例文评析

《谏逐客书》集中体现了应用文所具有的目的实效性、主旨鲜明性、内容针对性、材料真实性、语言得体性。该文开宗明义、落笔入题。国君拥有对上书者生杀予夺的权力，因此，奏议大都写得或藏锋不露、委婉含蓄；或不留缝隙、处处说圆；或以屈为伸、以退为进，历来被视为应用文的范例。谈古论今，要想说服别人，最好的方法就是举出实例。该文围绕"皆以客之功"这一论点，从历史事实和社会现状、先前明君和今日秦王、物和人的角度入手，正面谆谆说理，反面步步紧逼。

文章从正面选取了先王们通过任用外来贤能人士来富国强兵，后又立刻回到秦国眼下逐客的事实材料，从而得出结论：向使四君却客而不内，疏士而不用，是使国无富利之实，而秦无强大之名也。文章不愠不馁、利弊分明。此文选材精当：一是以秦国为立足点，精选秦王熟悉的先君历史来表述秦国的现实，亲切又朴实；二是所选的四位国君在位期间都有显著的政绩，共同奠定了秦国统一天下的基础；三是四位国君都非常重视任用客卿，而客卿为成就秦国的霸业做出了不可磨灭的贡献，在选材上应该说达到了炉火纯青的程度。

（资料来源：袁捷. 古代应用文的艺术奥妙——以《谏逐客书》为例. 青年文学家，2015.06，有改动）

牛刀小试

一、填空题

1. 应用文写作的主要目的是解决实际问题、提供指导或建议。因此，所选用的材料必须能直接或间接服务于这一目标，即具有（　　　　）。
2. 应用文材料选取的要求有（　　　）、（　　　）、（　　　）。

二、判断题

1. 应用文材料的理论性至关重要。　　　　　　　　　　（　　）
2. 在收集应用文写作材料时，应注重材料的预见性。　　（　　）

三、实务实练

讲一讲收集应用文写作材料时应如何确保材料的政策性。

第三节 应用文的结构与语言

学习目标

● **知识目标**
1. 掌握应用文语言基本要求。
2. 掌握应用文材料结构特点与原则。

● **能力目标**
1. 能够掌握应用文材料基本的写作方法和写作规范。
2. 能够将应用文材料结构与语言范式要求在实践中对照应用。

● **素质目标**
1. 培养学生观察生活能力和写作创新能力。
2. 培养学生收集与处理信息的能力。

一 应用文的结构

应用文写作以主旨为核心，其结构就是应用文各个组成部分的排列顺序和相互关系，它是为了使应用文的内容表达清晰、条理分明而设计的框架体系。良好的应用文结构可以帮助读者更好地理解和吸收信息，也可以提高作者传达信息的效率。

二 应用文结构的特点与原则

（一）应用文结构的特点

应用文的文本结构由外在的格式和内在的要素模式组成。与其他文章结构相比，应用文结构的主要特点是规范性、条理性和完整性。

1. 规范性

规范性是应用文外在格式上的显著特点。这种规范性在公文写作中表现为"法定使成"——是由《党政机关公文处理工作条例》等法规规章作了明确规定的制作格式。例如，一份正式的公文通常包括标题、主送机关、正文、附件说明、发文机关署名、成文日期、印章、抄送机关等部分。各类事务文书、科技文书的外在结构，则体现为"约定俗成"，采用的是一些相对固定的惯用格式。例如，一份常见的工作报告可能包括报告的标题、报告的时间范围、报告的主要内容和结论，以及提出的问题和相应的建议等。一份实验报告需要包括实验目的、方法、结果、讨论、结论等部分，而且通常需要使用专业的术语和精确的语言，以确保信息的准确传达和科研工作的可重复性。总体来说，不同类型的应用文都有其特定的格式和结构要求，这种规范性有助于信息的有效传播，提高工作效率，同时也体现了专业性和权威性。

2. 条理性

条理性是应用文内在结构的重要特点之一。它要求文章的组织结构，尤其是段落层次、过渡与照应、开头与结尾都必须严谨有序，内容安排要有条不紊，反映出发起人或作者清晰的思维逻辑和对客观事物深刻的理解。例如，撰写一份关于公司产品推广计划的报告，这份报告需要详细介绍市场现状、目标群体、推广策略以及预期成果。如果缺乏条理性，可能会这样组织内容：市场现状—推广策略—预期成果—目标群体，这样的安排显然不符合逻辑，因为在讨论推广策略之前，需要先确定目标群体。此外，在讨论预期成果之前，也需要先介绍推广策略是什么。正确的顺序应该是市场现状—目标群体—推广策略—预期成果。从这个例子可以看到条理性是如何影响报告的质量和可读性的。只有按照逻辑顺序组织内容，才能确保读者能够跟随主题思路，理解文种观点，并被论证说服。

3. 完整性

应用文结构的完整性意味着文章应当包含所有必要的部分，如标题、开头、正文、结尾等，每一部分都应该起到它应有的作用。例如，撰写一封求职信。一封完整的求职信通常包括以下几个部分：信函格式（包括日期、收信人的地址、称呼、结束语和签名），引言（简短说明应聘的职位和来源），主体内容（详细介绍你的资历、技能和经验，以及为什么你认为自己适合这个职位），结束语（提出希望能得到面试的机会，并表示感谢），如果缺少任何一部分，如没有详细介绍自己的资历和经验，那么这封信的目的就无法达到，因为招聘方不会了解你的能力和为何适合这个职位。同样，如果缺少结束语，你可能就失去了一个给招聘方留下深刻印象的机会。所以，为了保证应用文的完整性，行文中应该确保每个必要的部分都被包括在内，并且每个部分都恰当地发挥了作用。这样，求职信才会有效果，求职者才有可能获得面试的机会。

（二）应用文结构的原则

1. 根据突出主旨安排结构

应用文的主旨即应用文作者的写作意图，是应用文写作的起点和归宿，应用文的结构必须服从于主旨的表达需要，以最有效、最有力地表达主旨为原则。

2. 根据客观规律安排结构

应用文的写作对象或为事理、或为事实，均蕴含着其自身内在发展规律和人们认识事物的规律，依据这样的规律安排应用文的结构，方能合理、有序地表意达旨。所以，应用文的结构安排或以事物的逻辑联系为序，或以作者观点的逐层展开为序，或以事件发生的先后为序，或以事物的空间位置为序。

3. 根据文体特点安排结构

只有明确各类应用文体的格式和内容逻辑性要求，才能够撰写出合乎现实需要的应用文。可以说，应用文结构安排必须"依葫芦画瓢"，这个"葫芦"，就是不同文类和文体的规范要求。

（三）应用文的结构要素

应用文的结构要素包括标题、开头、主体、结尾以及相应的层次和段落、过渡与照应等。

1. 标题

应用文标题一般包括四大类：

（1）公文式标题。这类标题由文章制发者、主要内容（事由、事项）、文种名称三大部分构成，在制发者与主要内容之间常以"关于"这一介词连接。公文、一部分事务文书，如调查报告等，常用此类标题。例如，《审计署关于加强内部审计的报告》《全国人民代表大会香港特别行政区筹备委员会关于建立香港回归祖国纪念碑的决议》。法规规章文书和事务文书中的计划、总结亦用此类标题。例如，《党政机关公文处理工作条例》。

（2）论文式标题。此类标题一般包括以论题为标题和以论点为标题两种情况，学术论文和部分调查报告常用此种标题。例如，《高职应用写作的特点浅析》《大学生课余读书有益拓宽就业渠道》等。

（3）新闻式标题。新闻式标题的核心标志是标题的一部分，必然涉及主要事实。简报、部分调查报告等事务文书一般使用新闻式标题。新闻式标题包括消息类和通讯类两种情况：消息类标题的主要部分直接陈述主要事实，例如，《武陵山区致富铁路渝怀复线建成通车》《重庆大学城入住首批学生》；通讯类标题一般包括正副题两部分，正题点明主旨、揭示意义、烘托气氛，副题标明内容、范围和文种，或作补充说明，或陈述事实，例如，《扎根第二故乡创业致富——万州三峡库区移民新村调查》《中国国家形象全球调查报告2016—2017》。

（4）文种式标题。以文种名称为标题，诉状类文书、合同、启事、部分礼仪文书等常用此种标题，例如，《刑事自诉状》《房屋租赁合同》《招聘启事》《感谢信》等。

2. 开头

在应用文中，开头常被称为导言、导语、前言、引言、缘由等。常见的应用文开头包括：

（1）缘由式。即以交代写作行文的缘由作为开头，这是应用文最常见的开头方式。具体而言，主要有以下四种模式：

①原因式。开篇交代事项缘由、写作起因等，以"由于……""因为……""鉴于……"等句式表达。

②目的式。说明事项或要求的目的、意义等，使用"为了……""为……"等句式领起。例如，"为了贯彻执行国务院关于'十分珍惜每寸土地，合理利用每寸土

地'的国策和关于分别制定全国的以及省、县的土地利用总体规划的指示。总结报告如下。"

③依据式。交代事项或要求的根据，使用"依据……""根据……""经……研究决定""遵照……"等句式。

④合并式。将上述三种形式结合使用，即为"原因、目的、依据式"开头，可以使行文理由更为充分。

(2) 引据式。引据式也称引述式，通过引述来文、来函的关键内容（一般是引述标题、来文时间、发文字号等），表明写作意图。

(3) 情况概述式。即简要叙述对象的基本情况，以使读者建立起整体印象。部分调查报告以及大多数通报采用此种开头方式。

(4) 结论式。即针对文章涉及的问题与事实发表意见，做出评价，提出总体看法。

(5) 问候式、祝贺式。社交礼仪文书常用此开头。

(6) 背景交代式。总结常用此种开头方式，交代工作进行或活动开展的条件、背景情况等。

以上六种开头的模式中，前两种为公文所常用，后面的几种则相对灵活地为各类事务文书所采用。虽然它们是应用文开头写作的常见模式，但我们不能机械照搬，应在具体的写作实践中，具体问题具体分析，选用最恰当的开头形式。

3. 主体

主体是应用文的主干部分。应用文主体部分的写法没有固定的模式，可以灵活多变、量体裁衣，常见的几种结构方式有以下几种：

(1) 时序式。时序式是按时间的推移或按事情发生、发展的演变过程来安排结构。各层次之间为"先后"关系。

(2) 递进式。递进式是指内容之间的意思一层进一层，层层推进，其顺序不可颠倒。

(3) 总分式。总分式是总述与分述的层次关系。运用此方式时，可以是先总述后分述的"首括式"安排，也可以是先从几个方面分述，最后总括。

(4) 并列式。并列式是文章各层意思无主从关系，共同表达主题或论点的结构方式。运用此方式时，可以按空间的分布或场面的转换安排层次，可以按材料的性质归类安排层次，也可以按中心论点的若干侧面，提炼各个分论点，从不同的角度共同论证论点。

4. 结尾

应用文的结尾应力求明快简洁，对主体起强调和补充作用。常见形式有以下几种：

(1) 执行要求式。公文中的下行文往往采用这种结尾形式，作者在结尾处向下级提出贯彻执行要求，如"请认真贯彻执行"。决定、指示、通知等常用这种结尾方式。

（2）模式套语式。应用文常用一些模式化的惯用语作结尾，它们语义明确、用法固定，能使读者准确把握其意图，例如，通知、通告、批复常用"特此××"模式语强调其内容。

（3）祈请企盼式。一般用于公文的上行文、平行文中，表示请求批准、指示，以及对方给予支持、帮助的意愿。例如，发函的"盼复""希给予大力支持"，请示的"当否，请指示"等结语。

（4）结论建议式。常用"综上所述……""鉴此……"之类词语引出具体的结论或建议。调查报告、述职报告等文种一般采用此种结尾形式。

（5）希望号召式。即在结尾部分向受文者发出号召、提出希望，通报、会议纪要、贺信等较多采用此种形式。

5. 层次和段落

应用文的层次段落的安排，从总体宏观的角度来说，常见的有缘由—观点、事实—结论、结论—理由，此种结构亦称并列式。

从常见的具体形式来看，主要包括以下几种：

（1）小标题式。篇幅较长、内容涉及方面多的应用文，一般运用小标题醒目地标出若干观点或内容范围。调查报告、计划、总结等文体多数情况下以小标题的形式安排结构。采用小标题的形式要注意：各小标题应属同一逻辑层次，语言要简洁，力求字数相当、句式接近，整齐、均衡。

（2）标序式。即用数字标出主体内容的层次。一般在条理分明，但难以提炼恰当小标题的情况下运用。

（3）条目式。条目式也称条款式、条列式。公文的事项部分、合同与协议的条款部分常采用这种结构形式。它的好处是条理清晰、醒目庄重，便于识别与执行。有些应用文还在每条开头提出该条关键句，称为"首括句"，即用一两句话提示本条基本内容，作为该条之"目"，首括句前应加上序号。

6. 过渡与照应

过渡和照应是使文本内容前后连贯、气脉畅通的手段。

（1）过渡。过渡是指上下文之间的衔接和承转，它在文本的关键层次之间起着"中介"作用，使"文气"不致阻隔。

（2）照应。照应是指文本各部分之间的相互关照和呼应。应用文常见的照应方式是题文照应、前后照应和首尾照应。题文照应是指标题与主体部分的相互照应；前后照应主要体现为主体部分各行文事项之间的逻辑联系；首尾照应主要为请示、批复、函和各种礼仪类文书所常用。

> **写作之窗**
>
> **应用文层次标识法**
>
> 非法规文书，通常不采用"第 × 条"的写法和标法。
>
> 一般形如：
>
> "一、"——第一层
>
> "（一）"——第二层
>
> "1."——第三层
>
> "（1）"——第四层
>
> "①"——第五层
>
> 若只有一个层次，则以"一""二"这类数码为序数。

三 应用文的语言

（一）应用文的语言要朴实、得体

应用文是一种处理公私事务的工具，是用来说明事实、解决实际问题的，侧重于"以事告人"。所以，语言要求朴实无华、开门见山。例如，在述职报告中就写"该干什么、干了什么、干得怎么样"，直陈直述，不展开论述，不夸张、不掩饰，更不能虚构。大多数的应用文中不宜用比喻、比拟、借代、夸张等修辞手法。

例如，我国的《中华人民共和国现金管理暂行条例》第一条是："为改善现金管理，促进商品生产和流通，加强对社会经济活动的监督，制定本条例。"直截了当地说明了制定该条例的目的，即改善现金管理、促进商品生产和流通以及加强对社会经济活动的监督。这种表述方式符合法律法规文件的正式和规范的特点。法律条文的语言风格通常采用书面语，避免使用口语、方言词、土俗俚语或歇后语，以保持其严肃性、权威性和普遍适用性。法律术语和表述方式都是为了确保条文的清晰、准确和不含糊，以便于公众理解并遵守。这种庄重典雅的书面语风格也是法律法规文本的一个显著特征。

例如，某财务检查通知中写道："费用错误列支的，务必纠正。今年的要纠正，去年的也不要放过。今后不论超产奖还是什么乱七八糟的这个奖那个奖，统统都得在利润中支付。"这段文字里的"不要放过""乱七八糟的这个奖那个奖""统统"等词语口语色彩浓重，不宜用于应用文中。该表述可修改为"费用错误列支的情况，必须予以纠正。对于今年发生的错误，以及前一年遗留的问题，均应进行必要的调整。今后，无论超产奖或其他各类奖金，所有类似支出都应从公司利润中提取，以确保公司财务的合规性和成本费用的真实性。"这样的表述方式更符合书面语的规范，同时也能清楚地传达通知的意图。

公文的精确性

叶圣陶先生在谈公文写作时说:"公文必须写得一清二楚、十分明确,句稳词妥,通体通顺,让人家不折不扣地了解你说的是什么。"

(资料来源:赵凤兰.公文语言的特点——精确性与模糊性语言并存共用.中华女子学院学报.1995.06.)

应用文应当遵循"惯例",符合相对稳定的格式、表述规定的内容、使用习惯的语言。标题、开头、结尾、转折过渡采用习惯的用语。

例如,公文中的"指示"是要求受文者干什么的,通常结构安排:"为什么"—"干什么"—"怎么干"—"希望和要求"四段式。"请示"的正文为"请示起因"—"请示事项"—"请示结尾"三段,而且把"请示起因"确定为行文重点,说明应用文的结构是相对稳定的。例如,公文标题语多运用"关于……"介宾短语;报告的结尾多用"特此报告";复函的引语常用"……来函收悉";等等。行文者不同,但沿袭约定俗成的格式、内容和用语,有助于提高行文速度,也有利于受文者的阅读理解,提高办事效率。

(二)应用文的语言要生动、多元

语气庄重、言简意明、直来直去、明白显露是应用文用语的基本要求。但在调查报告、总结等应用文种里,也可以在有限范围内用生动活泼的语言表达事理、吸引读者、感染读者。

例如,一篇主题为"关于举办公司年度户外拓展活动提案"的部分内容:"随着炎炎夏日的临近,团队建设的最佳时机再次来临。我提议举办一场户外拓展活动,让我们远离城市的嘈杂,享受自然的美好。在这次活动中,我们将共同解决一系列挑战,增进相互理解和信任,激发团队合作的力量。为确保活动顺利进行,我建议成立一个策划小组,邀请人力资源部门的年轻同事们和经验丰富的外部教练参与。我们还应该安排一些轻松的社交活动,如野餐或烧烤,让大家在享受乐趣的同时加深彼此的情谊。这次户外拓展活动不仅是一个放松身心的机会,更是一个提升团队凝聚力和战斗力的平台。让我们用一笔色彩斑斓的画笔,共同绘制属于我们公司的团队精神画卷!"

尽管是一篇正式的应用文,但作者尝试使用生动的语言和形象的比喻,让阅读变得更为愉悦,同时也使得提案更具吸引力和说服力。

应用文语言生动的同时,还应呈现多元表达方式。应用文除了用文字表述外,还可以用数据、表格、图形来说明事理,可谓"语出多门"。特别是财经类应用文,大量采用数据、表格、统计图形。

例如,"在2023年,某银行的储蓄网点新增了1 650万元的储蓄存款,相比2022年的1 200万元增量,有了明显的增长。这个增长是由15名员工共同努力实现的，因此人均存款增量为110万元。而在2022年，同样的指标为100万元。这意味着从2022年到2023年，该储蓄网点的人均存款增量提高了10%。这一数据显示了该网点员工效率的提升以及业务发展的持续增长。"以上文字也可用表格方式来表述，详见表1-1。

表1-1　××银行××储蓄网点人均存款增量表

项目	单位	2022	2023	2023比上年±%
储蓄存款增量	万元	1 200	1 650	37.50%
员工人数	人	12	15	25%
人均存款增量	万元	100	110	10%

我们如果要深入分析，就会从直观的表格中发现：该储蓄网点的员工增长幅度高于人均增量的上升幅度，表格表述更为简洁、清晰。又如某城市酒类销售情况的一篇调查报告中写道："今年夏季酒类销售与去年同期比较，啤酒上升180%，葡萄酒上升90%，白酒下降19%……"简明的数据可以说明该城市酒类的销售是从烈性酒向低度酒转变。

（三）应用文的语言要简练、明快

应用文具有很强的政策性和实用性，主要目的是传达信息、解决问题、推动工作，因此它要求语言表达必须清晰、准确，尽量避免使用复杂的句子结构或难以理解的术语，以便让作者和读者都能够轻松理解其含义，避免产生歧义。比如，在撰写一份会议通知时，应该明确写出会议的时间、地点、议题、参与人员以及其他相关信息，而不需要过多的修饰或背景介绍。这样，参会人员可以快速获取必要的信息，做好会议准备。再比如，在编写一份报告或提案时，应该开门见山地提出主题和主要论点，然后提供相关的数据和事实来支持这些观点，最后提出具体的建议或解决方案。这样的结构清晰、逻辑性强，便于读者快速抓住重点，理解作者的意图。

总体来说，应用文的写作要求作者能够准确、简洁地表达思想，注重信息的有效传递和实际效果的达成。

例如，某推荐信中写道："我写此信的目的是向您推荐一位优秀的学生——李华，她目前就读于我校高中部，即将毕业，并有意申请进入贵校学习。在过去的三年中，李华同学展现出了卓越的学术能力和扎实的知识基础，特别是在数学和科学方面。她勤奋好学、思维敏捷，对于复杂的问题能够迅速抓住核心，并提出创新性的解决方案。除了学术表现，李华同学还具备出色的领导才能和团队合作精神。她是校学生会的主席，成功组织了多次校园活动，获得了师生们的一致好评。她的沟通能力和组织协调能力在这些活动中得到了充分的体现……"

这段节选内容，以简洁的语言直入主题，没有冗长的叙述；准确的表达确保了对李华同学的描述不夸大也不遗漏；而庄重的语气则体现了推荐信的正式性和重要性。这封推荐信有效地传达了李华同学的优点和成就，使其成为一份有力的申请辅助材料。

语言要精微简练

章炳麟《论式》中写道："《别录》署《礼记》亦有《通论》，不专以题名为质，其辞精微简练，本之名家，与纵横异轨。"形容语言简要精炼。

（资料来源：中国孔子网，2017-11-30.）

例如，"市区供销系统通过创新服务和优化经营结构实现了转机。根据不同区域特色，实施了地方化的服务计划，从而提升了竞争力。2022年，该系统营业总收入达3.5亿，综合经济效益为787万，分别较前两年增长43.9%和68.1%。"

这段话是一则调查报告的开头，以不多的文字概括了当地发展经济的办法和成效，干脆利落，确实起到了提纲挈领的作用。

（四）应用文的语言要得当

应用文的语言，无论是措辞还是语气，都要与行文的目的、特定的对象和谐一致，使阅读者获得有用的信息，从而收到预期的效果。如公文宜庄重，调查报告须平实，学术论文应严谨，商业交际文书要委婉，合同书则要精确等。

应用文常用术语详见表1-2。

表1-2 应用文常用术语

序号	类别	作用	例词
1	开头用语	用于说明发文缘由，包括意义、根据，或介绍背景材料及情况等	为、为了；根据、按照、遵照、依照；鉴于、关于、由于；目前、当前；兹（指现在）、兹有、兹将、兹介绍、兹派、兹聘
2	承启用语	用于连接开头与主体文部分，起承上启下作用的惯用语	根据……决定，根据……特通告如下，依据……公告如下；为了……现决定，为……通报如下，现就……问题请示如下；现将……（情况）报告如下，现就……问题提出如下意见，经……批准（同意）将有关事项通知如下；拟采取如下措施；经……研究，答复如下
3	引述用语	用于批复或复函引述来文作为依据的用语	悉（知道），收悉，电悉，文悉，敬悉，欣悉

续表

序号	类别	作用	例词
4	批转用语	用于批转、转发印发通知时的用语	批示，审批，批转，转发，印发
5	称谓用语	对各机关称谓的简称	我（部），贵（局），你（省），本（部门），该（处）
6	经办用语	表明工作处理过程等	经，业经，兹经，未经；拟，拟办，拟定；施行，暂行，试行，可行，执行，参照执行，贯彻执行，研究执行；审定，审议，审发，审批；会议听取了，会议讨论了，会议认为，会议指出，会议强调，会议通过了，会议决定，会议希望，会议号召，会议要求，会议恳切呼吁
7	表态用语	用于表态的语言	不同意，原则同意，同意；不可，可办，照办；批准，原则批准
8	结尾用语	(1) 用于请示。(2) 用于函。(3) 用于报告。(4) 用于批复、复函。(5) 用于知照性公文	(1) 当否，请批示；如无不妥，请批转各地执行；妥否，请批复。(2) 请研究函复；盼复；请与复函；不知尊意如何，盼函告；望协助办理，并尽快见复。(3) 请指正；请审阅。(4) 此复；特此专复；特函复。(5) 特此公告

例文简析

出师表（节选）
（三国·诸葛亮）

先帝创业未半而中道崩殂，今天下三分，益州疲弊，此诚危急存亡之秋也。然侍卫之臣不懈于内，忠志之士忘身于外者，盖追先帝之殊遇，欲报之于陛下也。诚宜开张圣听，以光先帝遗德，恢弘志士之气，不宜妄自菲薄，引喻失义，以塞忠谏之路也。

例文评析

表，封建时代臣子给君主的奏章。这种体裁的性质决定了文章以词达意、以语传情的总基调。诸葛亮《出师表》声称"先帝创业未半而中道崩殂"，深切缅怀刘备壮志未酬身却先死，深刻劝勉后人要继承大业不可颓废。以追念先帝来倾诉衷肠，用耿耿的忠心统领了全文。继而用质朴的语言指出天下三分的大势，群雄逐鹿中原，鹿死谁手尚未可知；接着直言不讳地点明益州疲弊，形势严峻，地少将寡，百姓贫苦；进而振臂高呼：我们的国家到了命悬一线的关键时刻，如不全力以赴救亡图存，将会出现国破家亡，百姓流离失所的沉痛局面。由天下大势阐发，既能起高屋建瓴、纵览全局的作用，又能激发后主刘禅继承先帝遗志、统一中原的雄心。在行文构思技巧、艺术表达方面展现高超技巧。

（资料来源：呼长波.《出师表》和《陈情表》的高超语言艺术技巧.文学教育.2021.02.）

牛刀小试

一、填空题

1. 应用文的结构特点有（　　　）、（　　　）、（　　　）。
2. 应用文的语言要（　　　）、（　　　）、（　　　）、（　　　）。

二、判断题

1. 文章的层级标法，顺序依次为"一、""（一）""1.""（1）"等层次。（　　　）
2. 条款式应用文书条下有的分款，款不带序数，一个自然段就是一款。（　　　）

三、实务实练

1. 下面是某报社一则启事初稿的片段，其中有五处词语使用不当，请找出并进行修改。要求修改后语意准确、语体风格一致。

    如果您是重大事件的参加者，事故现场的目击者，业界内幕的打探者，社会热点的关爱者……请与我报"社会深度"栏目联系，本栏目长期公开征询有价值的新闻线索，等着您的支持。

2. 下面是一封信的主要内容，其中有五处不得体，请找出并进行修改。

    获悉文学院下周举办活动，隆重庆贺先生教书50周年，我因俗务缠身，不能光临，特惠赠鲜花一束，以表敬意。随信寄去近期出版的拙著一册，还望先生先睹为快。

    盛夏快来了，请先生保重身体。

> 一个民族的复兴，总是以文化的兴盛为强大支撑；
> 一个时代的进步，总是以文化的繁荣为鲜明标识

第二章 大学生活常用文书

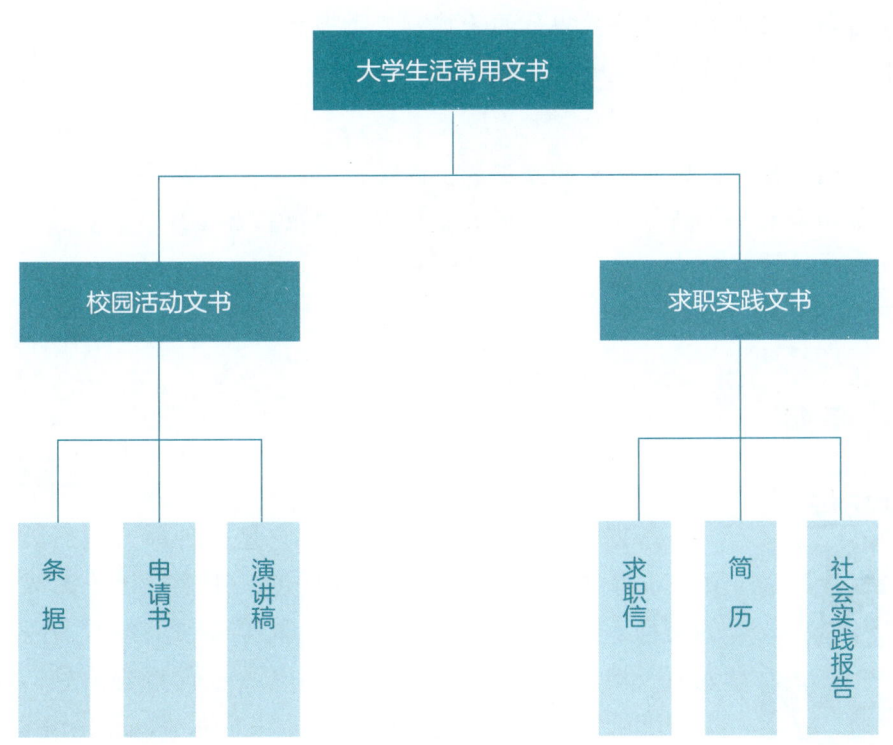

第一节 校园活动文书

学习目标

● **知识目标**

1. 理解条据、申请书、演讲稿等校园活动文书的概念内涵。
2. 了解条据、申请书、演讲稿等校园活动文书的特点和分类。
3. 掌握条据、申请书、演讲稿等校园活动文书的写作格式和写作要求。

● **能力目标**

1. 能够写出要素齐全且格式规范的条据、申请书和演讲稿。
2. 能够掌握演讲技巧，提升语言表达能力。

● **素质目标**

1. 通过学习条据，培养学生的立据意识以及严谨细致的工作态度。
2. 通过申请书例文的点评讲解，培养学生自我意识和自我评价能力。
3. 通过演讲稿写作和演讲训练，提升学生的自信心和人文素养。

一 条据

微课：
以小见大的条据

（一）条据的概念

条据是便条与单据的合称，它是一种最常用、最简单的应用文。条据是一种常见的书面凭证，用于记录个人或单位之间的交易、借款、领款、请假、欠款等事项。条据的内容应包括人名、地点、时间、数字（包括电话号码）等信息，以确保条据的准确性。条据的书写应规范，注意细节，避免错漏。

契——条据文书

条据文书在我国有着漫长的历史，早在春秋时期就有"是以圣人执左契，而不责于人。有德司契，无德司彻"（《道德经》）的记载。这里的"契"就是一种凭证类条据文书。因条据文书篇幅短小、形式灵活、作用明显，故一直是人们运用得较多的一个应用文种。

（资料来源：常悦.空口无凭 立字为据——浅谈凭证类条据文书的写作.应用写作，2007（11）.）

（二）条据的分类

按照用途来划分，条据可分为说明性条据和凭证性条据两种。

说明性条据即便条，是人们通过书面形式把临时要告诉别人的某件事写成简便的条子。常见的便条有留言便条、请托便条、邀约便条、请假便条等。凭证性条据即单据，是人们在交接钱物的过程中由于手续上的需要而撰写的一种条子。常见的单据有发票、送货单、订单、回执、借据、收据、领据等。

条据的分类如图2-1所示。

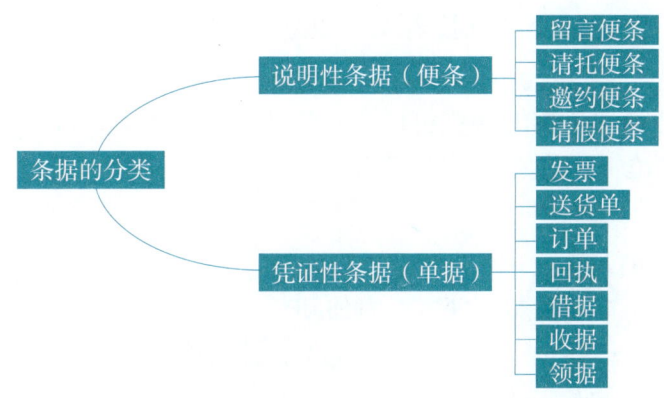

图2-1　条据的分类

（三）条据的写作格式

1. 说明性条据的写作格式

说明性条据一般由标题、称谓、正文、落款四部分组成。

（1）标题。在正文上方中间写上条据的名称，例如"请假条""留言条"等。

（2）称谓。标题下另起一行，顶格书写收条人的姓名和称呼，后面加冒号。

（3）正文。称谓下另起一行，开头空两格，简明扼要地写出要说明的事情。请假条、请托条等可包含致敬语。

（4）落款。说明性条据的落款包括署名和日期，写在正文右下方。

说明性条据的写作格式如图2-2所示。

请假条（标题）

王老师：（称谓）
　　我因××××××（原因），不能坚持×××××（内容），特请假两天，（×月×日至×日）（起止时间），请予批准（惯用语）。
　　此致
敬礼（致敬语）

　　　　　　　　　　　　　　　　　　请假人：×××（署名）
　　　　　　　　　　　　　　　　　　××××年×月×日（日期）

图2-2　说明性条据的写作格式

2. 凭证性条据的写作格式

凭证性条据一般由标题、正文、落款三部分组成。

（1）标题。在正文上方中间写上条据的名称，表明条据的性质，例如"借条""领条"等。

（2）正文。标题下另起一行，开头空两格。以"借条""领条"为例，首先，写明从哪里借到了什么东西，数量多少，物品的种类、型号、式样、规格等要标记清楚；或借到了多少钱款，所谓何用。其次，写明归还的具体日期或大致时间。正文写完后可以接着写"此据"二字，也可另起一行，开头空两格书写。

（3）落款。凭证性条据的落款包括署名和日期，写在正文右下方。个人出具的条据须加盖私章，单位出具的条据须加盖公章。

（四）条据的写作要求

1. 说明性条据的写作要求

（1）要将所说事情写清楚，使人一看便知。

（2）语言简洁，篇幅短小。一文一事，忌长篇大论。

2. 凭证性条据的写作要求

（1）内容清晰，一文一事。

（2）对外使用的条据，写对方单位名称要用全称，如果是物品要写明名称、规格、数量，如果是金钱要写明金额，必须用大写，正文后面或另起一行写"此据"二字，以防涂改。数字前不留空白，数字后面要写量词，如"元""个""双"等。

（3）不能随意涂改。如有涂改，涂改处必须加盖图章或按手印。

（4）字迹应工整、清晰，忌潦草模糊，以防误认。

写作之窗

条据中涉及钱物数字时要使用汉字

数字汉字：壹、贰、叁、肆、伍、陆、柒、捌、玖、拾、佰、仟、万。

数字使用汉字书写不易被修改和造假，可以帮助我们在订立条据的过程中减少风险。我们在未来的工作中要有立据意识，且立据时要仔细核对钱物数目，时刻保持严谨细致的工作态度。

例文简析

例文一　说明性条据例文

请假条

刘老师：

　　我今天腹泻，身体很不舒服，经医生诊断，属于急性肠炎，需要休息三天（5月11日—13日）不能上课，特此请假，恳望批准！

　　附：诊断证明一张。

　　此致

敬礼！

×××班　李晴

2024 年 5 月 10 日

例文评析

这个请假条写得简洁明了。首行正中写明了便条的名称，下行顶格写明称谓对象。正文写明了请假理由，并提供了请假依据；写明了具体请假起止期限；"特此请假，恳请批准"强调了请假要求；"附：诊断证明一张"证明了请假理由的真实性；"此致—敬礼"表现了学生的礼貌。最后写明了请假人姓名、时间。

例文二　凭证性条据例文

（1）借条（借据）

①手写版借条

借　条

　　今借到李××（身份证号码：451202×××××）现金人民币伍拾肆万陆仟元整（546000.00 元），约定××××年×月×日前归还。

　　此据

借款人：陈××（签字　按手印）

（身份证号码：46520219××）

××××年×月×日

29

② 印刷版借据

借 据

部门＿＿＿＿＿＿＿　　　　　　年　月　日　　　　　　　第　号＿＿＿＿

今　借　到				
人民币（大写）＿＿＿＿＿＿＿＿＿＿＿＿＿＿　此据				
￥				
借款用途说明				
主管人批　准	财务负责人意见	部门负责人意见	借款人签　章	

合计＿＿＿＿＿　　复核＿＿＿＿＿　　出纳＿＿＿＿＿　　经手人＿＿＿＿＿

例文评析

"今借到"，表示此单据的性质。借据写清了借什么、借多少。数字用大写起到防止涂改的作用；借公家钱物时，一般还要写明用途，便于管理人员做出相应的财务安排；"此据"二字起强调其证据作用。落款写明经手人姓名以明确责任。

(2) 收条（收据）

① 手写版收条

收　条

今收到部门发放的 3 月交通补贴人民币 316.00 元（大写：叁佰壹拾陆元整），奖金 279.00 元（大写：贰佰柒拾玖元整），共计 595.00 元（伍佰玖拾伍元整）。

此据

　　　　　　　　　　　　　　　　　　　　　　×××
　　　　　　　　　　　　　　　　　　　　××××年×月×日

② 印刷版收据

收 款 收 据

年　月　日

今收到＿＿＿＿＿＿＿＿＿＿＿＿＿＿＿＿＿＿＿＿＿								
金额（大写）	佰	拾	万	仟	佰	拾	元	角　分
￥						收款人（签章）		

例文评析

"今收到"三个字，表示此单据性质，例文同时交代了收款人的姓名、具体收款数目，言简意赅，表达准确。

牛刀小试

一、选择题

1. 凭证性条据往往会在正文开头写明条据的性质、关系，在"收到""借到""领到"等词前面会加上一个惯用词是（　　　　）。
   A. 兹　　　　B. 我　　　　C. 今　　　　D. 经

2. 请假事由的写作要求是（　　　　）。
   A. 真实　　　B. 主动　　　C. 感人　　　D. 夸张

二、判断题

1. 条据一般一文一事。　　　　　　　　　　　　　　（　　）
2. 借条如果数据有错误，可用铅笔修改。　　　　　　（　　）

三、实务实练

1. 王同学因感冒而不能参加明天的实训课程，请代其向任课老师写一则请假条。

2. 下面是一则收条的主要内容，其中有多处问题，请找出并进行修改。

今收到补贴130元，奖金100元，共计230整。

二 申请书

（一）申请书的概念

申请书是个人或集体向组织、机关、企事业单位或社会团体表述愿望、提出请求时使用的一种文书。申请书内容要求一事一议。

微课：
职能多样的申请书

（二）申请书的特点

1. 请求性

申请书是请求上级或有关单位答应或批准某事，所以文风要质朴、诚恳。

2. 上行性

申请书属于个人向组织、下级向上级的行文，所以在语言的选择和使用上，均需要符合下对上的行文标准。

3. 单一性

申请书要求一事一书、主旨明确，便于有关组织或领导了解情况以做出答复。不能把不同的愿望和请求写在同一份申请书中。

"说文解字"之"申"字的来龙去脉

"申"是象形字。其甲骨文像雷雨天闪电舒张的形状。"申"的本义为闪电。闪电在天空中是肆意伸展的，所以又泛指伸展、延长。不仅事物可以伸展开，事情和言谈也可以由一个"点"展开，故而还引申为把话语展开、陈述、表明。如成语"三令五申"，意思就是再三命令和说明。后来又特指下级向上级禀报、呈文。

（资料来源：新编说文解字大全集．北京：中国华侨出版社，2011．有改动）

（三）申请书的分类

申请书按照不同的分类标准，可划分为不同的种类。

1. 按申请人划分

可分为个人事务申请书或集体公务申请书。

2. 按使用范围划分

可分为社会组织方面的申请、工作学习方面的申请、日常生活方面的申请等。

（1）社会组织方面的申请。社会组织方面的申请一般指加入各类社会团体的申请，如加入妇联、工会或某些商会等。

（2）工作学习方面的申请。工作学习方面的申请是求学或在实际工作中所写的申请，如入学申请书、带职进修申请书、工作调动申请书等。

（3）日常生活方面的申请。日常生活方面的申请一般是指向有关部门提出生活需求方面的申请，如困难补助申请、开业申请等。

申请书的分类如图 2-3 所示。

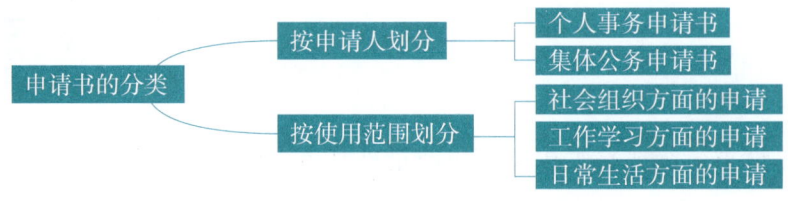

图 2-3　申请书的分类

（四）申请书的写作格式

申请书一般由标题、称呼、正文、结语和落款五个部分构成。

1. 标题

申请书的标题写法一般有以下两种形式：

（1）单独以文种名称作标题，即"申请书"三字。

（2）由性质和文种名称共同组成，例如"入学申请书""转正申请书"等。

2. 称呼

称呼应另起一行，开头空两格，写明接收申请书的单位名称或领导姓名，后面加冒号，例如"××团支部："或"××部门××同志："。也可以加一定的形容词，如"敬爱的××团支部：""尊敬的××部门××同志："等。

3. 正文

申请书的正文包括三项内容：

（1）申请事项。简要介绍申请人的基本信息后，就表明向领导、组织提出申请什么事项，直截了当、不含糊其词。

（2）申请理由。说明写申请书的目的、意义及自己对申请事项的认识。

（3）决心和要求。进一步表明自己的决心、态度和要求，以便于组织了解申请人的情况。注意这部分应写得诚恳而有分寸，语言要朴实准确、简洁明了。

4. 结语

申请书的结语一般要写表示祈请的话语，如"以上申请，请批准"或"请予批复为祈"，再写上祝颂语，如"此致敬礼"等。

5. 落款

在结语的右下方署上申请人名称，在署名下一行写上日期。

申请书的写作格式示例图如图 2-4 所示。

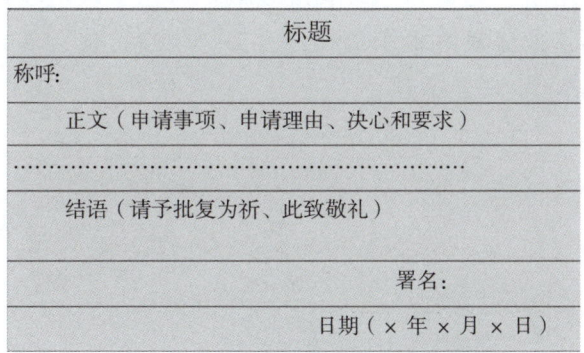

图 2-4　申请书的写作格式示例图

（五）申请书的写作要求

1. 一事一议

申请书应集中讨论一个主题，要求明确，内容单纯。

2. 理由充分
在提出要求的同时，应当详细说明理由，使其具有说服力。
3. 结构清晰
申请书通常包括标题、称呼、正文、结语和落款五部分，应当按照标准格式编写。
4. 语言简明
事项要表述清楚，措辞要简洁明了。态度要诚恳、朴实，结语可使用惯用语如"特此申请""恳请领导帮助解决"等，以显示敬意。

例文简析

例文一

转正申请书

尊敬的领导：

　　我于20××年×月×日进入××工厂工作，根据工厂的需要，目前从事××工作，到今天，试用期已满，根据工厂规章制度，现申请转为正式员工。

　　作为一个刚毕业的年轻人，初到工厂工作，曾对工厂的为人处世、工作程序有些困惑，但是工厂宽松融洽的工作氛围、团结务实的文化底蕴，尤其是领导的关心和部门同事的热情帮助，让我很快完成了工作角色的转变。来到这里工作，我最大的收获莫过于无论在敬业精神、思想境界，还是在业务素质、工作能力上都得到了很大的进步与提高，激励我在工作中不断前进与完善。

　　一年来，我一直严格要求自己，认真及时做好领导布置的每一项任务，同时主动为领导分忧。专业和非专业上不懂的问题虚心向同事学习请教，不断提高、充实自己，希望能尽早独当一面，为公司做出更大的贡献。

　　在此我提出转正申请，恳请领导给我继续锻炼自己、实现理想的机会。我会用谦虚的态度和饱满的热情做好我的本职工作，为工厂创造价值，展望美好的未来！

　　此致
敬礼！

申请人：×××
××××年××月××

例文二

入学申请书

尊敬的博士生导师：

　　我是×××高校的一名教师，我本科就读于××××大学文学院，专业是汉语言文学，本科期间我刻苦努力，连续多年获得专业一等奖学金，并获评2015年度××××大学优秀毕业生。本科毕业后我被保送至××××大学文学院中国现当代文学专业攻读研究生学位。如今，我在高校工作已有四载，为提升学术水平、拓宽研究思路，特申请报考博士。我的申请理由如下：

首先，我具有较为扎实的专业基础和一定的学术研究能力。研究生期间，我重视提升自己的学习和科研能力，在北大核心期刊《电影文学》杂志上发表了两篇学术论文，在省级期刊上发表了一篇学术论文，参加了××××大学文学院与××××大学中国语言文学系第四届研究生学术交流研讨会并宣讲论文，主持了校级研究生创新资助项目并以优秀成绩结项。我连续三年获得一等研究生学业奖学金，两次获得××××大学年度研究生优秀论文奖，并最终获得硕士研究生国家奖学金。

其次，我工作以来并未停止对专业知识的学习和探索。我于××××年×月取得文学硕士学位后进入高校工作，在做好教书育人工作的同时，积极从事学术研究，先后在高校学报和省级期刊上发表了五篇学术论文，主持并完成校级科研项目两项。

最后，我对文学专业有着深沉的热爱，对博士学习有着强烈的渴望。多年的文学求索之路，我在打下扎实专业基础的同时，早已深深爱上了这片研究领域。我对学术研究有兴趣、有热情，对博士学习有清晰的认识和充分的心理准备。

若能有幸获得深造机会，我将勤奋努力、兢兢业业，不辜负老师的教导，在提升自身学术能力的同时，争取为电影文学相关领域的研究贡献一份力量。

学生×××敬上
××××年××月××日

例文三

贫困生助学金申请书

尊敬的学校领导：

您好！我是一名来自农村的大学生，因家庭经济困难，特向学校申请贫困生助学金，以帮助我完成学业。在此，我衷心希望学校能够给予我支持和帮助。

我来自一个五口之家，父母都是勤劳的农民，家中的收入主要源于微薄的农作物收成和偶尔的打工收入。近年来，受自然灾害影响，农产品价格波动较大，家庭收入锐减。为了供我上学，父母不惜借贷，这让我倍感愧疚。

我深知教育的重要性，因此始终努力学习，争取取得优异的成绩。然而，学费、生活费等开支让我倍感压力。为了减轻家庭负担，我利用课余时间参加各种兼职工作，但仍无法满足日常开支。在这种情况下，我恳请学校能够给予我贫困生助学金的支持，帮助我渡过难关。

在国家最新政策的指引下，我了解到国家对于贫困生的资助力度不断加大，这让我倍感欣喜。如果我有幸获得贫困生助学金，我将倍加珍惜这份来之不易的机会，努力学习，争取取得更好的成绩。同时，我也会积极参加各种社会实践活动，提高自己的综合素质，为将来回报社会、服务人民打下坚实基础。

最后，我再次向学校表示衷心的感谢，并恳请学校能够审慎考虑我的申请。我相信，在学校和社会各界的关爱与支持下，我一定能够克服困难，顺利完成学业，为实现中华民族伟大复兴的中国梦贡献自己的力量。

此致

敬礼！

申请人：×××

××××年××月××日

例文评析

第一篇例文是多数同学们步入工作岗位后，将会写到的第一份申请书，即转正申请书。例文采用书信体格式，在进行简短的自我介绍后，开门见山地提出了自己申请转正的请求。该例文有理有据，真实生动，非常值得同学们在写作转正申请书时加以学习和借鉴。

第二篇例文是一份读博申请书，属于个人学习方面的申请。围绕申请读博这一核心话题，重点介绍了申请人的科研成果和学术水平。这提示我们在写作申请书时要根据申请的核心目的来进行材料的选取和组织。在申请理由部分，这份申请书采取了总分的写作手法。每段的第一句话为申请的具体理由，之后的内容是对这一理由的阐释和佐证，结构清晰，一目了然。在表明个人决心后，这份申请书没有书写结语。同学们在写作过程中可根据实际需要来确定是否添加结语。正所谓"吾生也有涯，而知也无涯"，希望同学们毕业后无论是步入工作岗位，还是继续求学深造，都请树立起终身学习的理念，不断追求进步。

第三篇例文是一篇贫困生助学金申请书，格式规范，内容真实感人。申请人详细介绍了自己的家庭经济状况和学习态度，同时表达了对于学校资助政策的了解和对未来的期望。在文字表达上，申请人语言流畅、条理清晰，能够准确地传达自己的意思。在内容上，申请人不仅展示了自己的困境，还展现出了积极向上、自强不息的精神风貌，让人感到既同情又敬佩。此外，申请人还表达了对于学校和社会的感激之情，展现了其感恩之心和回报社会的决心。

牛刀小试

一、选择题

1. 申请书的正文通常不包括（　　　）。
   A. 标题　　　B. 称谓　　　C. 正文　　　D. 附件
2. 申请书属于（　　　）。
   A. 平行文　　　B. 上行文　　　C. 下行文　　　D. 以上均不是

二、判断题

1. 申请书一般由标题、称呼、正文、结语和落款五个部分构成。（　　　）
2. 申请书写作时可以尽量夸大事实，使内容更丰富。（　　　）

三、实务实练

王同学想申请加入星火文学社，请代其向社团负责人写一份申请书。

三　演讲稿

（一）演讲稿的概念

演讲稿又称演说词，是演讲者在大会上或其他公开场合发表个人观点、见解主张时使用的文稿，是人们在宣传活动和工作交流中的一种常用文体。

微课：
演讲稿

（二）演讲稿的特点

1. 针对性

演讲是一种社会活动，是用于公众场合的宣传形式。它以思想、感情、事例和理论来打动听众、"征服"群众，必须要有现实的针对性。所谓针对性，首先是作者提出的问题是听众所关心的问题，评论和论辩要有雄辩的逻辑力量，要能为听众所接受并心悦诚服；其次是要懂得听众有不同的对象和不同的层次，而"公众场合"也有不同的类型，如党团集会、专业性会议、服务性俱乐部、学校、社会团体、宗教团体、各类竞赛场合，写作时要根据不同场合和不同对象，为听众设计不同的演讲内容。

2. 可讲性

演讲的本质在于"讲"，而不在于"演"，它以"讲"为主、以"演"为辅。由于演讲要诉诸口头，拟稿时必须以"易说能讲"为前提，要"上口入耳"，一篇好的演讲稿对演讲者来说要"可讲"，对听讲者来说应"好听"。

3. 鼓动性

演讲是一门艺术。好的演讲自有一种激发听众情绪、赢得好感的鼓动性。要做到这一点，必须要依靠演讲稿思想内容的丰富、深刻，见解精辟，有独到之处，发人深思，语言表达要形象、生动、富有感染力。如果演讲稿写得平淡无味、毫无新意，即使在现场"演"得再卖力，效果也不会好，甚至相反。

4. 整体性

演讲稿只是演讲的一个文字依据，是整个演讲活动的一个组成部分。演讲主体、听众对象、特定的时空条件，共同构成了演讲活动的整体。撰写演讲稿时，不能将它从整体中剥离出来。

5. 口语性

口语性是演讲稿区别于其他书面表达文章和会议文书的重要方面。演讲稿有较多的即兴发挥，但讲起来必须通达流利。听起来非常顺畅，没有什么语言障碍，不会发生曲解。

（三）演讲稿的分类

1. "使人知"演讲稿

"使人知"演讲稿是以传达信息、阐明事理为主要功能的演讲。它的目的在于使人知道、明白。例如，美学家朱光潜的演讲《谈作文》，讲了作文前的准备、文章体裁、构思、选材等，使听众明白了作文的基本知识。"使人知"演讲稿的特点是知识性强，语言准确。

2. "使人信"演讲稿

"使人信"演讲稿的主要目的是使人信赖、相信。它从"使人知"演讲发展而来。例如，恽代英的演讲《怎样才是好人》，不仅告知人们哪些人不是好人，也提出了三条衡量好人的标准，通过一系列的道理论述，改变了人们以往的旧观念。"使人信"演讲稿的特点是观点独到、正确，论据翔实、确凿，论证合理、严密。

3. "使人激"演讲稿

"使人激"演讲稿意在使听众激动起来，在思想感情上与听众产生共鸣，从而欢呼、雀跃。例如，革命先驱李大钊先生的演讲《庶民的胜利》，针对当时各帝国主义国家和北洋军阀政府宣传第一次世界大战的胜利是"公理战胜强权"，他指出："这回战胜的，不是联合国的武力，是全世界人类的新精神。不是为那（哪）一国的军阀或资本家的政府，是全世界的庶民，我们庆祝，不是为那（哪）一国或那（哪）一国的一部分人庆祝，是为全世界的庶民。"李大钊先生用他的思想火花，激发当时各层人民受众的自尊感、自强感，将马克思主义的火种播撒到中华大地。

4. "使人动"演讲稿

"使人动"演讲稿比"使人激"演讲稿更进一步，它可使听众产生一种欲与演讲者一起行动的想法。习近平总书记在博鳌亚洲论坛2022年年会开幕式的演讲《携手迎接挑战，合作开创未来》，号召亚洲人民坚定信心，同心合力、直面难题、立足亚洲，并郑重做出了"中国承诺"，表达出的明确而坚定的态度，在世界上产生了积极广泛影响。

> **写作之窗**
>
> **个人主题演讲**
> **白岩松对话 95 后：这个世界会好吗？**
>
> 　　主持人白岩松在中国传媒大学 4K 演播室进行了他人生中首次个人大型主题演讲：这个世界会好吗？在《对白》年度演讲中，白岩松基于中华人民共和国成立 70 周年，改革开放 40 周年，自己人生 50 岁这三个时间交汇点，通过分析"饥饿与温饱""青春与机会""缺陷与完美""平静与焦虑"4 个分话题，对"这个世界会好吗？"的主题进行演讲。
>
> 　　面对全国各地慕名而来的 400 名在校大学生，白岩松不仅有智慧的输出、观点的争锋，更带着迷茫的 95 后"Z 世代"一起，进行了一场心灵之旅。
>
> （资料来源：中国青年网，2018-12-23.）

5. "使人乐"演讲稿

"使人乐"演讲稿是一种以活跃气氛、调节情绪，使人快乐为主要功能的演讲稿，多以幽默、笑话或调侃为材料，一般常用于喜庆的场合。这种演讲的事例很多，人们大都听到过。它的特点是材料幽默、语言诙谐。

（四）演讲稿的写作格式

演讲稿一般由标题、称谓、开场白、主体、结尾五个部分组成。

1. 标题

演讲稿的标题一般有五种形式：

（1）提要型标题，例如"把青春献给人民教育事业"。

（2）象征、比喻型标题，例如"扬起生命的风帆"。

（3）警句型标题，例如"天下兴亡，匹夫有责"。

（4）设问型标题，例如"谁来保卫新世纪的中国？"。

（5）抒情型标题，例如"我自豪，我是共青团员"。

2. 称谓

演讲者对听众的称谓应自然、亲切、得体，以唤起听众的注意，拉近与听众的距离。称谓写在标题下方，演讲时可将称谓提前，接着再说演讲的题目是什么。

3. 开场白

开场白的主要作用是点明演讲主旨，自然引领下文；引起听众关注，营造氛围，为整个演讲定下基调。

演讲稿的开场白主要有提问式、悬念式、揭示主题式、警句式和故事式等。例如宋庆龄《在接受加拿大维多利亚大学荣誉法学博士学位仪式上的讲话》的开头："我为接受加拿大维多利亚大学荣誉法学博士学位感到荣幸。"恩格斯《在马克思墓前的讲话》的开头:"三月十四日两点三刻,当代最伟大的思想家停止了思想……但已经永远的睡着了。"

4. 主体

演讲稿的质量如何,取决于主体内容。演讲稿的主体内容,要层层展开,在理论上一步步说服听众,在内容上一步步吸引听众,在感情上一步步感染听众。要精心安排结构层次,层层深入,环环相扣,水到渠成地将演讲推向高潮。

(1)主体部分要针对演讲主题的具体情况加以展开。常见主体结构有并列式,即各个问题依次论述,最后归纳;层进式,即层层深入,循序论述;抑扬式,即采用抑扬手法,使演讲曲折变化,一般可采用"先抑后扬式"或"抑扬交替式",使演讲跌宕起伏,变化多姿;对照式,将不同的意见和情况,进行对照分析和论述。

(2)演讲稿的主体内容要体现三个特点:思想深刻、态度明确,最集中体现演讲者的思想观点;感情强烈,演讲者的爱恶、喜怒在这里得到尽情宣泄;语句精炼。

5. 结尾

结尾和开头一样,都是听众注意力比较集中的地方,需要精心设计。好的结尾能揭示主旨,加深认识;能收拢全篇,统一基调;能鼓舞热情,促进行动;能引人深思,耐人寻味。总之,好的结尾应该能让听众在反复回味中受到教育和启发。

演讲稿的写作格式如图 2-5 所示。

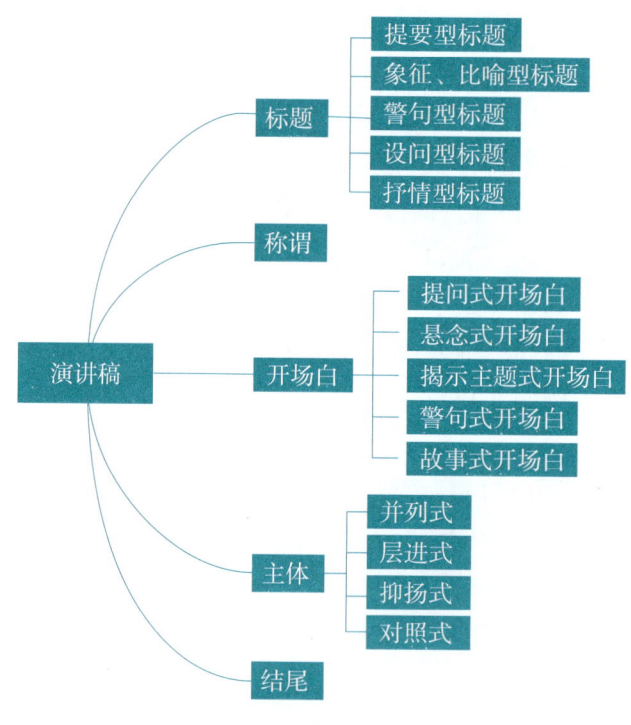

图 2-5　演讲稿的写作格式

> **写作之窗**
>
> **演讲稿的感染力**
>
> 　　首先，要合理安排演讲稿的结构，确保逻辑清晰、条理分明，使听众易于理解和接受。注意段落之间的衔接和过渡，使整篇演讲稿流畅自然。其次，可引入生动形象的案例，增强内容的说服力，并恰当使用比喻、拟人、排比等修辞手法，增强演讲稿在语言文字层面的表现力。最后，演讲稿撰写完毕后应反复推敲、现场彩排，根据现场效果对文稿内容做出优化调整。

（五）演讲的实用技巧

1. 做好演讲前的各项准备

演讲稿的各项准备包括了解听众、熟悉演讲内容、广泛搜集资料、适度彩排演练等。演讲者不仅要熟悉演讲稿本身的内容，还要广泛了解与本次演讲主题相关的其他知识，以便现场互动环节能够胸有成竹。准备演讲的过程也是我们拓宽视野、积累知识、提升自身人文素养的过程。

2. 合理把控演讲语速

演讲稿需要结合演讲者平时说话的语速来调整和控制字数。例如，10分钟的演讲，如果说话人的平均语速是300字每分钟，那么演讲稿可以写3 500～4 000字，这样便可为演讲者留下现场发挥的余地。演讲时切忌紧张，情绪一旦紧张，语速往往会不自觉地加快，进而影响演讲效果。我们要有意识地提升自信心，锻炼平稳良好的心理状态，以保证良好的临场发挥。

3. 增强与听众之间的互动

演讲时面对活泼的听众，可以简短互动，直奔主题，展开核心内容；面对内敛的听众，则需适当活跃气氛，进行暖场，以拉近和观众之间的心理距离。此外，演讲时不可无视听众，要与听众进行有效的眼神交流。

例文简析

例文一

未来可期　再会母校

尊敬的各位领导、老师、同学们：

　　大家上午好！很荣幸我能在这里代表20××届毕业生向辛勤培育我们三年的母校表达最诚挚的谢意！

　　青春是人生最美好的时光，而在××大学度过的这一段青春岁月无疑将成为我们人生中最为宝贵的记忆。三年时光，弹指一挥间，但很多记忆将成为我们生命中最为珍重的收藏,还记得三年前刚入校时你我所立下的雄心壮志吗?还记得在教室、图书馆中你我孜孜不倦学习的身影吗?还记得老师的谆谆教诲和小有收获时你我那种发自内心的喜悦吗?……太多太多的情景值得我们去回忆。大学三年,我们学会了分析与思考,学会了丰富与锻炼,学会了合作与竞争,学会了继承与创新,也学会了如何不断超越、突破自己的极限而成长。如今,我们就要毕业了,所有这些温暖的记忆都将铭刻在我们心灵的最深处,那会是我们生命中最难忘的岁月。

三年前,我们满怀梦想,背负期望,聚首母校。三年后的今天,我们又将怀着对母校的留恋,奔赴各地,开创属于自己崭新的明天。有人说,丰富多彩的大学校园是一个熔炉,燃烧出每个人与众不同的精彩人生。我们经历大一的纯真年代,走过大二的紧张与忙碌,来到今日大三的依依别离。大学三年,各学生组织里留下了我们忙碌的身影;大学三年,我们曾为考试、过级、考证紧张过、奋斗过;大学三年,我们在书本知识与实践中不断完善自我;大学三年,无论是学校的篮球场、小路旁,还是教室、宿舍、食堂都曾有过我们的欢笑与泪水。这既漫长又短暂的大学时光已化为无形的胶片,将永远珍藏在我们的脑海中。

过了今天,我们的大学生活将画上一个圆满的句号,我们将告别朝夕相处的同学,告别循循善诱的老师,告别美丽如画的校园,踏上人生新的征程。但我们永远不会舍弃在大学的点点滴滴,永远不会忘了在迷茫彷徨时老师的悉心指点,永远不会忘了伤心难过时同学的真切问候。我们不会忘记母校,因为这里有我们最为灿烂的青春,更因为这段华美的青春乐章中融入了老师们无私的爱和同学们真挚的感情。

面对母校,我们要献上感恩的心。感谢母校领导和老师对我们的关心和教育,是你们的谆谆教诲,让我们的大学没有虚度;是你们的辛劳,让我们拥有今天的成绩;你们的鼓励,将让我们在社会的风浪中勇敢前行。请母校放心,我们决不辜负您的培养,我们会时刻铭记您的教诲,以优秀的业绩彰显母校的风采。面对恩师,我们想说:一日为师,终生不忘。面对同窗,我们想说:一朝同窗,一世朋友。今天,只是毕业,我们之间的师生情谊、同学友爱将伴随着时间的推移不断升级。

母校,已经成为一次又一次默化在我们心中永远无法抹去的记忆,将是我们心中永远的圣地。

无论多美的语言,都表达不完我们对母校的谢意;无论多么动听的声音,都诉说不尽我们对母校的恩情!我们会用实际行动让母校的名字更加响亮。

今日我以母校为荣,明日母校以我为傲!

再见了,我亲爱的母校!未来可期,我们再会!

谢谢大家!

例文二

竞选学生会主席演讲稿

尊敬的老师、亲爱的同学们：

大家好！我是×××，很荣幸能够站在这里，竞选学生会主席一职。感谢每一位在座的同学，是你们赋予了我这次挑战自我、展示才华的机会。

我之所以决定竞选学生会主席，是因为我热爱我们的学校，关心每一位同学。我坚信，学生会主席不仅是一个头衔，更是一份责任，一个能够为大家发声、为大家服务的平台。而我，正是怀揣着这份责任和热情，希望能够通过我的努力，让我们的校园生活更加丰富多彩，更加充满活力。

接下来，我想谈谈我的优势。首先，我拥有良好的组织能力和团队协作能力。在过去的学习生活中，我曾多次担任班级和校级活动的组织者，成功策划并主持了多场大型活动，得到了老师和同学们的一致好评。这些经历不仅锻炼了我的组织协调能力，也让我更加懂得如何与人合作，共同完成任务。

其次，我具备出色的沟通能力和应变能力。在与同学们的交往中，我始终保持着真诚和友善的态度，善于倾听他人的意见和建议。同时，面对突发情况，我也能迅速做出反应，采取有效措施，确保活动的顺利进行。

最后，我深知学生会主席的职责和使命。我认为，学生会主席应该是一个能够引领潮流、推动创新的人。我将充分利用学生会这个平台，积极组织各类活动，丰富同学们的课余生活；同时，我也会密切关注同学们的需求和意见，及时向学校反映，争取为大家创造更好的学习和生活环境。

如果我能够竞选成功，我会以更加饱满的热情投入工作中去，不断创新、不断进步，为大家提供更好的服务。我也会虚心向大家学习，不断提高自己的能力和素质，确保能够更好地胜任这个岗位。

当然，我也明白自己还有很多不足和需要改进的地方。但我相信，在大家的支持和帮助下，我一定能够不断进步，成为一个优秀的学生会主席。

我恳请大家能够给我一次机会，让我用实际行动证明自己的能力和价值。投我一票，让我们一起为我们的学校、为我们的未来而努力！

谢谢大家！

例文评析

第一篇演讲稿格式规范、内容丰满。标题醒目点睛、主旨鲜明、表意清晰。开场白简短不失真诚，表达对毕业母校的诚挚感谢。主体部分通过对三年大学生活的回顾，表达出感恩的情感，内容充实，条理清晰，语言质朴感人。结尾提出"今日我以母校为荣，明日母校以我为傲"的志向希冀，富有激情，引人期待。

第二篇例文条理清晰、结构完整，从自我介绍、竞选理由、个人优势、职责认知到对未来的展望，层层递进，逻辑严谨。在内容上，竞选者充分展示了自己的优势与特质，从组织能力、团队协作能力到沟通能力和应变能力，都一一详细阐述，让人对其能力有了充分的了解。同时，还明确提出了对学生会主席职责的深刻认知，以及对未来工作的设想和规划，展现出了高度的责任感和使命感。

牛刀小试

一、填空题

1. 演讲稿的特点是（　　　）、（　　　）、（　　　）、（　　　）、（　　　）。
2. 演讲稿一般由（　　　）、（　　　）、（　　　）、（　　　）、（　　　）组成。

二、判断题

1. 写作演讲稿时要突出主题，语言生动。（　　　）
2. 学术类演讲稿可以为了增强感染力而主观改编科研数据。（　　　）

三、实务实练

请以"坚定文化自信"为主题，撰写一篇演讲稿，并面向班级同学进行演讲展示。

第二节 求职实践文书

学习目标

- **知识目标**
1. 理解求职信、简历、社会实践报告等求职实践文书的概念内涵。
2. 了解求职信、简历、社会实践报告等求职实践文书的文体特点。
3. 掌握求职信、简历、社会实践报告等求职实践文书的写作格式和要求。

- **能力目标**
1. 能够写出要素齐全且格式规范的求职信、简历、社会实践报告。
2. 能够在求职信、简历的设计过程中掌握写作技巧,扬长避短。
3. 能够写出条理清晰、深刻严谨的社会实践报告。

- **素质目标**
1. 在求职信的学习中向学生介绍职业前景,培养其劳动意识和职业荣誉感。
2. 通过讲解简历的设计技巧,鼓励学生发掘自身优势,悦纳自我。
3. 通过社会实践报告的学习,培养学生严谨细致、善于反思总结的品质。

一 求职信

(一)求职信的概念

求职信是个人向机关、团体、企业或有关领导谋求职业的一种专用书信。求职信集介绍、自我推销和下一步行动于一身,它总结、归纳了履历,并重点突出背景材料中与未来雇主最有关系的内容。一份好的求职信能体现出求职者清晰的思路和良好的表达能力。

书信体应用文"知多少"?

书信是人们在日常的生活和工作中运用得十分广泛的一种应用文。书信由信封和信笺两部分组成。信封的内容由三部分组成:收信人地址和姓名、寄信人地址和姓名、双方所在地的邮政编码。信笺是书信的内页,一般由标题、称谓、问候语、正文、结语、署名、日期等几个部分组成。求职信、推荐信、证明信、表扬信、感谢信、慰问信等都是我们在生活和工作中经常使用的书信体应用文。写作不同书信体应用文时要根据行文需要来谋篇布局，做到格式规范、内容完整、表意清晰准确。

（二）求职信的特点

1. 个性化

求职信要突出自己的个性特点，切忌千篇一律、千人一面。在介绍自己应聘的条件时，要特别突出自己的优势和"闪光点"，以示和别人的不同。

2. 求实性

求实性一方面体现在求职信应实事求是地介绍自己的特点和优势，不能夸大其词或不着边际。另一方面，在突出与目标岗位相关的职业技能、素质及经历等个人优势时，应尽量把工作成果量化，用数字和案例说话。

3. 针对性

企业对不同岗位的职业技能和素质需求各不相同，因此，在写求职信时，要先确定求职方向，然后根据招聘企业的特点及职位要求量身打造，从而制作出具有针对性的求职信。

4. 简明性

过于简短的求职信会让人觉得求职者对于应聘的工作缺乏重视，过于冗长的求职信则会让人心生厌倦。写作求职信时，要注意把握整体篇幅，尽量以简明的语言清晰地阐述出求职者对于该职位的兴趣以及与该职位相匹配的资历。

（三）求职信的写作格式

求职信主要由标题、称谓、正文、结尾、落款和附件六部分组成。

1. 标题

上方居中写"自荐信""求职信"或"应聘信"。

2. 称谓

第一行顶格书写用人单位或领导名称。例如，"尊敬的××公司人事部"、"××经理"或"××校长"等，后加冒号。求职信不同于一般私人书信，收信人与寄信人未曾见过面，所以称谓要恰当，无须过分亲昵。

3. 正文

正文是求职信的核心部分，包括写信缘由、自我介绍、求职目标、求职条件、愿望表示等五部分。

（1）写信缘由。交代获悉招聘信息的缘由，例如，"我很荣幸从招聘网站上得知贵公司招聘××人员，并认为我具备充分的应聘条件"。

（2）自我介绍。交代清楚个人基本情况，包括姓名、性别、年龄、学历、职务等。应届毕业生写明目前就读学校、专业、毕业时间以及自己的业务水平和工作能力等。

（3）求职目标。根据用人单位所需和自己所长，明确提出应聘的职位和工作，注意不可同时申请多种不相干的岗位或职位。

（4）求职条件。根据求职目标，充分展示自己适合所求岗位与职位的各种能力。这部分主要从以下三方面入手：

①专业知识和专业技能。重点介绍自己的知识结构、特长学科以及运用知识解决实际工作中各类问题的能力，实习单位的评价可以作为此类能力的证明之一。

②优秀品质和工作能力。介绍自己的责任心、道德品质、工作态度、团队合作精神、组织协调能力以及社会实践能力等，最好用具体的工作成绩来证明自己。

③成果陈述。介绍主要成绩以及所取得的成果、获得的证书和奖励等，以切实可信的材料来证明自己具备胜任所求职位的能力。

（5）愿望表示。说明自己对该工作的喜爱和求职的迫切心情，并盼望能得到面试的机会。可简要地谈谈应聘成功后的想法、打算或计划。这段属于求职信正文的收尾部分，要适可而止，且不要苛求对方。

4. 结尾

结尾是表示敬意和祝愿之类的话语。可另起一行，开头空两格书写"此致"，换行顶格书写"敬礼"；也可直接另起一行，开头空两格书写"祝工作顺利"等话语。不必过多寒暄，以免画蛇添足。

5. 落款

在求职信右下方书写求职人姓名和写信日期。

6. 附件

附件包括个人联系方式，证明本人专业水平、工作业绩、社会能力的书面材料和证书等。

求职信的写作格式如图 2-6 所示。

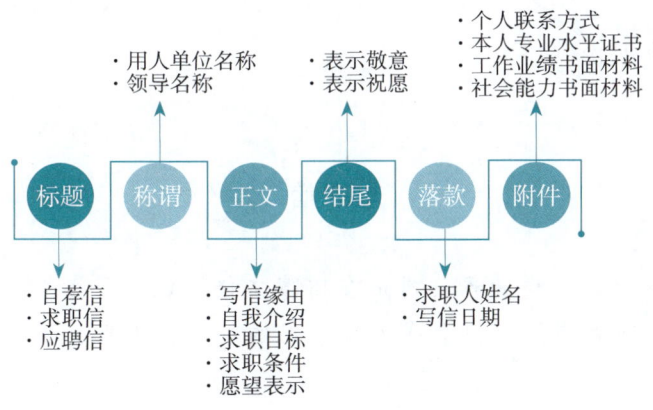

图 2-6　求职信的写作格式

例文简析

例文一

求职信

×××公司人事处张处长：

感谢您在百忙之中翻阅我的求职信，我从求职网站上得知，贵公司正在招聘××一职，我认为自己具备充分应聘条件，故应聘××一职。

我叫王××，是××工业职业技术学院道路桥梁专业2023届大专学生，将于2023年6月正式毕业。大学期间，我刻苦努力，在德、智、体、美、劳等方面获得了较为全面的发展。

根据贵公司的招聘需要，结合本人的能力特长，我决定应聘××职位。

在深入了解该职位工作需求的基础之上，我认为自己已经具备了适应该职位的相关工作能力。专业知识方面，大学期间，我学习成绩一直名列前茅，连续三年获得专业一等奖学金，打下了扎实的专业基础。在工作能力方面，大学三年来，我先后担任道路桥梁××班班长、土木学院学生会主席，充分锻炼了自己的管理能力和人际交往能力，我具有较强的责任心和良好的团队合作精神。在个人成绩方面，我连续三年获得专业一等奖学金，两次获得国家励志奖学金，我还考取了计算机二级证书和全国大学英语四级证书。实习期间，我对待工作认真努力，恪尽职守，获得了领导和同事的一致好评。

我真诚地希望贵公司能够给我一次面试的机会，相信我的工作能力一定不会让您失望。如果能够有幸获得这一职位，我一定会珍惜来之不易的工作机会，尽己所能为公司的发展添砖加瓦。

最后，祝您工作顺利！

王××
××××年×月×日

附：个人履历1份（略）

例文二

求职信

尊敬的招聘负责人：

您好！我叫×××，得知贵公司正在招聘文秘岗位，我怀揣着满腔热忱，特此写信应聘。在此，我希望能有机会成为贵公司的一员，为贵公司的发展贡献自己的力量。

我拥有扎实的文秘专业知识和良好的职业素养。在校期间，我系统地学习了文秘专业的相关课程，包括文书处理、档案管理、会议组织等方面的知识，为日后的工作奠定了坚实的基础。

在实习和工作经历方面，我曾在××知名企业担任文秘实习生，负责文件处理、会议筹备及领导日程安排等工作。在此期间，我积累了丰富的实践经验，熟悉了文秘工作的流程和规范，学会了如何与同事和领导有效沟通。此外，我还具备较强的学习能力和适应能力，能够迅速融入新的工作环境，并承担起各项任务。

针对贵公司的文秘岗位需求，我认为自己具备以下几点优势：

首先，我具备较强的文字表达能力和沟通能力。我能够熟练运用各种办公软件，如Word、Excel、PowerPoint等进行文档编辑、数据处理和演示文稿制作。同时，我善于倾听他人的意见和建议，能够准确理解领导意图，并将其转化为具体的工作安排。

其次，我具备较强的组织协调能力。在实习期间，我曾成功组织过多次会议和活动，包括会议议程制定、场地布置、嘉宾邀请等环节。我能够合理安排时间、协调资源，确保活动的顺利进行。

最后，我具备较强的团队合作精神。我相信，一个优秀的团队是成功的关键。在团队中，我能够积极参与讨论，提出建设性意见，与团队成员共同完成任务。

如有幸加入贵公司，我将以饱满的热情投入到工作中，充分发挥自己的专业优势，为贵公司的发展贡献自己的力量。

感谢您在百忙之中阅读我的求职信，期待有机会与您面谈，进一步了解贵公司和岗位需求。祝您工作顺利，生活愉快！

此致

敬礼！

×××

××××年××月××日

例文评析

第一封求职信结构清晰、内容完整、语言简洁明了，充分论述了自己的求职缘由、自身情况、求职目标、工作能力和职业规划等内容。我们在写作求职信的时候，既要了解自己，也要了解应聘的职业岗位，只有充分了解了应聘岗位所需的工作能力，我们才能理智、清晰地判断自己能否胜任这份工作。这不仅是增加我们求职成功概率的有效手段，也是对自己未来职业和用人单位负责任的表现。求职时切忌为了尽快解决工作问题而盲目投递求职信。劳动是光荣的，每个劳动者都应该充分尊重自己的职业，在强烈职业荣誉感的激励下认真工作，力求在个人的职业领域取得一番成就。

第二封求职信格式规范、内容充实，充分展示了求职者的专业素养和综合能力。在格式方面，求职信采用了标准的书信格式，包括称谓、正文、结尾和落款等部分，结构清晰、层次分明。正文中，段落划分合理，语言简洁明了，易于阅读。在内容方面，求职者首先简要介绍了自己的基本信息和应聘意愿，然后详细阐述了自己的专业知识、实习经历以及个人优势，最后表达了对加入公司的热切期望。整篇求职信内容丰富、逻辑性强，能够充分展现求职者的专业能力和个人魅力。此外，求职者在阐述个人优势时，结合了具体的工作经历和案例，使得优势更加具体、可信。同时，求职者的语言表达得体、态度诚恳，展现出了良好的职业素养和敬业精神。

牛刀小试

一、选择题

下列不属于求职信特点是（　　　　）。
A. 个性化　　　　B. 求实性　　　　C. 针对性　　　　D. 夸张性

二、判断题

1. 在求职信中介绍自己应聘的条件时，要特别突出自己的优势和"闪光点"，以示和别人的不同。（　　　　）
2. 求职信的结尾要多多与面试单位领导寒暄。（　　　　）

三、实务实练

预设自己毕业后的求职目标，向拟应聘的单位写一封求职信。

二　简历

微课：
助你获得理想职位的简历

（一）简历的概念

简历是求职者给招聘单位发出的一份简要介绍。简历包含求职者的基本信息：姓名、性别、年龄、民族、籍贯、政治面貌、学历、联系方式、自我评价、学习经历、工作经历、荣誉与成就、求职愿望、对这份工作的简要理解等。

（二）简历的作用

1. 简历是面试的"敲门砖"

简历是用于应聘的书面材料，它向未来的雇主表明自己拥有能够满足特定工作要求的技能、态度、资质和自信。文如其人，雇主从简历上可以对应聘者获得一个初步的了解，并判断是否给予应聘者参加面试的机会。

2. 优秀的简历能够增加求职成功的概率

现场面试环节需准备多份个人简历，供招聘人员详细阅读。优秀的简历配合良好的面试表现，无疑能够增加求职者应聘成功的概率。

（三）简历的写作格式

求职简历主要由个人基本情况、教育及工作背景、自我评价三部分组成。

1. 个人基本情况

个人基本情况包括自己的姓名、性别、年龄、籍贯、政治面貌等基本信息。这些信息通常以表格的形式清晰、直观地展示出来。需要注意的是，"求职意向"要在"黄金位置"鲜明地展示出来。一份没有"求职意向"的简历会让人觉得应聘者没有针对职务岗位设计简历，或者不清楚自己想要竞聘什么岗位，缺少职业规划。

2. 教育及工作背景

教育及工作背景部分包括以下三方面内容：

（1）教育背景。教育背景采用回溯的方式，从最高学历写起，一般写到高中学历为止。

（2）工作背景。工作背景应列出与应聘职位相关的工作经验，应届毕业生可写实习经历或社会实践经历。

（3）所获证书、荣誉和奖励。可采用小标题的形式，分条列项地罗列出个人所获得的证书、取得的荣誉和奖励。证书按照与岗位能力的相关程度进行排列，关系密切的写在前，相关程度不高的逐次往后写；荣誉和奖励按照含金量程度的高低进行排列，而非按照时间的先后顺序进行排列。例如，国家级奖学金应排列在专业奖学金之前，以便使招聘者能够在第一时间看到应聘人的主要成就。

3. 自我评价

自我评价部分建议写成一段完整的话，可概述自己胜任该职务的相关能力、品质，并简述个人职业规划。这部分内容要客观、真实地评价自我，可适当突出个性，不要罗列那些放之四海皆准的万能词汇。

简历的写作格式如图 2-7 所示。

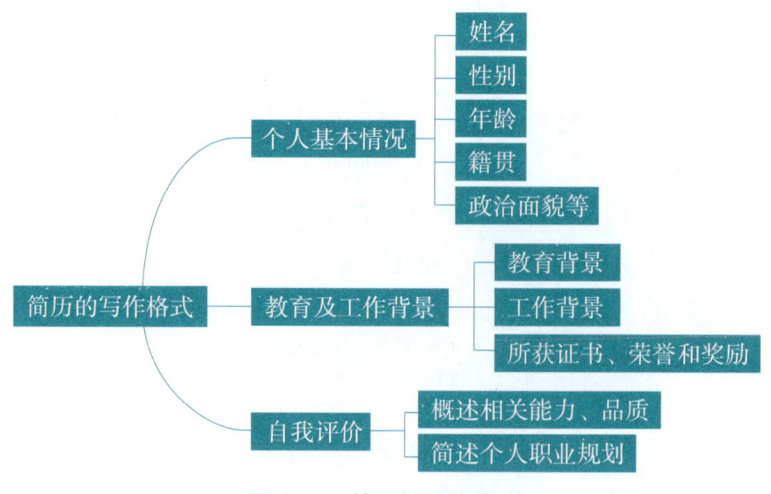

图 2-7　简历的写作格式

（四）简历的写作要求

1. 去粗存精，重点突出

简历的版面设计一定要突出重点内容，使人能够快速发现应聘者的核心优势。雇主在每份简历上花费的时间有限。若不能在短时间内看到具有吸引力的内容，往往会选择放弃阅读。

2. 扬长避短，量身定做

简历的内容应在确保诚信的基础上，突出个人优势，规避个人短板。简历需为特定的工作岗位量身定做，不能一文多投。不同职务对于应聘者的能力和素质要求是不同的，有针对性地设计简历才能增加自身求职成功的概率。

3. 突出个性，注重细节

在设计个人简历时，可以适当地突出个性，围绕应聘岗位所需的能力和素质，介绍自己相应的个人优势。同时，简历的设计需注意细节，如标点符号错误、错别字等情况一旦在简历中出现，就会使雇主对于应聘者的印象大打折扣，从而严重影响应聘者求职成功的概率。

写作之窗

学会"用数字说话"

我们在写作个人简历时要学会"用数字说话"。例如，某人应聘诊所护士，与其说"我能够在快节奏的环境里把工作做得游刃有余"，不如说"每天晚上，我都会为120名左右的急诊患者登记挂号"；某人应聘记者，与其说"我曾在××杂志社实习，工作效果良好"，不如说"我在××杂志社实习期间，发表采访文章10篇，共计2万字"。应聘者写作简历是为了使自己能够获得面试的机会。因而，写作简历时应当少一些虚词，多一些具有说服力的数据，以此来增加简历的可信度，打动招聘者。

例文简析

个人简历					
姓　名：	×××	出生年月：	××××年×月	求职意向：	××××
性　别：	女	现居地：	××	联系方式：	×××××××××
政治面貌：	××	毕业学校：	×××	专业：	×××××

一、教育及工作背景

（一）教育背景

××××年×月—××××年×月：××工业职业技术学院

××××年×月—××××年×月：××高中

（二）工作背景

××××年×月—×月：在××公司××部门实习，为110位用户写了专业术语指南。

（三）所获证书、荣誉和奖励

1. 计算机二级证书
2. 大学英语四级证书
3. 2022年度国家励志奖学金
4. 2021年度专业一等奖学金、2020年度专业一等奖学金
5. 2020年度先进个人

二、自我评价

本人热爱××事业，具有相应的从业能力和扎实的专业基础。大学期间，我刻苦努力、勤奋学习，连续两年获得专业一等奖学金，并最终获得国家励志奖学金。我考取了计算机二级证书，能够熟练操作办公软件；我考取了大学英语四级证书，具备较好的英文听说读写能力。大学期间我担任班长和学生会主席，积累了一定的工作经验。我善于沟通交流，具有较好的组织能力，曾成功举办过5场大型社团活动。相信我能够胜任××职务，如果能有幸获得工作机会，我将以饱满的热情全身心地投入到工作中去，为公司的发展贡献出一份力量。

例文评析

这份简历共分为三部分，第一部分以表格的形式清晰地罗列出了姓名、性别、毕业学校等个人信息，并在醒目的位置写清了求职意向。第二部分教育及工作背景，分条列项地展示了应聘人的教育经历，工作经历和所获得的证书、荣誉以及奖励。最后的自我评价部分用事实和数据说话，提到了自己在专业方面连续两年获得专业一等奖学金，并获得国家励志奖学金，考取了计算机二级和英语四级证书。当说到自己具有较好组织能力的时候，通过数据说明问题，即"曾成功举办过5场大型社团活动"，有理有据，有说服力。这份大学应届毕业生的简历，在突出个人优势方面做得很好。自我评价部分着重阐述了自己在专业学习方面所取得的各项成绩，淡化了自己缺少社会实践经验的弱点。我们在写作个人简历的时候，也需要发掘自身优势、扬长避短。

牛刀小试

一、选择题

1. 简历主要由下列哪几部分组成？（　　　　）
 A. 个人基本情况　　　　B. 教育及工作背景
 C. 自我评价　　　　　　D. 以上均是

2. 下列哪项可以不出现在简历里？（　　　　）
 A. 姓名　　　　　　　　B. 专业
 C. 毕业学校　　　　　　D. 家庭成员情况

二、判断题

1. 在设计个人简历时，可以适当地突出个性，围绕应聘岗位所需的能力和素质，介绍自己相应的个人优势。（　　　　）

2. 简历是面试的"敲门砖"，故写作简历时要尽量"放大"优点，夸大事实。（　　　　）

三、实务实练

请设计一份个人简历。

三　社会实践报告

（一）社会实践报告的概念

社会实践报告是进行社会实践后需要完成的报告，是有目的、有组织、有计划地深入实际、深入社会后，对所开展过的实践活动进行的一个总结汇报。

（二）社会实践报告的作用

1. 了解社会现实，增强社会责任感

在校学生参加社会实践活动并撰写社会实践报告有助于了解社会实际情况，实现从学校到社会的顺利过渡，针对某些社会问题而开展的调研和报告，还有助于培养学生的社会责任感。

2. 积累实践经验，提高就业竞争力

在校学生参加社会实践活动并撰写社会实践报告能够积累一定的实践经验，增加社会阅历，增加职业阅历，从而提升自身的就业竞争力。

（三）社会实践报告的写作格式

社会实践报告主要由题目、学院及作者名称、目录、摘要、关键词、正文、谢辞、参考文献、附录九部分组成。

1. 题目

社会实践报告的题目一般有两种写法：

（1）"主题＋文种"，即"关于××的实践报告"。

（2）自由式，一般可分为陈述式、提问式、正副标题结合式。陈述式如《××工业职业技术学院××××届毕业生就业情况调查报告》；提问式如《为什么大学毕业生择业倾向东南沿海地区》；正副标题结合式，正标题陈述报告的主要结论或提出中心问题，副标题标明调查的对象、范围等，如《提升"双师"素质是高职院校教师发展的必由之路——××工业职业技术学院教师个人发展情况调查报告》。

需要注意的是，社会实践报告的题目应简短、明确，要把实践活动的内容、特点概括出来，一般不宜超过20个字，如果有些细节必须放进标题，为避免冗长，便可设为副标题。

2. 学院及作者名称

学院名称和作者姓名应在题目下方注明，学院名称一般使用全称。

3. 目录

社会实践报告的页数一般较多，应详细做出整份报告的目录，以便读者能够快速了解报告的总体内容和各部分要点。

4. 摘要

社会实践报告需配摘要，摘要应反映报告的主要内容，概括地阐述实践活动中得到的基本观点、实践方法、取得的成果和结论。摘要字数要适当，中文摘要一般以200字左右为宜，英文摘要一般至少要有100个实词。

5. 关键词

社会实践报告的关键词一般为3～5个，要能够反映报告的主要方向与核心观点，以便他人能够根据关键词快速、准确地检索到此篇报告。

6. 正文

正文是社会实践报告的核心内容，是对实践活动的详细表述。社会实践报告的正文一般分前言、主体、结尾三个部分：

（1）前言

前言应写明调查的起因或目的、时间和地点、对象和范围、经过与方法、人员组成等情况，从中引出中心问题或基本结论。社会实践报告的前言一般采用开门见山式的写法，精练概括、直切主题。

（2）主体

主体应详述调查研究的基本情况、做法、经验，以及通过分析调查所得材料而概括出的认识、观点和结论。这部分内容为作者所要论述的主要事实和观点，要能够体现解放思想、实事求是、与时俱进的思想，有新观点、新思路；要坚持理论联系实际，对实际工作有指导作用和借鉴作用，能提出建设性的意见和建议；要观点鲜明，重点突出，结构合理，条理清晰，文字通畅、精炼，字数一般控制在5000以内。

（3）结尾

结尾可以提出具有针对性的解决办法、改进建议；也可以提出开放式问题，引发人们的深入思考；还可以展望前景，发出鼓舞和号召。

7. 谢词

谢词通常以简短的文字对在实践过程与报告撰写过程中给予自身帮助的指导教师、答疑教师和其他相关人员表示感谢。

8. 参考文献

参考文献是社会实践报告不可缺少的组成部分，它反映实践报告的取材来源、材料的广博程度和材料的可靠程度，也是作者对他人知识成果的承认和尊重。参考文献的格式要遵循固定的学术规范要求。

9. 附录

对于某些放在正文中显得过于冗长但又具有一定参考价值的内容，或者报告中涉及的大量数据等，可以编入报告的附录中。

社会实践报告的写作格式如图 2-8 所示。

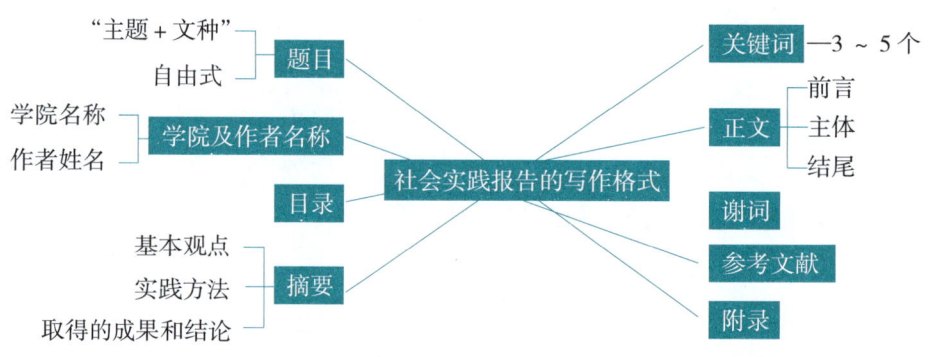

图 2-8　社会实践报告的写作格式

（四）社会实践报告的写作要求

1. 观察细致，记录翔实

要想写好社会实践报告，必须认真观察、细致记录。如实、详尽地收集、整理调查数据和结果，这样才能得到真实、可信、具有参考价值的实践报告。

2. 表述准确，合乎规范

写作社会实践报告时必须做到清晰、精确、规范，行文中应有意识地使用相关专业术语，涉及型号、规格时，需采用国际通用的标注方式和标准计量。

3. 言之有物，朴实客观

社会实践报告要言之有物，以事实为依据，论述和分析都要做到实事求是，不能违背事实真相，语言要质朴客观，不能虚构和夸张。

写作之窗

写好社会实践报告需要做个"有心人"

写好社会实践报告需事事留心、严肃细心。调查实践环节需注重点滴积累,面对不理解的现象和问题,应主动向指导教师寻求帮助,时刻保持严谨细致的态度,不可为了获得预期结论而随意修改、调整数据。撰写报告环节要善于反思、总结,不仅要整理自己通过调查所获得的资料,还要广泛搜集前人的相关研究成果,进行深入分析和概括,最终得出较为全面且具有一定参考价值的结论。

例文简析

例文一

关于"推普助力乡村振兴"活动的实践报告(节选)

今年暑假,我与班里的十名同学共同参加了公共课教学部组织的"推普助力乡村振兴"暑期社会实践活动,我们秉持着"深入乡村、认识国情、了解社会、增长才干"的宗旨,来到了咸阳市淳化县,为当地农民推广普通话。短短的十几天,我感受到了当地村民质朴的情谊,也明白了乡村振兴的重要意义。

本次的暑期社会实践给了我们所有实践队员一个走进社会、走进乡村、体验生活的平台和机会。为了加大农村地区国家通用语言文字推广力度,助力乡村振兴,我们以"说好普通话,迈进新时代"为主题,开展了一系列文化帮扶活动,进行文化普及交流。活动采用讲座和实践相结合的方式,使当地村民更好地接受课程内容,在推广普通话活动中学到切实有用的普通话知识,掌握运用普通话的技巧。

活动过程中,我们向当地村民讲解了我国普通话的发展历程,并普及了普通话的知识。以趣味故事为例,帮助村民感受普通话的实用性;以我国普通话普及率和人们工作方式的变化为例,让村民理解推广普通话的重要作用;从社会政治、经济和文化三个方面,宣传了推广普通话的重大意义。

活动实践环节,我们与当地村民共同练习标准的普通话发音,包括常用字词的发音、绕口令等,帮助村民掌握普通话发音技巧。其中,发音练习的字词选用的是一些常用且发音较为拗口的词语,通过这些字词的发音练习可以有效帮助村民加强普通话的使用能力。绕口令一般选用具有趣味性的小故事,可以激发村民练习普通话的兴趣,使他们感受到语言学习的乐趣。纠音练习选择了陕西方言和普通话最容易混淆的部分,通过讲解平、翘舌音发音方式的相同和不同点,帮助村民更好地掌握普通话的发音方式。

我国是多民族、多方言的人口大国,普通话作为国家通用语言,是情感的纽带与沟通的桥梁。作为新时代的大学生,今后我们要继续发扬敢于吃苦、勇于奉献的精神风貌,积极为乡村振兴建言献策,为乡村的文化建设添砖加瓦。

例文二

大学生暑期助农劳动社会实践报告

一、实践背景与目的

随着国家对"三农"问题的日益重视,大学生参与农业劳动实践成为一种新的趋势。本次暑期助农劳动社会实践旨在让我们这些大学生走出校园,深入农村,了解农业生产现状,体验农民劳动的艰辛,增强我们的社会责任感和实践能力。

二、实践过程

本次实践地点选在了××省的一个农业大县。我们一行××人,在当地的村委会和农户的协助下,进行了为期××天的助农劳动。

在实践的第一天,我们接受了农业专家的培训,学习了基本的农业知识和劳动技能,包括农作物的种植、管理、病虫害防治等。随后,我们分组前往农户的田地,开始了实际的助农劳动。

在田间,我们体验了耕田、播种、浇水、施肥、除草等一系列农活。虽然天气炎热,但大家都热情高涨,积极参与。我们与农户交流,了解他们的生产和生活情况,感受到了农民劳动的艰辛和不易。

除了日常的农活,我们还参与了当地的农业合作社的日常运营,了解了农业合作社的运营模式和作用。我们还参观了当地的农产品加工企业,了解了农产品的加工和销售情况。

三、实践收获与体会

通过这次助农劳动实践,我们收获颇丰。

首先,我们深入了解了农业生产的过程和农民的生活状况。我们认识到,农业生产是一项艰苦而烦琐的工作,需要农民付出大量的汗水和努力。同时,我们也看到了农民在现代化进程中所面临的挑战和困境,如土地资源的有限性、农业生产技术的落后等。

其次,我们增强了自身的实践能力和团队协作意识。在助农劳动中,我们不仅学会了如何耕地、播种等农业技能,还学会了如何与农民有效沟通、协作配合。在团队协作中,我们互相帮助、共同进步,增强了团队的凝聚力和向心力。

最后,我们也对"三农"问题有了更加深刻的认识和理解。我们认识到,"三农"问题是国家发展的重大问题,需要政府、社会和农民共同努力解决。我们作为大学生,应该积极关注"三农"问题,为农村的发展和农民的福祉贡献自己的力量。

四、实践建议与展望

虽然本次助农劳动实践取得了显著的成果,但我们也发现了一些问题和不足。

首先,农业生产的现代化水平还有待提高。我们应该加强农业科技的研发和推广,提高农业生产的效率和质量。同时,政府和社会也应该加大对农业的投入和支持,促进农业的可持续发展。

其次,农民的文化素质和技能水平也需要进一步提升。我们可以通过开展农业技术培训、文化教育活动等方式，提高农民的文化素质和技能水平，帮助他们更好地适应现代化进程中的挑战和机遇。

最后，我们也希望更多的大学生能够参与到助农劳动实践中来。通过亲身参与农业生产，我们可以更加深入地了解农村和农民，增强我们的社会责任感和使命感。同时，这也是一种锻炼自身能力、提升个人素质的有效途径。

总之，本次暑期助农劳动社会实践让我们受益匪浅。我们将继续努力学习和实践，为农村的发展和农民的福祉贡献自己的力量。

例文评析

第一篇社会实践报告的正文节选内容分为三部分，第一部分是前言，说明了此次"推普助力乡村振兴"暑期社会实践活动的人员组成、活动主题、宗旨和意义，使用了开门见山式的写作手法。主体部分详细介绍了"推普助力乡村振兴"社会实践活动的基本情况和做法，并总结出了一些行之有效的推广普通话经验，如练习绕口令、加入趣味故事等。结尾部分展望未来，提出努力方向，即"积极为乡村振兴建言献策，为乡村的文化建设添砖加瓦"。文章条理清晰、内容完整、文字流畅。

第二篇实践报告格式规范、结构清晰、逻辑性强。从实践背景到具体过程，再到收获与感悟，内容完整且富有条理，展现了作者扎实的写作功底。在内容上，报告翔实生动地记录了助农劳动的全过程，深入分析了实践的收获与体会，并提出了切实可行的建议与展望，体现了作者深入的思考和积极的态度。整篇报告不仅体现了作者对农业生产的深刻认识，也展现了其强烈的社会责任感和使命感，是一篇优秀的实践报告。

牛刀小试

一、判断题

1. 社会实践报告前言部分要写明调查的起因或目的、时间和地点、对象和范围、经过与方法、人员组成等情况，引出中心问题或基本结论。（　　　　）

2. 写作社会实践报告时可不用去实地勘察实践，详细了解文字材料即可。（　　　　）

二、实务实练

请根据大学期间的社会实践经历撰写一份社会实践报告，要求格式完整、内容翔实、思考深入。

推进文化自信自强，铸就社会主义文化新辉煌

第三章 职场公务文书

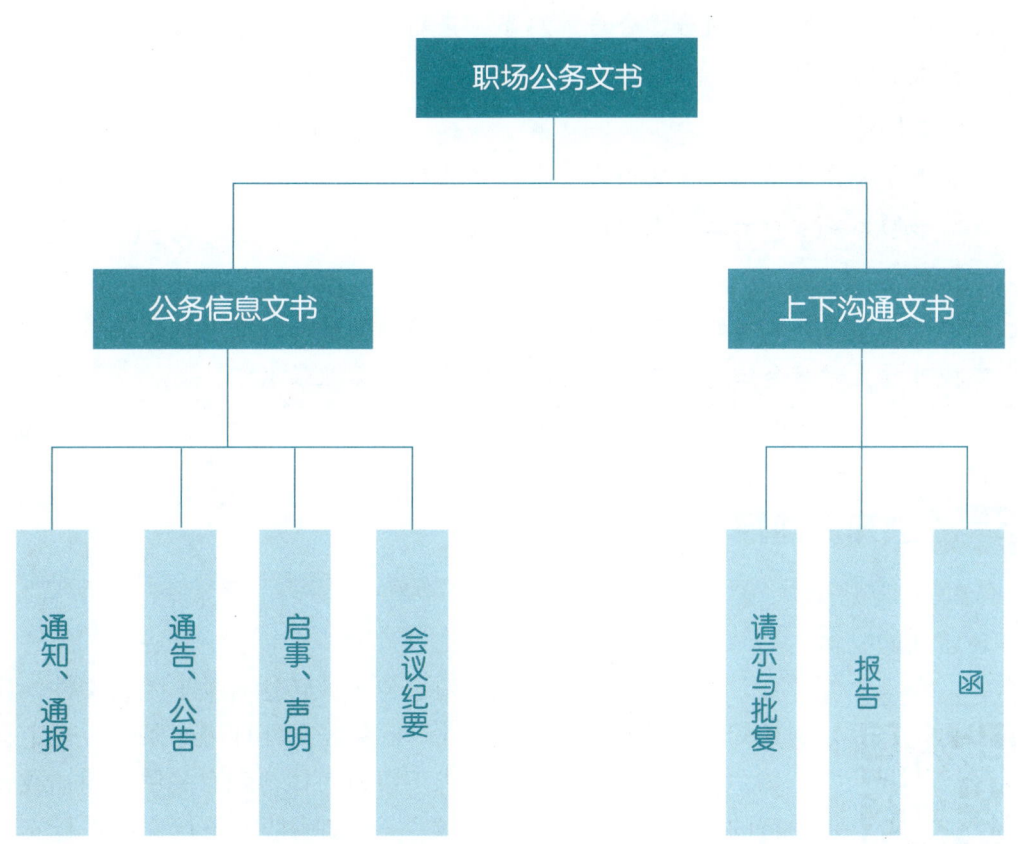

第一节 公务信息文书

学习目标

● 知识目标

1. 理解通知、通报、通告、公告、启事、声明、会议纪要等公务文书的概念及内涵。
2. 了解通知、通报、通告、公告、启事、声明、会议纪要等公务文书的文种特点。
3. 掌握通知、通报、通告、公告、启事、声明、会议纪要等公务文书的写作格式和写作要求。

● 能力目标

1. 能够掌握公务信息文书的内容要求、结构特点、语言风格和格式规范。
2. 能够写出要素齐全且格式规范的相关公务文书。

● 素养目标

1. 通过相关公务文书的学习，学生树立权责明确的观念，提升综合素养。
2. 提升学生对社会信息的分析能力和判断力，培养理性思维。

一、通知、通报

（一）通知

1. 通知的概念

微课：通知

通知，是向特定受文对象告知或转达有关事项或文件，让对象知道或执行的公文。《党政机关公文处理工作条例》规定，通知"适用于发布、传达要求下级机关执行和有关单位周知或者执行的事项，批转、转发公文"。通知一般为下行文或平行文，使用频率高、范围广，大到党政机关，小到基层企事业单位都可以通过发布通知来处理公务。

通知的起源及演变

"通知"作为公文用语最早见于《宋会要辑稿》"仍令州县将今来所降指挥分明大字镂板,多出文牓,遍于乡村等处,晓谕民户通知,务要投纳契税"。1942年,根据地的《陕甘宁边区新公文程式》和国统区的《公文程式条例修正草案》两个法规将通知确定为一种独立文种。通知出现之初,属于平行文,但在长期的发展过程中,逐步具有了下行文的功能。

(资料来源:胡仿妮. 通知的文种起源及功能演变. 办公室业务.2013.09,有改动)

2. 通知的特点

(1) 广泛性。通知的适用范围非常广泛,无论是国家政府、企事业单位还是社会组织,都可以使用通知来传达各种信息。通知可以用于发布政策、安排会议、组织活动、人事任免等各种事务。

(2) 多样性。通知的行文方向具有多样性,既可以用于上级对下级的指令,也可以用于同级之间的沟通。通知的功能也很多样,包括布置工作、传达指示、发布规章、批转或转发文件等。

(3) 时效性。通知通常与时间敏感的事项相关联,要求及时制发并在规定的时限内执行或知晓。无论是临时通知还是预先发布的通知,都强调了时效性,以确保相关工作的顺利进行或相关信息的有效传达。

(4) 明确性。通知的内容应当清晰明确,具有可执行性。接收方应当能够根据通知的要求明确知道具体的行动指南或应当知晓的信息内容。

(5) 正式性。虽然通知的制发形式可以灵活多样,但作为一种公文,它仍然具有一定的正式性,通常需要遵循一定的格式和规范,以保证其权威性和有效性。

总之,通知是一种实用性强、应用广泛的公文类型,无论是政府机关、企事业单位还是社会组织,通知都是传达重要信息和指令的必备工具之一。

3. 通知的分类

(1) 发布性通知。发布性通知适用于向所属下级机关发布有关行政法令和规章制度,要求下级机关遵照执行,其有发布和印发两种形式,例如,《国务院办公厅关于发布〈国家行政机关公文处理办法〉的通知》《国务院关于印发"十四五"节能减排综合工作方案的通知》。

(2) 指示性通知。指示性通知用于上级机关指示下级机关如何部署和开展工作,具有较强的指令性,例如,《中共中央办公厅、国务院办公厅印发〈关于严禁党政机关到风景名胜区开会的通知〉》。

(3) 批转、转发性通知。批转性通知用于上级机关批转下级机关的公文给所属人员,让他们周知或执行,例如,《国务院批转〈国家发展改革委关于2017年深化经济体制改革重点工作意见〉的通知》。转发性通知用于转发上级机关和不相隶属机关的公文给所属人员，让他们周知或执行，例如，《国务院办公厅转发国家发展改革委关于在重点工程项目中大力实施以工代赈促进当地群众就业增收工作方案的通知》。

（4）知照性通知。知照性通知用于告知有关单位或个人某一事项，传达相关信息等。如设立或撤销机构、启用或更换印章、调整作息时间等，例如，《××学院关于成立财会系的通知》。

（5）任免或聘用性通知。任免或聘用性通知用于任免、聘用干部，例如，《国务院办公厅关于调整全国政务公开领导小组组成人员的通知》。

通知的分类如图3-1所示。

图3-1　通知的分类

4. 通知的写作格式

通知的主体部分一般包括标题、主送机关、正文和落款四大部分，有的根据需要也会附有附件。

（1）标题。通知标题的写法有三种，第一种是全称式的标题，即由"发文机关+（关于）事由+（的）文种"三部分构成，例如《国务院办公厅转发教育部等部门关于进一步加快高等学校后勤社会化改革意见的通知》；第二种是省略式的标题，由"（关于）事由+（的）文种"构成，例如《关于清明节放假的通知》《关于做好2024年结业换证考试工作的通知》；第三种是直接以文种作为标题，例如《通知》。

（2）主送机关。主送机关是必须承办执行和应当知晓该通知的受文机关，主送机关在标题的下一行顶格写明，并加冒号，主送机关的名称可以用全称，也可以用规范化的简称，如果通知是发给所有下属机关，则可以使用同类型机关名称，如国务院发出的通知，其主送机关为"各省、自治区、直辖市人民政府，国务院各部委、各直属机构"，这个时候没必要说把每个省的名字都写出来。

（3）正文。由于通知分为不同的种类，所以每类通知正文的写法也不太一样，比如发布性通知写明发布文件的名称和发布意义，表明态度，提出实施要求；指示性通知，一般由发文缘由、事项和要求三部分构成，缘由部分主要交代发文的依据、目的和意义，事项部分交代清楚布置工作、周知事项的要求、目的、措施及办法等内容；批转转发性通知写明被批转的文件名称，提出实施意见和执行要求；知照性通知写明发文缘由及通知的具体事项；任免或聘用性通知主要包括批准的机关、任免或聘用的依据，任免或聘用人员的姓名、职务等。

（4）落款。落款包含通知发文机关的署名以及成文时间。发文机关名称可以用全称，也可以用规范化简称，成文日期写在发文机关署名的正下方即可。

（5）附件。如果有附加的文件或资料，可以在落款之后列出，注明附件名称。

通知的格式可以根据实际情况略有不同，有的通知可能还包括编号、密级、紧急程度等其他要素。在正式的行政或企业环境中，通知通常需要遵循一定的规范和格式，以确保其正式性和有效性。

写作之窗

公文写作过程中的落款日期采用汉字还是阿拉伯数字？

2012年4月16日，中共中央办公厅、国务院办公厅印发《党政机关公文处理工作条例》（中办发〔2012〕14号），停止执行《中国共产党机关公文处理条例》和《国家行政机关公文处理办法》。2012年发布的《党政机关公文格式》明确规定"成文日期中的数字，用阿拉伯数字将年、月、日标全，年份应标全称，月、日不编虚位（即1不编为01）"，自2012年7月1日起实施。所以，在公文写作中我们要时刻关注最新文件，与时俱进，言行谨慎，合乎法度。

例文简析

例文一

国务院办公厅关于2024年部分节假日安排的通知
国办发明电〔2023〕7号

各省、自治区、直辖市人民政府，国务院各部委、各直属机构：

经国务院批准，现将2024年元旦、春节、清明节、劳动节、端午节、中秋节和国庆节放假调休日期的具体安排通知如下。

一、元旦：1月1日放假，与周末连休。

二、春节：2月10日至17日放假调休，共8天。2月4日（星期日）、2月18日（星期日）上班。鼓励各单位结合带薪年休假等制度落实，安排职工在除夕（2月9日）休息。

三、清明节：4月4日至6日放假调休，共3天。4月7日（星期日）上班。

四、劳动节：5月1日至5日放假调休，共5天。4月28日（星期日）、5月11日（星期六）上班。

五、端午节：6月10日放假，与周末连休。

六、中秋节：9月15日至17日放假调休，共3天。9月14日（星期六）上班。

七、国庆节：10月1日至7日放假调休，共7天。9月29日（星期日）、10月12日（星期六）上班。

节假日期间，各地区、各部门要妥善安排好值班和安全、保卫、疫情防控等工作，遇有重大突发事件，要按规定及时报告并妥善处置，确保人民群众祥和平安度过节日假期。

国务院办公厅
2023年10月25日

（资料来源：中华人民共和国中央人民政府官网，2023-10-25.）

例文二

国务院办公厅转发国家发展改革委关于在重点工程项目中大力实施以工代赈促进当地群众就业增收工作方案的通知

国办函〔2022〕58号

各省、自治区、直辖市人民政府，国务院各部委、各直属机构：

国家发展改革委《关于在重点工程项目中大力实施以工代赈促进当地群众就业增收的工作方案》已经国务院同意，现转发给你们，请认真贯彻落实。

国务院办公厅
2022年7月5日

（附件：关于在重点工程项目中大力实施以工代赈促进当地群众就业增收的工作方案）

（资料来源：中华人民共和国中央人民政府官网，2022-07-05.）

例文评析

以上两个案例，一个是知照性通知，一个是转发性通知，这两个案例标题都采用了全标式，由发文机关名称、事由和文种三部分组成，事由鲜明，格式规范。主送机关同系统、同级别之间用顿号隔开，不同系统之间用逗号隔开。通知内容集中，一事一文，事项明确具体，文字简练，明白晓畅。作为两种不同用途的通知，它们也体现出了不同的特点。

微课：通报

（二）通报

1. 通报的概念

通报是表彰先进、批评错误、传达重要精神和告知重要情况的公文，属于下行文。通报具有知晓性和指导性的特点。通报的内容一般为典型先进事迹、严重错误事件、有重大影响的情况，需要以通报行文进行嘉奖或告诫。另外，较大范围内"传达重要精神或者情况"也应发通报。

2. 通报的分类

根据不同内容，通报可分为表彰性通报、批评性通报和情况性通报三种类型。

（1）表彰性通报。表彰性通报适用于表彰先进人物、先进集体，介绍先进经验或事迹，提出希望和要求，以达到树立榜样、激励先进、发扬正气、推广经验和指导工作的目的。例如，《××市人民政府关于表彰×××等六名运动员在第十四届全国运动会上取得优异成绩的通报》。

（2）批评性通报。批评性通报适用于对工作中出现的影响较大的错误事件、错误做法进行通报批评，以揭露问题、处分错误，以此告诫和教育人们吸取教训，引以为戒。例如，《关于对某部门违反公司规定的通报批评》。

（3）情况性通报。情况性通报适用于向下级机关或干部群众传达重要指示精神、重要会议精神和告知重要情况，使下级机关或广大干部群众及时了解工作中存在的普遍性问题或出现的新情况和新问题，以便统一认识、统一行动，推动工作的顺利进行。例如，《关于近期产品质量问题的情况通报》。

3. 通报的写作格式

通报一般由标题、主送机关、正文、落款四部分组成。

（1）标题。通报的标题有以下三种形式：

①由"发文机关名称+事由+文种"构成，例如，"国务院办公厅关于对国务院第九次大督查发现的典型经验做法给予表扬的通报"。

②由"事由+文种"构成，例如，"关于表彰×××等同志的通报""2024年第一季度全省政府网站与政务新媒体检查结果通报"。

③少数通报的标题是在文种前冠以机关名称，例如"中央纪委国家监委通报"，也有的通报标题只有文种名称，如"通报"。

（2）主送机关。通报的主送机关一般为直属下级机关，或需要了解该内容的不相隶属的单位。普发性通报或在本单位公开张贴的通报，可以省略主送机关。

（3）正文。通报的正文由"明目的—摆事实—做评析—做决定—提希望"五部分组成。不同类型的通报，其正文内容的侧重点不尽相同。

①表彰性通报。根据表彰通报的内容和对象，可分为表彰先进人物（先进集体）和介绍先进经验两大类，两者正文略有不同，详见表3-1。

表3-1 表彰先进人物（先进集体）和介绍先进经验正文要素对比

表彰先进人物（先进集体）	介绍先进经验
背景、依据	背景、目的
概括介绍先进人物或先进集体的事迹	简要介绍取得的经验和成绩

续表

表彰先进人物（先进集体）	介绍先进经验
分析评论先进事迹的典型意义	具体介绍取得经验和成绩的单位或个人的典型做法及其成功经验
依据相关规定做出表彰决定	号召宣传、推广先进经验
发出希望和号召	

②批评性通报。批评性通报的发文目的在于要求相关单位和个人从被通报的事件中吸取教训，其正文大致包括以下四个方面：

a. 陈述错误事实。概括陈述错误事实发生的时间、地点、简单经过，以及造成的经济损失和政治影响等。

b. 分析原因。客观分析错误事实产生的原因，并指出错误的性质、危害。

c. 处理决定。依据相关政策和规定，提出处理决定。

d. 提出要求并发出警诫。要求被通报的有关单位或人员从此类错误中吸取教训，同时向有关方面发出不要再犯类似错误的警诫。

③情况性通报。情况性通报主要用于传达重要精神和告知重要情况，其正文主要包括以下三个方面：

a. 叙述情况。这一部分所占篇幅相对大一些，但在写作时要注意表述准确、语言精练。

b. 分析情况。针对通报的相关情况，做出恰如其分的分析，并表明态度。

c. 提出要求。根据通报的情况，提出今后工作的具体意见和要求。

（4）落款。在正文后右下方写明发文机关的名称和成文日期。

4. 通报的写作要求

（1）材料真实典型。真实是通报的生命，是制发通报的重要前提。先进典型、错误事件、重要精神或重要情况，都必须是真实的。

（2）评价客观恰当。通报具有教育作用和交流作用，叙述事实和情况要准确、平实、简明、实事求是。

（3）分析深刻全面。通报的内容一般为典型事迹、严重错误和重要情况，要充分发挥通报的教育作用，体现出思想水平，将人和事上升到较高的层面来认识。

（4）语言具有说服力。通报的语言既要保持公文的庄严郑重，又要条理清晰、措辞得当，具有说服力、感召力和亲和力，易于吸取经验教训，传播正能量。

5. 通知和通报的区别

（1）范围及内容。通知使用广泛，形式灵活，内容多样；通报使用范围较窄，形式固定，内容单一。

（2）行文目的。通知以具体的任务、详细的规范化要求和有关规定来指导和推动工作；通报则是通过好的和不好的典型事例、有关情况来传达意图，启发教育有关人员，或把有关的情况告知对方，使之了解。从行文目的来看，前者对受文单位的要求重在执行，而后者重在引导。

（3）约束力。通知约束力强，提出要求；而通报只体现一种原则、一种思想，主要是表达观点，起引导和影响的作用。

通知和通报的区别如图 3-2 所示。

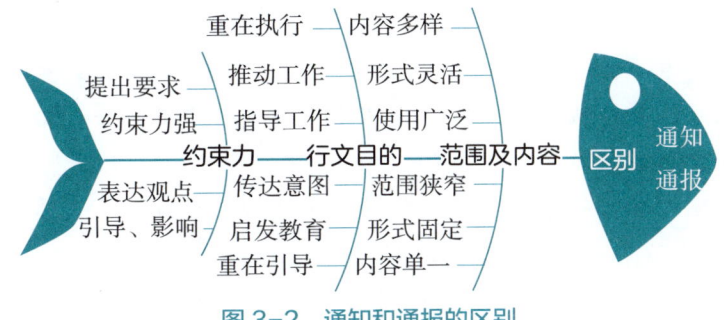

图 3-2　通知和通报的区别

例文简析

关于面向中小学生违规竞赛活动的通报

近日，有群众反映"叶圣陶杯"华人青少年作文大赛违规办赛问题。经初步调查，"叶圣陶杯"华人青少年作文大赛及"叶圣陶杯"语文素养大赛、数理大赛、英语大赛、编程创意大赛等系列赛事均为违规竞赛；举办者为北京圣陶文润教育文化有限公司、北京圣陶国润教育科技有限公司；其注册的微信公众账号有"叶圣陶杯华人作文大赛官宣""叶圣陶杯系列竞赛官宣""叶圣陶杯语文素养大赛组委会""叶圣陶杯数理大赛组委会""叶圣陶杯英语大赛组委会""叶圣陶杯编程创意大赛组委会"6个。目前，教育部正会同相关方面作进一步处理。

现再次提醒广大学生家长：参加面向中小学生的全国性竞赛活动务必认准教育部门户网站公布的《2022—2025学年面向中小学生的全国性竞赛活动名单》（教监管厅函〔2022〕13号）（该名单是经教育部审批通过的由事业单位、社会组织举办的竞赛，教育行政部门举办的竞赛活动按行政单位办赛程序进行审批，不列入该名单），不要参加违规竞赛，谨防上当受骗、遭受损失。

当前，社会上出现的违规竞赛活动普遍存在收费高昂、管理混乱、质量低下、兜售奖项、牟取暴利等严重问题，不仅加重学生负担、破坏教育生态，而且隐藏诈骗风险、侵害群众利益。教育部将继续会同公安、市场监管等部门对各类违规竞赛活动进行坚决打击。欢迎全社会广泛参与监督，共同维护广大学生和家长利益。

附件：《2022—2025学年面向中小学生的全国性竞赛活动名单》

教育部校外教育培训监管司
2023 年 2 月 15 日

（资料来源：中华人民共和国教育部官网，2023-02-15.）

例文评析

这是一份批评性通报，开篇单刀直入，交代了通报的背景——有群众反映"叶圣陶杯"华人青少年作文大赛违规办赛问题，同时表明了错误事实。接着，详细说明违规竞赛的项目和举办方，并表明了教育部的立场。第二段给出了参与竞赛的正确途径，提醒广大家长不要参加违规竞赛，谨防上当受骗、遭受损失。第三段客观分析社会上出现的违规竞赛现状及造成的危害。

全文层次分明，详略得当，语言既保持了公文的庄严郑重，又具有亲和力。

牛刀小试

一、选择题

1. 转发性通知不能转发（　　　）。
   A. 上级机关的公文　　　B. 下级机关的公文
   C. 同级机关的公文　　　D. 不相隶属机关的公文

2. 有篇通报的第一部分概括总结和高度评价了某些单位及个人近几年来所取得的成绩，指明××××年受表彰的先进单位和劳动模范，第二部分对获奖单位和个人提出希望，发出号召。这篇通报属于（　　　）。
   A. 表扬性通报　B. 批评性通报　C. 知照性通报　D. 情况性通报

二、判断题

1. 除批转法规性文件外，通知的标题中一般不含书名号。（　　　）

2. 批评性通报的发布是为了批评犯错误的单位。（　　　）

三、实务实练

1. 请为某公司写一份表彰优秀员工的通报，要求格式规范、用词准确。

2. 下面是一则通知，请指出其中的错误并修改。

通知

毕业班全体师生：

学校定于6月5日召开2024届毕业典礼大会，望毕业班全体师生准时参加。无故旷会者，后果自负。

×月×日
××学院办公室

二　通告、公告

（一）通告

1. 通告的概念

通告具有一定的法规性和正式性，通常用于在一定范围内公布应当遵守或周知的事项。它一般由政府机关、企事业单位或其他组织在行使职权过程中发布，以告知公众某些特定的信息或规定。通告的使用必须依法进行，其内容通常具有一定的约束力，要求受众遵守或执行。通告的发布范围通常与其发布机构的职权相适应，不能超出其合法管辖的范围。

微课：
通告

"说文解字"之"告"

"告"的本义，《说文解字》解释为"告，牛触人，角著横木，所以告人也。从口，从牛"。靠近牛是危险的，要广而告之。在词义演变过程中，"告"字衍生出了丰富的意蕴，在《现代汉语词典》中"告"一词共有六种含义：1. 把事情向人陈述、解说：~知；2. 向国家行政司法机关检举、控诉：~状；3. 为了某事而请求：~假；4. 表明：~辞；5. 宣布或表示某种情况的实现：~一段落；6. 姓。

（资料来源：今日头条，2019-04-15.）

2. 通告的特点

（1）知照性。通告是用来知照有关单位和个人执行或遵守某项规定的，具有较强的约束力。例如，政府部门可能会发布关于交通管制的通告，知照市民在特定时间、特定路段将实行交通管制，提醒大家提前做好出行规划。

（2）限定性。通告通常只在一定的时间和空间范围内有效，具有较强的针对性和时效性。例如，某公园可能会发布通告，规定在特定时间内进行设施维修，通知游客避开这段时间参观，以免影响游玩体验。

（3）实务性。所有的公文都是实用文，从根本性质上说都应该是务实的。但它们之间还是有一些区别的，有的公文只是告知某事，或者宣传某些思想观念，而通告则多涉及具体的业务活动或工作，因此，在内容上具有专业性的特点。例如，公司可能会发布关于员工考勤制度的通告，详细说明工作时间、请假流程等实务性内容，以便员工遵守。

（4）法规性。通告常用来发布地方性的政策法规，这样的通告往往是由一些行政领导机关或职能机构发布，所涉及特定范围内的部门、单位和民众都必须遵守和执行。例如，市政府可能发布关于垃圾分类的通告，要求所有市民按照规定分类垃圾。这个通告具有法律效力，市民必须遵守，否则会受到相应的处罚。

（5）周知性。通告的内容要求在一定范围内的人们或特定的人群普遍知晓，以使他们了解有关政策法令，遵守某些规定事项，共同维护社会公务管理秩序。例如，学校可能会发布关于校园内禁止吸烟的通告，确保所有师生都知道这一规定，以维护一个健康的学习环境。

3. 通告的分类

通告从用途上可分为以下三类：

（1）知照性通告。知照性通告用于向一定范围内的单位或个人发布应当遵守或周知的事项。

（2）办理性通告。办理性通告即公布要求有关单位和人员需要办理事项的通告。要求办理的事项多为注册、登记、年检等。

（3）禁止性通告。禁止性通告即公布一些令行禁止类事项的通告。令行禁止的事项一般为交通管制、查禁违禁物品一类事项。

通告还可以从内容上划分为两类：一类为全国范围内的重大法规性通告，例如《中华人民共和国公安部通告》；一类为针对某一项工作或专门问题发布的通告，例如《关于开展天津市2021年度App网络安全专项治理的通告》。

通告的分类如图3-3所示。

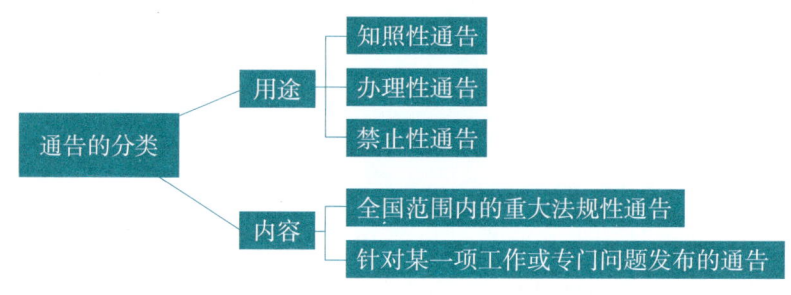

图 3-3　通告的分类

4. 通告的写作格式

通告一般由标题、发文字号、正文、落款四部分构成。

（1）标题。标题的写法有以下四种：

①发文机关＋事由＋文种。例如，"北京市人民政府关于实施工作日高峰时段区域限行交通管理措施的通告"。

②发文机关＋文种。例如，"中华人民共和国卫生部通告"。

③事由＋文种。例如，"关于调整部分道路交通管理措施的通告"。

④只写文种"通告"两字。

（2）发文字号。通告的发文字号由发文机关代字、年份、发文顺序号组成。

(3) 正文。通告的正文由缘由、事项、结语三部分组成。

①缘由是指发布通告的依据和目的，常用"为了……"或"根据……"的句式说明发布通告的目的、依据和原因。依据通常为法律、法规或职权，并以"特通告如下"领起下文。

②事项是通告的核心，写明通告的具体事项和规定。写作时，如内容较多，可采用分条列项的写法，以做到条理分明、层次清晰。

③结语，有的提出希望和要求，有的一般采用"本通告自发布之日起实施"或"特此通告"作结语。

(4) 落款。正文右下方签署发布通告的机关名称和发文日期。标题中已有发文机关的，并在标题下签署发文日期的，落款可省略。

5. 通告的写作要求

(1) 事项明确清楚。通告的内容限于一事一告，针对性强，所以要中心突出、条理清晰，事项涉及的要求、措施较多时，可由主及次、由大到小分项予以说明。

(2) 符合政策规定。通告所宣告的事项多属于专业性或业务性的，涉及公安、交通、金融等多个方面，所宣告的事项必须符合国家的有关政策和规定。

(3) 语言简明易懂。通告的语言要通俗易懂、规范简洁，让公众清晰、准确地把握通告的内容，领会精神实质，并贯彻执行。

通告的写作要求如图3-4所示。

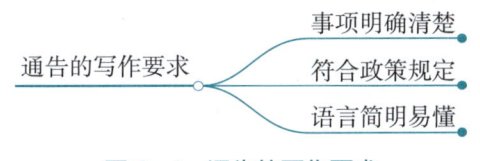

图 3-4　通告的写作要求

例文简析

北京市人民政府关于实施工作日高峰时段区域限行交通管理措施的通告

京政发〔2023〕12号

为切实巩固大气污染治理成效，降低机动车污染物排放，持续提高首都空气质量，市政府决定自2023年4月3日至2024年3月31日，继续实施工作日（因法定节假日放假调休而调整为上班的星期六、星期日除外）高峰时段区域限行交通管理措施。现就有关事项通告如下：

一、本市行政区域内的中央国家机关，本市各级党政机关，中央和本市所属的社会团体、事业单位和国有企业的公务用车按车牌尾号每周停驶一天（0时至24时），范围为本市行政区域内道路。

二、根据《中华人民共和国道路交通安全法》和《北京市大气污染防治条例》有关规定，除上述第一条范围内的机动车，本市其他机动车实施按车牌尾号工作日高峰时段区域限行交通管理措施，限行时间为7时至20时，范围为五环路以内道路（不含五环路）。

三、按上述要求限行的机动车车牌尾号（含临时号牌）分为五组，定期轮换限行日。具体如下：

（一）自2023年4月3日至2023年7月2日，星期一至星期五限行机动车车牌尾号分别为：4和9、5和0、1和6、2和7、3和8（机动车车牌尾号为英文字母的按0号管理，下同）；

（二）自2023年7月3日至2023年10月1日，星期一至星期五限行机动车车牌尾号分别为：3和8、4和9、5和0、1和6、2和7；

（三）自2023年10月2日至2023年12月31日，星期一至星期五限行机动车车牌尾号分别为：2和7、3和8、4和9、5和0、1和6；

（四）自2024年1月1日至2024年3月31日，星期一至星期五限行机动车车牌尾号分别为：1和6、2和7、3和8、4和9、5和0。

四、以下机动车不受上述措施限制：

（一）警车、消防车、救护车、工程救险车；

（二）公共电汽车、省际长途客运车辆及大型客车、京B号段号牌出租汽车（不含租赁车辆）、邮政专用车、持有市交通行政管理部门核发的旅游客车营运证件的车辆、经市公安交通管理部门核定的单位班车和学校校车；

（三）车身喷涂统一标识并执行公务的行政执法车辆和清障专用作业车辆；

（四）环卫、园林、道路养护、应急通信保障的专项作业车辆，殡仪馆的殡葬车辆；

（五）悬挂"使"字头号牌车辆及经批准临时入境的车辆；

（六）纯电动小客车（以可充电电池作为唯一动力来源、由电动机驱动的小客车）。

五、外省区市进京机动车的交通管理，按照北京市交通委员会、北京市生态环境局、北京市公安局公安交通管理局有关规定执行。

特此通告。

北京市人民政府
2023年3月20日

（资料来源：北京市人民政府官网，2023-03-27.）

> **例文评析**
>
> 这是一份禁止性通告，通告的目的明确：切实巩固大气污染治理成效，降低机动车污染物排放，持续提高首都空气质量。通告事项是北京市高峰时段区域限行，但涉及北京市所有车辆，事关国家大事和老百姓的生活，为了保证一切正常运行，对各种车辆分类处理，公务车和非公务车、受限车辆和不受限车辆、市内车辆和外省车辆都有明确而具体的规定，条分缕析，语言凝练。最后，以惯用语结尾。整个通告要素完备、格式规范，充分显示了通告发起者的责任和担当。

（二）公告

1. 公告的概念

公告适用于向国内外宣布重要事项或者法定事项。它包含两个方面的内容：一是向国内外宣布重要事项，公布依据政策、法令采取的重大行动等；二是向国内外宣布法定事项，公布依据法律规定告知国内外的有关重要规定和重大行动等。

2. 公告的特点

（1）权威性。公告通常由政府机构、企业或社会组织等具有相应权限的主体发布，其所传达的信息具有一定的权威性。例如，政府发布的关于环保政策的公告，对企业和社会具有指导意义。

微课：公告

（2）公开性。公告是为了让广大公众知晓，通常通过媒体渠道广泛传播，如报纸、电视、互联网等。例如，企业通过新闻发布会发布的关于产品召回的公告，旨在向所有消费者传达相关信息。

（3）正式性。公告的撰写和发布都比较正式，通常需要遵循一定的格式和程序。例如，法院发布的关于庭审时间、地点的公告，会采用法律文书的正式风格。

（4）新闻性。公告的内容往往是新近发生的、对公众有重要影响的事项，因此，具有一定的新闻价值。例如，科技公司发布的关于新产品上市的公告，往往会成为媒体关注的焦点。

（5）规定性。公告通常会涉及一定的规章制度或政策要求，具有一定的规定性。例如，学校发布的关于假期安排的公告，会明确放假和开学的具体时间。

（6）指导性。公告往往会对公众的行为或决策产生指导作用。例如，卫生部门发布的关于预防疾病的健康指南公告，对公众的日常行为有指导意义。

（7）时效性。公告通常针对的是当前或即将发生的事宜，因此，具有一定的时效性。例如，税务部门发布的关于纳税申报截止日期的公告，对纳税人在特定时间段内完成申报具有时效要求。

公告的特点如图 3-5 所示。

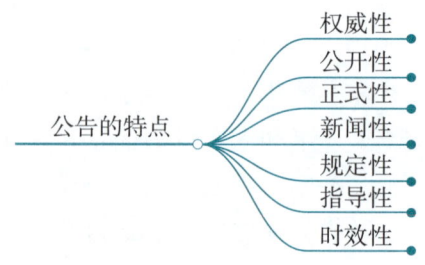

图 3-5　公告的特点

3. 公告的分类

根据内容、性质和发文机关不同，公告可分为重要事项公告、法定事项公告两类。另外，根据公告的作用不同，公告还可以分为以下四类：

（1）知照性公告。知照性公告通常用于公布重大事项，具有知照的意义。例如，某市政府关于举办大型公共活动（如马拉松比赛）的公告，旨在通知市民活动的时间、地点、交通管制措施等，以便市民提前做好准备。

（2）发布性公告。发布性公告通常用于发布重要法律、法令、法规，宣布重大决定。例如，国家市场监督管理总局发布关于修订《中华人民共和国药品管理法》的公告，向公众宣布新的法律法规内容，使相关企业和个人能够依法行事。

（3）事项性公告。事项性公告用于公布需要社会和群众广为周知的公务事项，并提出规定或要求。例如，教育部关于调整高校收费标准的公告，公布了新的学费标准，并告知学生和家长具体的执行时间及相关实施细则

（4）强制性公告。强制性公告是除周知性外，还带有强制性执行要求的一种公告。例如，生态环境部发布的关于禁止在自然保护区内进行非法采伐活动的公告，除了通知公众禁止在自然保护区内采伐的要求外，还明确了违法行为的处罚措施，具有强制执行的效力。

4. 公告的写作格式

公告的结构分标题、发文字号、正文和落款四部分。

（1）标题。公告的标题有三种形式：

①完全式标题，由发文机关名称、事项、文种组成。

②省略式标题，省去事由，只由发文机关名称和文种组成，少数也有省去发文机关的情况。

③以文种"公告"为题，这种形式的标题，落款一定要注明发文机关。

（2）发文字号。公告的发文字号有的使用流水号，即公告的顺序号。有的则可以不使用发文字号。

（3）正文。公告的正文一般包括缘由、事项和结语三部分内容。

①缘由。缘由即用简要的语言写出公告的依据、原因、目的。

②事项。事项是公告的主体，要求明确写出公告的决定和要求。

③结语。结语一般用"现予公告""特此公告"等习惯用语，体现公告的庄重性、严肃性，也可不写结语。

（4）落款。在正文右下方署上发文机关的名称和日期。如公告标题已写发文机关，有时可将落款中的发文机关省略；如在报纸上登载则常省略落款。有的公告将成文日期在标题之下标示。

文书写作演变简介

中国文书的写作历史源远流长。其源头可以追溯至西周时期，《尚书》是我国最早的公文与政论汇编之一。秦汉时期到明清时期，出现了不少有关文书方面的论著。比如，蔡邕的《独断》、司马光的《书仪》、仝宝廉的《公文式》等。但运用科学的思维方法对文书进行系统概括并上升到科学的理论水平，则要数徐望之1931年出版的《公牍通论》，此书对中国公文产生的渊源、种类、体例、撰制、结构、用语及程式都做了详细的论述。尤其是其所指出的对公文写作者"有品、有学、有识、有文"的"四有"素养培养，在今天仍有积极的意义。

（资料来源：米芳兰. 从《尚书》窥探中国古代公文的行文风格. 安徽文学. 2012.11，有改动）

5. 公告与通告的区别

虽然公告和通告都是用来传达信息和规定的，但公告更侧重于宣布重大事项，面向不特定多数人，而通告则更侧重于具体事务的通知和规定，面向特定范围的人士。在实际应用中，正确区分并使用这两种文种对于保证公文的严肃性和有效性至关重要。

公告和通告的区别详见表3-2。

表3-2　公告和通告的区别

要素	公告	通告
重要程度	涉及内容多是党和国家的大事，或者履行法律规定必须遵循的程序	一定范围内需要遵守或周知的事项，事项相对来说没有公告那么重大
发布权限	较高级别的行政部门发布	各级党政机关、社会团体、企事业单位都可以发布
发布事项	国内外人士普遍关注、有必要让海外人士了解的重大事项和法定事项	有关职能部门对负有责任进行管理的社会某一方面工作做出规定和安排的一般业务事项

续表

要素	公告	通告
发布范围	面向国内外发布	一定范围内，多指向特定范围
发布方式	采用报纸、广播电视等方便快捷的媒体来发布，一般不张贴	可使用媒体发布，还可以公开张贴、悬挂、下发
发布目的	以让人"知"为直接目的	多在于让人"知且行"

例文简析

例文一

中共中央办公厅　中共中央对外联络部公告

在中国共产党第二十次全国代表大会期间和二十届一中全会结束后，许多国家政党、政府、议会及其领导人，驻华使节，国际组织、外国民间团体及其负责人，国际友人及旅居国外的华侨华人，香港特别行政区同胞、澳门特别行政区同胞和台湾同胞等，向大会、向中共中央、向习近平总书记以及其他当选领导人发来贺电贺函，表示热烈祝贺和良好祝愿。中共中央办公厅、中共中央对外联络部受中共中央和习近平总书记的委托，谨表示衷心的感谢。

2022 年 10 月 30 日
（资料来源：中华人民共和国中央人民政府官网，2022-10-30.）

例文二

国家药监局关于发布《化妆品网络经营监督管理办法》的公告
（2023 年第 36 号）

为进一步强化化妆品网络经营监管工作，规范化妆品网络经营行为，保证化妆品质量安全，根据《化妆品监督管理条例》《化妆品生产经营监督管理办法》等，国家药监局组织制定了《化妆品网络经营监督管理办法》，现予公布，自 2023 年 9 月 1 日起施行。

特此公告。

附件：化妆品网络经营监督管理办法

国家药监局
2023 年 3 月 31 日
（资料来源：国家药品监督管理局官网，2023-03-31.）

例文评析

这两份公告类型不同，出处各异，但共性鲜明。从内容上来说，两份公告都是由较高级别的行政部门发布的有关重要事项和法定事项的公告。从公告的影响范围来说，两份公告都是借助了媒体向国内外发布，尽可能让更大范围内的相关人士知晓。

第一份公告是典型的知照性公告，开篇简明扼地要交代了发布公告的原因和目的，然后自然引出了发布公告的主体和事项。落款处因公告标题已写发文机关，所以省略不写，只出现了发文日期。

第二份公告是有关法规性的公告，标题、发文字号、正文（缘由、事项、结语）、落款一应俱全，正文开头说明了发文缘由，即为进一步强化化妆品网络经营监管工作，规范化妆品网络经营行为，保证化妆品质量安全。然后，简要叙述了国家药监局组织制定了《化妆品网络经营监督管理办法》的依据和具体实施时间。最后，以"特此公告"结尾。整个公告字里行间体现了公告的庄重性、严肃性。

牛刀小试

一、选择题

1. 向外国有关部门和人士对我国领导人任职、重大政治活动的祝贺表示答谢须选用（　　　　）。

　　A.公告　　　　B.通告　　　　C.布告　　　　D.照会

2. 通告属于（　　　　）。

　　A.平行文　　　B.上行文　　　C.下行文　　　D.以上均不是

二、判断题

1. 通告的结构通常由标题、主送机关、正文、成文日期四部分组成。　　　　　　　　　　　　　　　　　　　　　（　　　）

2. 公告和通告在行文时，都要写上行文机关。　　　　（　　　）

三、实务实练

为满足市民国庆假期外出游玩需求，国庆假期期间，×××火车站计划加开临时旅客列车10列，具体安排可在官网查看，请你为火车站拟写一份加开列车公告，要求格式规范、安排合理。

三　启事、声明

（一）启事

1. 启事的概念

启事是机关单位、社会团体、企事业单位或公民个人公开申明某件事情，希望有关人员关注、理解、参与和协助办理时而使用的一种告知性应用文。

宋人失物招领趣闻

宋人王明清《摭青杂说》记载了一个茶馆设置失物招领处的故事。这家茶馆位于宋代都城汴京著名的酒楼樊楼旁边，馆内干净整洁，茶品一流。由于生意红火，来往人员众多，免不了会出现一些东西遗失的现象。老板为失物专门腾出一间小阁楼，在每件失物上贴上标签，写明某年某月某日某种身份的人遗失，等待失主前来认领。曾有位姓李的士人，与朋友到茶馆中喝茶聊天，临走时因粗心大意，将装有数十两金子的袋子遗留在茶馆桌上。等想起来时已为时太晚。几年后，李氏又来到此茶馆喝茶，闲聊间和茶馆老板说起当年自己曾经在这里喝茶丢金子的事，老板找到记录一看，确有此事，核查无误后将金子还给了李氏。中国素称礼义之邦，礼义被正直的商人视为经商的道德规范。

（资料来源：根据央视网《百家讲坛》视频编写，2024-02-16.）

2. 启事的特点

（1）告知性。告知性是启事的内容特征，也是对启事的基本用途的概括。启事，就是公开陈述事情。从字面上理解，"启"字含有"陈述"的意思，"事"是事情、事项。启事是公开发布的文书，发布方式灵活多样，告知范围广。

（2）广泛性。启事可以用于公务中的招生、招聘、开业、庆典、单位成立、商标的使用与更换等多种事宜，内容涉及方方面面。

（3）求应性。启事向社会公众告知某件事情，其目的是希望通过告知得到社会上广泛的回应，以解决事情。

（4）简明性。启事的事项单一，内容简洁、明确，不掺杂无关内容，篇幅短小。

（5）传播性。启事通过张贴，以及报刊、广播、电视、网络等各种新闻媒体公开传播消息，对社会公众来说，是广告性消息，具有新闻性质。

3. 启事的分类

按照内容和目的的不同，启事可分为以下四类：

（1）告知类启事。告知类启事一般是出于政治、经济、社会等目的，把相关事宜公之于众，包括变更启事、开业启事等。

（2）征招类启事。征招类启事旨在寻求公众的配合与参与，包括招生启事、招商启事、招聘启事、招工启事、征兵启事、征婚启事、征文启事等。

（3）寻求类启事。寻求类启事旨在求得公众的响应和帮助，主要分为寻物启事和寻人启事两种。

（4）声明类启事。声明类启事旨在免除自身法律责任，将相关事项公开声明，完成法律规定的程序，常见的有更正启事、遗失启事等。

4. 启事的写作格式

启事一般由标题、正文和落款三部分构成。

（1）标题。启事的标题主要有以下四种写作形式：

①仅写明文种名称，即"启事"，如果需要说明的事项非常重要，也可写为"重要启事"或"紧急启事"。

②仅用事项，将文种名称略去，例如，"招聘""寻物"。

③由事项和文种名称构成，例如，"招领启事""寻物启事"。

④由发布启事者、事项、文种构成，例如，"×××工厂招工启事"。

（2）正文。启事的正文需用明晰、简练的语言说清楚启事的目的、原因、具体事项、要求、联系方式和联系人等。但由于各种启事性质和特点不同，其正文在写作过程中有不同的写法。

①告知类启事。此类启事的正文内容包括发表启事的缘由、希望公众周知的具体事项及详细内容、联系方式及其他未尽事宜。

②征招类启事。此类启事的正文有三个方面内容：一是简要介绍征招事项或征招单位的基本情况，征招目的、相关背景等；二是说明征招的内容、要求和条件；三是写上报名方式、限制日期、联系方式以及其他注意事项等。

③寻求类启事。此类启事的正文有三个方面内容：一是丢失者或丢失财物的基本情况；二是丢失者或丢失财物的主要特征，如丢失者的体貌特征、口音特征、生理特征等，或丢失财物的具体特征和特殊标志等；三是启事者的联系方式及酬谢事宜。

④声明类启事。声明类启事的正文有三个方面内容：一是简要概括发布启事的缘由；二是说明需要声明的事项及事项的具体内容，如遗失财物或证件时，应当说明其名称、数量、号码等基本情况；三是声明与该事项有关的其他事宜，如企业更名时，应当说明对公章、账务等方面的处理，以免除相应责任。

（3）落款。一般而言，启事结尾应当写明发文者的姓名或名称，并写明发文日期，但如果在标题或正文中已经写明发文者，则可省略署名；而如果是在报刊、电视等媒体上公布启事，则可以不写发文日期。

5. 启事的写作要求

（1）标题醒目。标题要简短醒目，吸引公众，同时传达出启事的主要内容和性质。

（2）内容准确。启事的内容要简练准确，对特征、要求等重点内容描写要真实可信、清晰明了。

（3）一文一事。启事一定要一文一事、内容单一，便于公众迅速理解和记忆。

（4）语言恳切。启事的语言要诚恳有礼、通俗易懂，庄重而又热情，给公众以信任感。

例文简析

例文一

第三届"晋唐杯"当代诗联书画创作赛征稿启事

为庆祝中华人民共和国成立75周年，深入学习贯彻习近平文化思想，进一步传承和弘扬中华优秀传统文化、践行大书法，全面展示当代诗联书画艺术成就，引领当代诗联书画家中坚力量的创作方向，推动全国诗联书画事业的繁荣发展，特举办第三届"晋唐杯"当代诗联书画创作赛，即日起隆重征稿。

一、指导单位：

中国硬笔书法协会展览中心

二、主办单位：

中国诗书画家网

华夏开明书画院

三、媒体支持：（排名不分先后）

新华网、人民政协网、中国网、中国日报网、中国青年网、新华报业网、大众网、新浪新闻、河北网络广播电视台、山西新闻网、东北新闻网、中国书画报、书法导报、今日头条、都市头条等。

四、征稿对象：

年满18岁以上的诗联书画家、文化工作者、诗联书画爱好者。

五、征稿时间：

2024年7月31日截稿。

六、征稿范围：

1.诗联类：诗词限3首，应合辙押韵，遵循格律规则。新诗限3首共100行以内。楹联限五副，以7至11言为主，符合《联律通则》。不收纸稿，请电子邮件投稿，勿用附件，只投一次。投稿邮箱：jtb×××@sina.com

2.书法类：软笔书法、硬笔书法、篆刻作品。

3.美术类：中国画、水彩画、油画等。

七、作品尺幅及要求：

1.书法、美术作品限六尺整张以内，横竖不限，内容健康向上，提倡精品意识，谢绝手卷、册页和应酬之作作品，无须装裱。篆刻作品须寄印稿6~8方，边款两枚以上，统一贴在4尺对开的竖式宣纸上。篆书、草书及篆刻请附释文。书画作品应选择高质量专业书画用纸，避免使用易折断、易破损的纸张。

2.书画作品也可发送高清晰的照片，电子投稿要保证其作品的平整和完整性，印章清晰可辨。微信投稿需发原图。

3.投稿时请一定附上真实姓名、详细收信地址（单位地址准确到什么街道几号、住宅地址准确到几号楼几单元几门）、邮编和电话号码。投稿无真实姓名、详细收信地址、邮编、电话号码视为无效作品！

4.个人投稿、集中报送均可。每位作者只可参加诗联书画艺术中的一类，书画艺术每类仅限投一件代表作，多投无效。请定稿后再投稿，不支持换稿或改稿！

八、评审及待遇：

1.本次创作赛不收取参赛费、评审费，限于人力，恕不退稿。由资深专家及教授组成评委会，坚持"二为"方向和"双百"方针，以植根传统、鼓励创新、艺文兼备、多样包容为评审原则。

2.大赛设一、二、三等奖及优秀奖等，分组按作品质量和百分比确定各项奖级，颁发获奖证书，推荐加入华夏开明书画院。获三等奖以上作者具备加入中国硬笔书法协会条件。

3.组委会拟于国庆前夕举行颁奖大会，邀请获奖者前来领奖，参加创作论坛和名胜采风创作。获奖作品将择优在中国诗书画家网、《华夏书画报》发表或结集出版。未参会的获奖者证书，举办单位将在颁奖大会后两个月之内寄出。

九、来稿请寄：

北京市石景山区石景山路××号××信箱"晋唐杯"办公室　高×收）

投稿邮箱：jtb×××@sina.com（作品和个人信息一次性投稿）

微信投稿：1580×××××××（实名添加、直接投稿）

评选电话：010-8868××××

十、其他事项：

1.所有来稿必须符合征稿启事要求，主办单位对来稿有展览、出版、宣传、处置权，不另付酬。凡投稿者均视为同意并遵守征稿启事之各项规定。

2.本征稿启事解释权归创作赛组委会所有。

第三届"晋唐杯"
当代诗联书画创作赛组委会
2024年6月

（资料来源：中国诗书画家网，2024-06-17.）

例文二

期刊更名启事

经国家新闻出版署国新出审〔2020〕593号文批准,《检验检疫学刊》更名为《质量安全与检验检测》。《质量安全与检验检测》国内统一连续出版物号为 CN 10-1701/R,国际标准连续出版物号为 ISSN 2096-8876。主管单位为国家市场监督管理总局,主办单位为中国检验检疫科学研究院、中国检验检测学会,出版单位为《质量安全与检验检测》杂志社。

《质量安全与检验检测》杂志社

(资料来源:质量安全与检验检测,2021.01.)

例文三

寻物启事

本人五月一日乘坐一号地铁时,不慎遗失一透明文件袋,袋内装有部队复员证、复员介绍信和部队期间荣获的五张荣誉证书。有拾到者请与××公司××部门××联系,重谢1 000元人民币。

电话:××××××××

启事人:×××
××××年×月×日

招领启事

本馆工作人员在学校图书馆二楼大厅拾到钱包一个,内装有人民币若干和几张银行卡,望失主持有效证件前来认领。

地点:图书馆一楼大厅办公室

联系电话:××××××××

图书馆办公室
××××年×月×日

例文评析

第一篇例文是一则征稿启事,先简要介绍了本次征稿的目的,以及影响力、主办单位、媒体支持、征稿对象等基本情况;然后开始说明征稿要求;最后注明了联系方式和联系人。作为征招类启事,由于事项不同,在具体要素的呈现上也各不相同。所以,在启事写作过程中要根据不同需求、不同情境细心、周到地选择内容要素。

第二篇例文是一则声明类启事,是关于期刊更名的,先概括发布启事的缘由和事项，然后声明该期刊的国内统一连续出版物号、国际标准连续出版物号，以及主管单位和主办单位信息。此类启事的发布要及时、准确，以免除相应责任。

例文三中的两则启事同属寻求类启事，启事对象都是失物。对丢失财物的基本情况、主要特征、启事者的联系方式及酬谢等事宜表述明白具体。寻物启事对失物特征描述详细，以便更快地找到失物。而招领启事对失物的描述相对较含糊，主要是防止被人冒领。所以，这两则启事目的不同，写作方法便不同。启事的篇幅虽然都比较短小，但在生活中的应用范围却很广。学会写作启事，不但可以解决自己生活中的一些需求，还可以帮助周围的人解决燃眉之急，感受助人为乐的同时，也对社会尽了一份责任。

（二）声明

1. 声明的概念

声明是指国家机关、社会团体、企事业单位或个人为维护自身权益就某一重要问题或重要事件公开向公众表明立场、观点、态度或发表主张的文书，是一种典型的告启类文书。

2. 声明的特点

（1）明确性。声明是对相关事项或问题进行披露或澄清，明确表明自己或者本单位的立场、观点、态度的公文。

（2）告知性。声明重心是告知公众自己的立场、观点、态度，一般不提出要求。

（3）警示性。声明具有警示或警告的作用。大多是为了防止侵权行为的发生或者制止侵权行为的继续而发表的，有保护自己合法权益的意图和作用。

3. 声明的分类

根据声明内容的不同，声明可分为以下三类：

（1）维权声明。维权声明是指当自己的某种合法权益受到侵害，为维护自己的合法权益、引起公众关注，并要求侵权方停止侵害行为的声明。

（2）遗失声明。遗失声明是指在自己遗失了票据、证件等重要凭据或证明文件时，为防止他人冒领、冒用而发表的声明。

（3）联合声明。联合声明是指两个或两个以上的国家、政府、政党在举行会议或会谈中，就共同关心的问题表明立场，或说明各方就双边或多边问题所达成的协议，以及各自享有的权利和义务而发表的声明。

另外，按照使用范围的不同，声明还可以分为政务类声明和事务类声明。政务类声明是指抗议、驳斥或澄清事实，以及国家机关、社会团体、企事业单位及其领导人就政务方面的有关重要问题或重要事件发表的声明。事务类声明是指单位或个人就有关事务方面的问题或事件发表的声明。

声明的分类如图 3-6 所示。

图 3-6　声明的分类

4. 声明的写作格式

（1）标题。声明的标题有以下几种情况：

①只写"声明"。

②由"事由+文种"构成，如"遗失声明"。

③由"单位+事由+文种"或"单位+修饰性词语+文种"构成，如"中国—巴西应对气候变化联合声明""××集团严正声明"。

④在文种"声明"前面加上修饰性词语，如"重要声明""郑重声明"。

（2）正文。声明的正文由缘由、基本情况、态度和立场三个部分组成。

①缘由。缘由是指说明原因、目的、依据、起因等情况，这部分内容可自成段落，作为引言。

②具体情况。具体情况应简要交代某一重要问题或重要事件的事实情况以使公众知晓，内容应事实确凿、语言准确。

③态度、立场。就有关事件或问题公开向公众表明态度、立场，内容应是非分明。最后提出为制止事件继续发展而将采取的措施、办法。

（3）落款。声明的落款标在正文右下方，写明发表声明的单位或个人名称以及日期。如果标题中已出现单位名称，那么落款则可以省略。

写作之窗

公文语言可以采用修辞手法吗？

公文语言虽然具有简洁性、准确性、规范性等特性，但这并不意味着公文写作的语言不能使用修辞手法。在遵循符合题旨、切合语境和合乎逻辑等原则的同时，恰当地使用排比、比喻、对偶和借代等修辞手法可以使公文语言具有更强的表达效果。比如在"尽锐出战、迎难而上，真抓实干、精准施策"中，对偶手法的使用，使语言凝练、铿锵有力，既强调了工作要求，又强烈地表达出对工作的决心。

（资料来源：吴颖. 从语法、修辞层面谈公文语言中的不规范现象. 秘书之友. 2011.03，有改动）

5. 声明和启事的区别

声明和启事都是传递信息的手段，但它们在目的、内容、发布场合和语言风格上有所差异。声明通常更加正式和具有权威性，而启事则更侧重于提供实用信息给广大受众。声明和启事的具体区别详见表3-3。

表 3-3　声明和启事的区别

要素	声明	启事
发布主体	上至国家，中至党政机关、社会团体、企事业单位，下至普通百姓个人，都可以为某件重要事项发表声明	启事较多由社会团体、企事业单位或个人发布
涉及范围	声明一般涉及的问题性质较为重要，涉及范围广大	启事涉及的问题性质较轻微、范围较狭窄
内容大小	声明的内容一般比较重大，需要对之以严肃、待之以庄重。所以，有"严重声明""郑重声明"之类标题的出现	启事的内容一般不那么严重，内容更接近日常生活
侧重点	声明是对某个事物或问题发表立场、观点和态度，重在表态	启事则侧重于对某个具体事物或问题进行解释和说明，希望他人给予理解和支持，重在吁请

例文简析

例文一

关于个别人员假借国务院发展研究中心公共资产证券化
REITs 课题组名义进行活动的郑重声明

近日，有新闻媒体报道国务院发展研究中心公共资产证券化 REITs 课题组有关活动。为避免误导社会公众，消除不良影响，我中心郑重声明：

我中心从未成立公共资产证券化 REITs 课题组，该课题组各项活动与我中心和所属单位均无任何关系。我中心保留追究以公共资产证券化 REITs 课题组及其成员名义进行活动人员法律责任的权利。

国务院发展研究中心办公厅
2022 年 6 月 22 日

（资料来源：国务院发展研究中心官网，2022-06-23.）

例文二

不动产权证书遗失声明

因本人保管不善，将××街道×××小区 15 幢 1003 室的不动产权证书（权证号：××××× ；×××（2005 售）字第 081××× 号）遗失，根据《不动产登记暂行条例实施细则》的有关规定申请补发，现声明该不动产权证书作废，特此声明。

声明人：×××
2023 年 4 月 28 日

例文三

中国-巴西应对气候变化联合声明

中华人民共和国主席习近平和巴西联邦共和国总统路易斯·伊纳西奥·卢拉·达席尔瓦于 2023 年 4 月 14 日在北京会晤。习近平主席和卢拉总统在会谈中认同，气候变化是我们所处时代面临的最大挑战之一，应对这一危机有助于构建公平和共享繁荣的人类命运共同体。

国际科学界已经明确指出，人类活动正在改变全球气候系统并对发展中国家可持续发展造成新挑战。发达国家对温室气体排放承担历史责任，应当早于 2050 年实现气候中和率先强化气候行动并提供气候资金，尊重发展中国家的发展权和政策空间。

中国和巴西强调，需将紧急气候响应和保护自然相结合以实现可持续发展目标，包括彻底消除贫困和饥饿，不让任何人掉队。

……

双方决定在中国—巴西高层协调与合作委员会下设立环境和气候变化分委会。卢拉总统对习近平主席和中国政府给予的热情接待表示感谢。

（资料来源：中华人民共和国中央人民政府官网，2023-04-15，有省略）

例文评析

第一则声明是国务院发展研究中心办公厅为避免误导社会公众、消除不良影响而发布的。郑重声明公共资产证券化 REITs 课题组的各项活动与他们及所属单位均无任何关系，并保留追究相关法律责任的权利。整则声明紧紧围绕中心内容，语言规范简洁，言辞犀利，维护了自己的合法权益，引起了公众关注。

第二则声明是因不动产权证书遗失而发布的。声明中对遗失物做了详细的描述，重点强调了该不动产权证书作废，目的是防止他人冒用。生活中，当一些重要物品遗失时，一定要及时处理，扩大知情面，防患于未然。

第三则声明是中国—巴西应对气候变化而发布的联合声明，两国政府就共同应对气候变化问题以实现可持续发展为目标，推动强化全球治理而共同努力。

从这三则声明中我们可以看到，写作声明时，权利和责任的界限一定要分明，当我们的权利受到侵害时，我们一定要立场鲜明，态度坚决，维护自己的合法权益。同时，无论国家或个人，在该承担责任时，应义不容辞。

牛刀小试

一、选择题

1. 下列声明的特点正确的是（　　　　）。
A. 公益性　　　B. 公开性　　　C. 吁请性　　　D. 期望性

2. 启事中"启"的含义是（　　　　）。
A. 启发　　　B. 开启　　　C. 告知　　　D. 更正

二、判断题

1. 启事可以一事一启，也可以一启多事。（　　　　）
2. 声明重在对某个具体事物或问题进行解释和说明，希望他人给予理解和支持。（　　　　）

三、实务实练

学习营销专业的张同学大学毕业后回到家乡创立了一家商贸公司，主营家乡特产，借着电商的东风，将产品远销到了国外。由于海外业务扩大，现需招聘 2 名翻译。请代张同学拟一则招聘启事。

四　会议纪要

（一）会议纪要的概念

会议纪要，简称纪要，适用于记载、传达会议主要情况和议定事项。会议纪要是根据会议情况、会议文件和其他会议资料整理会议要点，用于贯彻会议精神、扩大会议影响、推动有关工作，并要求与会单位共同遵守、执行的一种公文。会议纪要行文方向比较灵活，可以是上行文、下行文和平行文。

古代会议纪要——盐铁论

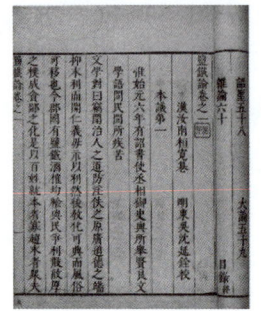

目前，中国历史上现存最早、最完整的会议纪要应为西汉桓宽所著《盐铁论》。此书以汉昭帝期间召开的"盐铁会议"为对象，记录了以贤良文学人士为一方和以御史大夫桑弘羊为另一方，就盐铁专营、酒类专卖和"平准均输"等问题展开辩论的详情。除了当时的会议记录，桓宽还加上与会儒生朱子伯的介绍，将其整理改编，撰成《盐铁论》。该书是研究中国经济思想史，特别是西汉经济思想史的一部重要著作。

（资料来源：凤凰网，2018-08-07.）

（二）会议纪要的特点

1. 纪实性

纪实性是会议纪要的生命，必须如实反映会议基本情况和会议精神，注重客观准确。

2. 提要性

会议纪要重点突出一个"要"字，会议纪要必须紧密结合会议主题，对会议内容和议定的事项进行概括和提炼，反映会议的主要精神和重要结论。

3. 指导性

会议纪要具有指导工作的作用，通过会议纪要传达会议情况、会议精神，并要求与会单位和相关部门以此为依据开展工作，落实会议的议定事项。

（三）会议纪要的分类

1. 根据会议的性质和内容划分

根据会议的性质和内容，会议纪要可分为行政工作会议纪要和专题会议纪要。

行政工作会议纪要是指由党政机关、人民团体、企事业单位为研究工作、处理事务或解决问题而召开的工作会议所形成的纪要。

专题会议纪要是指由专题工作会议、专题研讨会、座谈会、学术研究会等会议所形成的纪要。

2. 根据会议纪要的写法划分

根据会议纪要的写法，会议纪要可分为摘要式会议纪要和综合式会议纪要。

摘要式会议纪要是对会议的议定事项或会议的讨论情况等进行要点式记录的纪要，这种写法能够准确反映会议的主要观点。

综合式会议纪要是按照会议议题反映会议的综合情况，涉及的议题比较重大，涉及面广。

（四）会议纪要的写作格式

1. 标题

（1）单标题。单标题由"发文机关＋事由＋文种"构成，如"公安机关反腐倡廉会议纪要"。需要注意的是，在实际写作中，也会常常出现"发文机关＋文种"或"事由＋文种"的标题形式，如"交通工作会议纪要"。

（2）双标题。双标题由正标题和副标题构成，正标题揭示会议主旨，反映会议的主要精神和内容，副标题标示会议名称和文种，例如"绿水青山就是金山银山——水环境、'两违'整治专项工作会议纪要"。

2. 成文日期

会议纪要的成文日期，有的是纪要形成的时间，有的是会议结束的时间，可写于标题正下方，居中排布，也可写于正文下方，居右排布。

3. 正文

（1）导言。导言旨在概括会议的基本情况，交代会议的名称、目的、议程、时间、地点、规模、与会人员、主要议题等。导言要简明扼要，不宜过长。

（2）主体。主体是纪要的核心部分，说明会议讨论的具体问题、提出的具体意见，以及做出的决定等。这一部分的内容复杂，一定要按主次、有重点地写出会议的情况和成果。为了确保条理清晰，主体部分一般有三种写法：

一是分项式写法，就是把主体内容包括的讨论的问题和议定的事项，按主次分条列项地写出来，使其条理化，一目了然。

二是综述式写法，就是把会议的内容或议定事项，进行综合概括，按照逻辑关系将内容分成若干部分，每个部分写一个方面的内容。一般把主要的、重要的写在前面，尽量写得详细、具体，次要的和一般性的内容写在后面，简略记录即可。

三是摘要式写法，即将与会者具有典型性、代表性的发言要点摘录出来。为了重点突出、层次分明，有时根据会议议题，在发言人前面冠以小标题，在小标题下写上发言人的名字，同时尽量保留发言人讲话的风格，避免千篇一律。这种写法很适合一些重要的座谈会纪要。

（3）结尾。结尾一般可对与会者提出要求和希望，或发出号召，也可以自然结尾。

4. 落款

落款写明发文单位和成文日期即可。若标题中已有发文单位，落款处可省略。成文日期如已出现在标题下，此处也可省略不写。

（五）会议纪要的写作要求

1. 突出重点，抓"要"字

会议纪要必须真正地摘其"要"而记之。撰写时要简明、真实、准确和扼要地反映会议中心内容和主要精神，把会议议定的事项叙述清楚。

2. 全面概括，如实反映

会议纪要在写作过程中要全面掌握会议情况，对其进行概括、综合和提炼，真实反映会议的内容，不夹杂主观愿望，不断章取义。

3. 条理清晰，语言准确

会议纪要的结构安排要合乎逻辑、条理清晰。会议纪要的语言以叙述为主，以"会议"为叙述主角，准确、精练、晓畅地表达会议要求、决定、希望等。

（六）会议纪要和会议记录的区别

1. 性质不同

会议纪要是记录会议要点，属行政公文；会议记录是讨论发言的实录，属事务文书。

2. 功能不同

会议纪要通常要在一定范围内传达或传阅，是外发的公文，要求贯彻执行；会议记录一般不公开，是存档备用的内部材料。

3. 结构不同

会议纪要需要概括、综合和提炼，在这个过程中一般会按照逻辑关系对会议内容、事项等进行整理；会议记录一般为顺时结构。

例文简析

区政府第 18 次常务会议纪要

会议时间：2022 年 12 月 12 日（星期一）下午 2：30

会议地点：区政府 3 楼五号会议室

参会单位：区委宣传部、区委政研室、区发改委、区教体局、区司法局、区财政局、区住建局、区农水局、区审计局、区数据资源局、区残联、井岗镇、合肥蜀山经济技术开发区、区营商中心。

主持人：区委副书记、区长 ××

2022 年 12 月 12 日下午，区委副书记、区长 ×× 主持召开区政府第 18 次常务会议。会议集体学习了《优化营商环境条例》及省市相关规章，会议听取了区营商中心关于 2022 年度蜀山区优化营商环境工作情况、区数据资源局关于《蜀山区"十四五"智慧城市和数字经济发展规划（2021—2025）》起草情况的汇报等。

会议集体学习了《优化营商环境条例》及省市相关规章。会议指出，高质量发展的主体是企业，服务企业就是服务发展，蜀山作为全国综合实力和竞争力排名靠前的经济大区，应该具有优质的营商环境，各级各部门要认真学习贯彻《优化营商环境条例》及相关规章，加强联动协作，共同做好营商工作。

会议听取区营商中心关于 2022 年度蜀山区优化营商环境工作情况的汇报，原则同意汇报意见。会议强调，营商服务要对标长三角先发城区，瞄准一流水平去打造；

要不断改进工作作风，主动为企业服务，解决企业招工、资金短缺等突出困难；要把上级优化营商环境任务指标纳入区年度目标考核，发挥考核指挥棒作用，全面提升营商服务成效。

会议听取区数据资源局关于《蜀山区"十四五"智慧城市和数字经济发展规划（2021—2025）》起草情况的汇报，原则同意汇报意见。会议指出，数字经济已成为蜀山区重要产业，要充分发挥我区科创资源优势，结合智慧城市建设，加强在城市治理、产业升级、生活消费等领域的应用，不断提升数字经济创新发展活力。

会议还研究了其他事项。

（资料来源：蜀山区人民政府官网，2022-12-15.）

例文评析

此篇会议纪要结构清晰，语言简洁明了，在表述上突出了会议的重点，如优化营商环境和数字经济发展规划等，使得读者能够关注到会议的核心议题。会议意见表述明确：对于会议中涉及的议题，会议纪要明确表述了会议的意见和决定，如原则同意汇报意见等，使得读者能够清楚了解会议的结果，有效地传达会议的内容和决定。

牛刀小试

一、填空题

1. 会议纪要具有（　　）、（　　）和（　　）的特点。
2. 根据写法的不同，会议纪要可分为（　　）和（　　）。

二、判断题

1. 会议纪要是对与会者的各种意见全面而详细的记述。（　　）
2. 会议纪要除标题、正文和落款之外，其他部分可有可无。（　　）

三、实务实练

请为近期召开的主题班会写一份会议纪要。

第二节　上下沟通文书

学习目标

● 知识目标

1. 理解请示、批复、报告、函等上下沟通文书的概念。
2. 了解请示、批复、报告、函等上下沟通文书的特点和分类。
3. 掌握请示、批复、报告、函等上下沟通文书的写作格式和写作要求。

● 能力目标

1. 能够明确请示、批复、报告和函的适用范围和使用条件。
2. 能够写出要素齐全且格式规范的请示、批复、报告和函。
3. 在工作中能够熟练运用上下沟通文书，满足上传下达的需要。

● 素质目标

1. 通过上下沟通文书内容和行文规则的学习，培养学生按程序办事，实现有效、高效沟通的能力。
2. 通过上下沟通文书的学习，培养学生遵守规则、踏实认真的工作作风。

一　请示与批复

（一）请示

1. 请示的概念

微课：请示

请示是适用于向上级机关请求指示、批准的公文。请示属于上行文，主要用于以下三种情况：一是在实际工作中，遇到缺乏明确政策规定的情况需要处理；二是工作中遇到需要上级批准才能办理的事情；三是超出本部门职权之外，涉及多个部门和地区的事情，请示上级予以指示。

2. 请示的特点

（1）请求性。只有本机关单位权限范围内无法决定的重大事项，以及在工作遇到新问题、新情况或克服不了的困难，才可以用"请示"行文，请示上级机关给予指示、决断、答复或批准。

（2）必复性。请示专门用于向自己直接的上级领导部门提出请求，请求给予必要的支持与帮助。在公文体系当中，请示是为数不多的双向对应文体之一，与它相对应的文体是批复，下级有请示，上级就要有批复，写请示最直接目的就是得到批复。上级机关对呈报的请示事项，无论同意与否，都必须给予明确的"批复"回文。

（3）预先性。请示所涉及的事项一般来说都是即将发生或必须由上级决断、指示、批准、支持才能解决的问题，因此，必须事先行文，在上级答复后才能采取行动，不能先斩后奏。

（4）单一性。请示内容单一，必须一文一事。

3. 请示的类型

根据请示的内容和写作意图不同，将其分为以下三类：

（1）请求指示的请示。这类请示一般请求上级机关明确指示应当怎么做，多涉及政策上、认识上的问题。

（2）请求批准的请示。这类请示一般需要上级机关明确答复能否这样做，多涉及权限、人事、财物、机构方面的具体问题。

（3）请求批转的请示。下级机关就某一涉及面广的事项提出处理意见和办法，需要各有关方面协同办理，但又规定不能指令平级机关或不相隶属部门办理，需要上级机关审定后批转执行，可用此类请示请求上级机关批转给有关单位执行。

4. 请示的写作格式

请示一般由标题、主送机关、正文和落款四部分组成。

（1）标题。请示的标题一般由发文机关、事由和文种构成，如"××学校关于改造升级运动场所的请示"；发文机关有时可以省略，如"关于修建多功能活动中心的请示"。写标题时要注意，不能将"请示"写成"报告"或"请示报告"。标题中尽量不要出现"申请""请求"之类词语，以免语义重复。

（2）主送机关。请示的主送机关只能有一个，一般为直属上级机关。请示不能多头主送，一般也不能以机关名义向上级负责人报送。

（3）正文。正文一般由开头（请示缘由）、主体（请示事项）和结尾（请示结语）三部分构成。

①开头。开头主要交代请示的缘由，即请示内容的事由、起因、依据、背景。

②主体。主体是正文的核心部分，是陈述缘由的目的所在，主要说明请示事项。请示的事项要符合国家政策、法律、法规，符合客观实际，具有可行性和可操作性。

③结尾。结尾即结束语，一般在请示事项后另起一段写。常用的写法有"特此请示，请予审批""以上请示妥否""以上意见如无不妥，请批转各地区、各部门研究执行"等，要尽可能地根据请示的目的要求、请示类型的不同分别使用，使之更加贴切。

（4）落款。落款在正文右下方标注请示机关和日期。

写作之窗

"请示语"怎么用?

因请示是恳请上级审核批准或给予指示的,所以"请示语"要写得谦和得体,不能采用命令性语言,如"以上意见当否,速批复""速调拨"等是不妥的。请求上级明确指示的,用"请指示"作结;请求上级表态的,用"请指示"或"请批复"作结;请求上级同意、批准的,用"请批准"作结;请求上级审核的,用"请审批"作结。

5. 请示的写作要求

(1) 事前请示,一文一事,一事一请。

(2) 不得越级请示、多头请示。请示工作一般要逐级请示,不能越级。一份请示只能有一个主送机关,切忌多头主送。受双重领导的机关向上级机关请示工作时,要根据请示内容的性质,主送一个领导机关,抄送另一个领导机关。

(3) 做好调查、语气谦逊。请示前须做周密的调查研究,提出的意见与方案要准确切实。请示需要上级机关批准或指示,语气应谦逊平和。

例文简析

关于交通肇事是否给予被害者家属抚恤问题的请示

最高人民法院:

据我省××县人民法院报告,他们对交通肇事致被害人死亡是否给予被害者家属抚恤的问题有不同意见。一种意见认为,被害者若是有劳动能力的人,并遗有家属要抚养的,给予抚恤。另一种意见认为,只要不是由被害者自己的过失所引起的死亡事故,不管被害者有无劳动能力,都应酌情给予抚恤,我们同意后一种意见。几年来的实践经验证明,这样做有利于安抚死者家属。

妥否,请指示。

××省高等人民法院

×年×月×日

(加盖印章)

例文评析

这是一份请求指示的请示。工作中遇到部门间对问题的处理有意见分歧,请求上级机关明确指示应该如何做时,常使用这种文体。该请示中交代了出现不同意见的具体情况,并说明了自己的认识,请求上级答复。请示事项交代明白,问题梳理清晰,请求回复的愿望表达明确。

（二）批复

1. 批复的概念

批复是与请示相匹配的文体，适用于答复下级机关的请示事项，其写作和应用一般以下级的"请示"为条件，属于下行文。

2. 批复的特点

（1）针对性。批复的针对性反映在两个方面：一是批复必须针对请示机关行文，而对非请示机关不产生直接影响；二是批复的内容必须针对请示事项，不涉及请示事项以外的内容。

微课：批复

（2）回复性。批复的内容属于回复性内容，也应一请一复。

（3）权威性。批复代表上级机关对问题的决策意见，对下级机关具有行政约束力。特别是对一些重大事项的答复，体现了党和国家的有关方针、政策具有权威性。所以，批复一经下发，下级机关必须遵照执行。

（4）鲜明性。批复必须态度明确、旗帜鲜明，不能含糊，且要有可行性，便于下级机关执行。

3. 批复的分类

根据内容、性质的不同，批复可分为以下两类：

（1）审批性批复。审批性批复主要是针对下级机关请示的公务事宜，经审核后所作的答复。比如关于机构设置、人事安排、项目设立、资金划拨等事项的审批。

（2）指示性批复。指示性批复主要是针对方针、政策性问题进行答复。此类批复要具有普遍的指导和规范作用。

4. 批复的写作格式

批复一般由标题、主送机关、正文和落款四部分组成。

（1）标题。批复的标题一般有以下三种形式：

①由"发文机关、事由和文种"组成，如"国务院关于武汉市城市总体规划的批复"。

②由"发文机关、表态词、请示事项和文种"组成，如"文化部关于同意××有限公司设立为经营性互联网文化单位的批复"。

③只由"事由和文种"组成，如"关于建立全国高职高专师资培训基地的批复"。

（2）主送机关。批复的主送机关即请示的发文机关。

（3）正文。批复的正文由批复引语、批复意见、批复要求和结语四部分组成。

①批复引语。批复引语要求点出批复对象，一般称收到某文，或某文收悉。要写明是对于何时、何号、关于何事的请示的答复，时间和文号有时可省略。

②批复意见。批复意见是针对请示中提出的问题所做的答复和指示，态度要明确，语气要适当。

③批复要求。批复要求是从上级机关的角度提出的一些补充性意见，或是表明希望、提出号召。

④结语。结语一般单独成段，用"此复""特此批复"等习惯用语结束全文，也可以不写结语，自然结束。

（4）落款。落款一般包括署名和成文时间。署名写上批复机关单位名称；成文时间写清年、月、日，并加盖公章。

例文简析

关于"福林巷"道路地名命名的批复

鼓楼区人民政府宁海路办事处：

《关于"福林巷"道路地名命名的请示》收悉。经研究，同意"福林巷"道路命名方案，现批复如下：

福林巷：位于模范西路南侧，北起模范西路，南止古林公园北门，长约88米、宽6米，沥青路面。

请按照有关规定及时做好批复地名各类标志的设置工作。自批复之日起，各单位一律使用本批复地名。

南京市鼓楼区民政局
2024 年 6 月 20 日

（资料来源：南京市鼓楼区人民政府官网，2024-06-20.）

例文评析

这是一篇审批性批复，针对请示内容做了清晰明确的回复，意见具体，办法可行。

牛刀小试

一、选择题

1. 下列不属于请示写作要求的一项是（　　　　）。
   A. 一文一事　　　　B. 不得越级
   C. 篇幅短小　　　　D. 语气谦逊

2. 以下不属于批复写作要求的一项是（　　　　）。
   A. 内容单一　　　　B. 回复及时
   C. 态度鲜明　　　　D. 具体细致

二、判断题

1. 请示可以在事前，也可以在事后。（   ）
2. 批复总是针对下级机关的请示事项答复问题，不能另找话题。（   ）

三、实务实练

请代××学校向上级教育主管机关写一份要求解决教育经费严重不足问题的请示；然后，以上级教育主管机关的名义，写一份同意给××学校拨款的批复。

二 报告

（一）报告的概念

报告是一种正式的书面文件，属于上行文，适用于向上级或相关部门汇报工作进展、研究成果、事件情况、回复上级机关询问。报告需要清晰、准确地陈述事实，并进行适当的分析和建议。

报告的发展历史

在我国古代，与"报告"类似的文种有：上书（战国）、奏（秦汉）、表（秦汉）、疏（秦汉）、启（魏晋）、札子（宋代）、奏状（宋代）、对（明代）等。中华人民共和国成立后，1951年9月，《公文处理暂行办法》将"报告"列入法定公文，当时"报告"兼有请示用途。1957年，"请示"从"报告"中分离。

（资料来源：石雨晴. 请示文种的历时与共时研究[D]. 广东：暨南大学，2022，有改动）

（二）报告的特点

1. 陈述性

报告具有陈述性质，主要用来向上级机关说明和描述所做的工作、经历的情况、取得的经验和存在的问题等。

2. 汇报性

报告具有强烈的汇报性，它是下级机关向上级机关汇报工作的一种方式，要求内容真实、客观，不可夸大或歪曲事实。

微课：报告

3. 单向性

报告是下级机关向上级机关行文，为上级机关进行宏观领导提供依据，目的在于让上级机关了解情况、掌握信息，一般不需要受文机关的回复，属于单项行文。

4. 灵活性

报告的种类多样，可以针对一件或多件事进行汇报，篇幅可长可短，报告的编写和发送不受时间限制，可以是正在进行中或事项完结后，具有较大的灵活性。

（三）报告的分类

报告根据不同的分类标准，有不同的种类名称。

1. 按性质分

报告按性质可分为综合性报告和专题性报告。

（1）综合性报告。凡涉及一个单位、地区、系统全面工作情况的报告为"综合性报告"。大到国务院给人民代表大会的政府工作报告，小到基层单位向上级机关汇报年度工作的报告，都属于这种类型。例如，某市政府每年需要向省人民政府提交一份关于该市整体经济、社会、文化、教育等方面全面发展的年度报告。这份报告会涵盖所有重要的工作领域和成果，以及存在的问题和对未来的规划。

（2）专题性报告。只涉及某一方面、某一专项事情的报告被称为"专题性报告"。专题性报告一般要做到迅速及时，一事一报。例如，某市环保局在完成一项重点污染治理工程后，向上级机关提交了一份专门针对该项目实施情况和效果的报告。报告详细介绍了工程项目的过程、取得的成效、存在的问题以及后续的改进措施。

2. 按内容分

报告按内容可分为工作报告、情况报告、答复报告和建议报告。

（1）工作报告。工作报告是指向上级机关汇报本单位工作的报告。例如，某公司市场部在结束了一次重要的市场推广活动后，向上级提交了一份工作报告，报告中详细说明了市场推广活动的策划、执行过程，以及通过这次活动所取得的市场反馈和业绩。

（2）情况报告。情况报告是指向上级机关反映本单位工作中出现的某些情况的报告。例如，某大学在发生一起校园安全事件后，向上级教育管理部门提交了一份情况报告，详细描述了事件发生的经过、学校对此所采取的应对措施，以及后续预防类似事件的方案。

（3）答复报告。答复报告是指答复上级机关询问的报告。例如，对于教育部提出的一项关于学生减负政策的询问，某中学需要提交一份答复报告，解释学校目前的执行情况、面临的困难以及未来的改进计划。

（4）建议报告。建议报告是指专门向上级机关提出建议的报告。例如，考虑到新能源汽车的发展趋势，某汽车制造企业技术部门向上级管理层提交了一份建议报告，提出了关于公司未来技术发展和产品线调整的具体建议。

（四）报告的写作格式

报告一般包含标题、主送机关、正文、落款四个部分。

1. 标题

报告常见的标题形式有两种：一种是由"事由和文种"构成，例如"××年财务工作报告""关于××市××××年预算执行情况和××××年预算草案的报告"；另一种是由"发文机关、事由和文种"构成，例如"××分行关于××××××的报告""×××职业技术学院××年财务工作报告"。

2. 主送机关

主送机关是负责受理报告的上级机关。如果受双重领导，还需采用抄送的形式呈送其他机关。

3. 正文

正文一般由开头（缘由）、主体（报告事项）和结尾（结束语）三个部分组成。

开头即报告缘由或目的，开门见山，将情况或对整个工作的估计、评价等做简要概述，可用概况性语言说明要报告的是什么工作，并用"现将有关情况报告如下"等过渡语来承上启下，从而引出报告事项。

主体是正文的核心部分，用来说明报告事项，将工作的主要情况、主要做法，取得的经验、效果等分段表述，必要时可用数据和材料说话，使内容丰富充实。报告内容单一时，可分自然段叙述；内容较多时，可分条列项，逐条叙述，并加小标题。

结尾要指出工作上存在的问题，提出下一步工作的做法和设想。最后另起一行，空两格写"请审阅"或"特此报告"等结束语。

4. 落款

落款包括署名和成文时间，置于报告右下方。

写作之窗

报告写作技巧

写好报告需要较长时间实践经验的积累，很多时候还需要从以下几个方面下功夫：

第一，"把菜买齐再下厨"，是说写报告要注重搜集材料。

第二，"拾掇好了再生火"，是说写报告前要注重列好提纲。

第三，"关上门来好干活"，是说写报告要注重集中精力。从时间管理的规律来讲，集中整块时间是提高脑力劳动效率的好方法。

第四，"小火慢炖最出香"，是说要注重修改，一篇好的报告是在反复修改中完成的。

（资料来源：党建网微平台，2015-04-09.）

（五）报告与请示的区别

报告与请示都是上行文，二者在行文目的、行文侧重、行文时间、答复与否、内容含量方面均有不同。具体区别如图3-7所示。

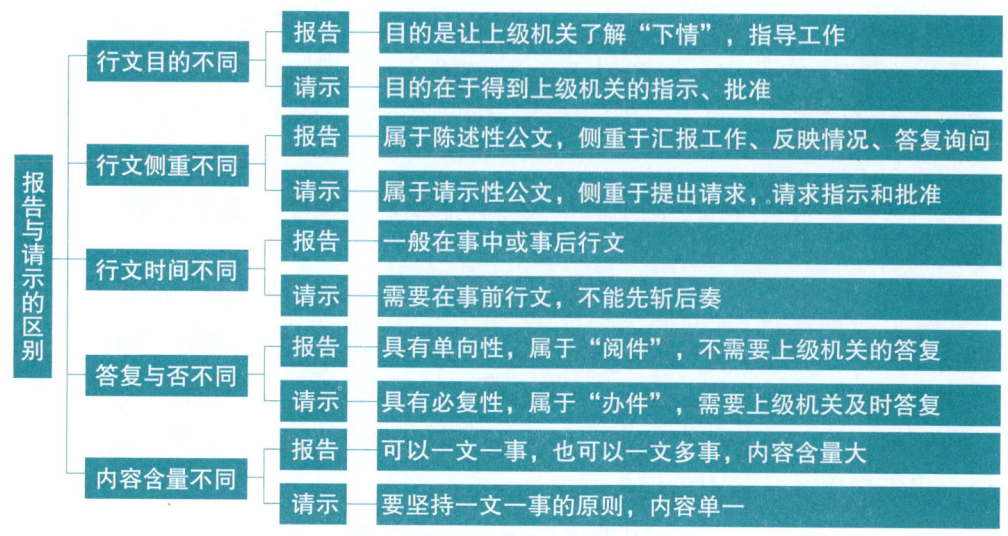

图3-7　报告与请示的区别

例文简析

例文一

安顺市人民政府关于2022年度法治政府建设工作情况的报告

省人民政府：

2022年，安顺市人民政府坚持以习近平新时代中国特色社会主义思想为指导，全面学习贯彻落实党的二十大精神，深入学习贯彻习近平法治思想，认真贯彻落实法治政府建设各项决策部署，压紧压实党政主要负责人履行推进法治建设第一责任人职责，扎实开展依法行政巩固年行动，做到工作有规划、有部署、有推进、有落实，充分发挥了法治在维护政治安全和社会大局稳定、推进经济社会高质量发展中的保障作用，法治政府建设各项工作取得了新成效。现将工作情况报告如下。

一、工作开展情况

（一）持续强化思想引领，深入学习贯彻习近平法治思想。一是"关键少数"作示范。……二是"关键主体"全覆盖。……三是"关键领域"强落实。……

（二）系统部署法治建设，全力夯实法治政府根基。一是强化组织领导。……二是强化统筹谋划。……三是强化问题导向。……

（三）依法推动行政决策，全力提升政府治理效能。一是健全行政决策程序机制。……二是健全法律顾问管理机制。……三是强化行政规范性文件管理。……四是强化决策合法性审查。……

（四）深化政府职能转变，全力优化法治营商环境。一是规范政府权力运行。……二是提升政务服务效能。……三是全面优化营商环境。……

（五）严格规范行政执法，全力强化权力制约监督。一是提升行政执法水平。……二是强化行政权力制约监督。……三是推进政务公开工作。……

（六）多元化解矛盾纠纷，全力营造和谐法治环境。一是多元解纷机制调处矛盾纠纷。……二是公共法律服务实体平台建成。……三是积极开展普法教育培训。……

二、存在的问题和不足

总体来看，我市在深入推进法治政府建设的进程中积极作为，取得了一定成效，但与省委、省政府的要求和人民群众的期盼还存在一定差距。一是……二是……三是……

三、下步工作打算

下步，安顺市各级行政机关将持续深入学习贯彻习近平法治思想，认真贯彻落实党中央、国务院，省委、省政府和市委有关法治政府建设的系列决策部署，以更大决心、最优举措深入推动法治政府建设。

（一）持续深入学习贯彻习近平法治思想。一是强化养成良好的法治思维和法治方式。……二是严格履行法治建设第一责任人职责。……三是切实提高依法行政的能力水平。……

（二）切实提升政府治理效能。一是加强政府立法。……二是严格依法决策。……三是深化执法改革。……

（三）加快推进法治社会建设。一是构建覆盖城乡的现代公共法律服务体系。……二是加强民主法治示范建设。……三是强化社会多元参与共建。……

（四）全力夯实法治建设根基。一是加强各级法治机构建设。……二是构建基层大调解格局。……三是建立法治人才培养机制。……

安顺市人民政府
2023年2月28日
（加盖印章）

（资料来源：安顺市人民政府官网，2023-02-28，有省略）

例文二
关于《市委书记网友留言》督办通知单相关问题处理的情况专报

为贯彻落实……管委会办公室对2021年度1月-9月人民网"地方领导留言板

经开区委书记板块"网民留言办理情况进行了梳理，现将有关情况报告如下：

一、总体情况

今年以来，全市共收到网民留言4 354条，我区留言105条，占全市留言的2.4%，办理回复满意度为76.47%，满意度全市排名第8位。

截至目前，我区105条留言中，已办理并回复97条，待办理8条，反映问题主要集中在城建、交通、民生领域。

二、存在问题

近年来，人民网"地方领导留言板"相关办理工作得到省市和区领导高度重视，已逐步形成渠道宽泛、体系完善、程序严谨，能够客观反映地方经济社会发展问题的监督平台。通过对群众在"留言板"内反映问题的办理和回复，我区日常工作中的"短板"被发现补齐，存在的漏洞得以完善，不仅维护了广大群众的利益，也使我区社会治理能力得到较大提高，但就留言问题办理实际情况来看，仍存在一定问题。一是重视程度不够，各职能部门在接到反映问题后，普遍存在调查不够细致、回复拖延等问题。二是缺乏担当精神，面对留言问题避重就轻，回复文稿质量不高，对职能交叉的工作不愿牵头、存在推诿。三是行政效能低，在问题处理过程中经常出现简单问题不能立行立改，难点问题不能攻坚解决，办结事项出现反弹，同类问题两次、三次，甚至多次反映的情况出现。

三、下一步工作

1.严格规范流程。进一步规范人民网留言事项的办理流程，明确事项办理的时间节点和工作目标，督促责任部门按要求推进事项办理，做好回复文稿审核与把关，保证回复内容依法合规、有理有据，有感情、有温度。

2.加强协同办理。在推进办理过程中，要进一步提高责任意识，面对留言问题要站在党工委、管委会的角度积极推进和解决，并要求涉及部门交叉的事项，加强沟通协调，不能等、靠、推诿扯皮，要拿出全心全意为人民服务的精神和态度去解决和处理问题。

3.强化督查问责。建议由党工委办公室、管委会办公室、人社局、纪检监察工作等部门成立联合督导小组，并把留言事项的办理情况作为干部考核、部门考核、监督问题的重要依据和方向，要把群众满意度作为衡量部门工作成效的标尺，确保留言问题得到彻底解决。

管委会办公室
2021年9月16日

（资料来源：长春经济技术开发区管理委员会官网，2021-10-10，有省略）

例文三

××学院关于报送2023年学院工作计划的报告

××省教育厅：

现报上《××学院2023年工作计划》一份，请审阅。

附件：××学院2023年工作计划

××学院
2022年×月×日
（加盖印章）

例文评析

第一篇例文是一份工作报告，由标题、主送机关、正文、发文机关署名、成文日期和印章组成。其中，报告事项写明了"工作开展情况""存在的问题和不足""下步工作打算"这三个问题。运用小标题标明每一段的主要内容，结构完整、条理清晰。

第二篇例文是一篇答复报告，答复报告有两个特点：一是行文的被动性；二是答复的针对性。在本篇答复报告中，转入报告事项后，先列出存在哪些具体问题，再针对这些问题，列出下一步工作内容。

第三篇例文是一篇报送性工作报告，主要用于下级向上级报送文件。主送机关是××省教育厅，这里要注意的是附件和正文空一行，开头空两格。

牛刀小试

一、选择题

1. 下列不属于报告特点的一项是（　　　　）。
   A. 陈述性　　　　　　B. 平等性
   C. 单向性　　　　　　D. 汇报性

2. 以下不可以作为报告结束语的是（　　　　）。
   A. 请审阅　　　　　　B. 特此报告
   C. 以上报告，请审阅　D. 以上报告当否，请指示

二、判断题

1. 为减少发文，在向上级机关呈送的报告中，可以附带请示问题。（　　）

2. 工作报告应该在工作开始之前写，以求得上级领导的指导。（　　）

三、实务实练

1. 请站在全班的角度，把你们班本学期以来的学风情况写一份报告递交给班主任，以帮助班主任加强对班级的管理。

三　函

（一）函的概念

微课：函

函适用于不相隶属的机关之间商洽工作、询问和答复问题、请求批准和答复审批事项。函是典型的平行文。函的适用范围可分成以下四个方面：一是平级机关或不相隶属机关单位之间的商洽性、询问性和答复性公务联系；二是向无隶属关系的业务主管部门请求批准有关事项；三是业务主管部门答复或审批无隶属关系的机关请求批准的事项；四是机关单位对个人的公务联系，如回复群众来信等。

函的发展历史

在我国古代，与函类似的文种有移（春秋战国）、关（唐代）、牒（宋代）等。中华人民共和国成立后，1951年将"公函"和"便函"列入法定公文，1957年将便函和公函合并统称"函"。

（资料来源：顾智雯.公文"函"的流变及其原因.文教资料.2016.12.25，有改动）

（二）函的特点

1. 沟通的平等性

函的核心要素，是行文双方可以平等地沟通。即使是向有关主管部门请求批准，在双方不是隶属关系的时候，也不能使用请示和批复，只能用函。函的措辞和语气应亲切、平和，能体现行文双方平等沟通的特点。

2. 功能的多样性

函的功能具有多样性，所以，函的适用范围比较广泛。有的函具有请示属性，可以请求批准事项；有的函具有批复属性，可以答复审批事项；有的函具有通知、通报属性，可以告知事项、传达情况；有的函具有意见属性，可以协商事项。

3. 内容的单一性

函在内容方面一般坚持一事一议、一函一复。函的内容中所提问题和具体事项应当是受文机关职权范围之内能够解决的，其主要功能是务实办事，一般不超出商洽、问答、批请等范围。

4. 写法的灵活性

函在写法上的灵活性表现在以下两个方面：一是篇幅短小，简便自由，语言简洁明了，有"公文中的轻骑兵"的称誉；二是笔调灵活多样，比如，请批函谦恭、询答函庄重、商洽函亲切。与其他公文相比，函的使用范围不受级别高低、单位大小的限制。

（三）函的分类

函按性质划分，可以分为公函和便函两种。公函用于机关单位正式的公务活动往来；便函则用于日常事务性工作的处理。便函不属于正式公文，没有公文格式要求，可以不要标题和发文字号，只需要在末尾署上机关单位名称、成文时间并加盖公章即可。

按行文的主动与否划分，可以分为发函和复函两种。发函也叫去函或致函，即主动提出公事事项所发出的函。复函则是为回复对方的被动答复函。

另外，从内容和用途划分，函还可以分为商洽函、询问函、批请函和告知函等。

（四）函的写作格式

函包括标题、主送机关、正文、落款四个部分。

1. 标题

一般有两种形式：一种由"发文机关、事由和文种"构成，如"××学院关于商洽进一步建立全面合作关系的函"；另一种由"事由和文种"构成，如"关于商请派车接送实习学生的函"。

2. 主送机关

主送机关即受文并办理来函事项的机关单位。

3. 正文

正文一般由开头（缘由）、主体（事项）、结尾（希望请求）、结语四部分组成。

（1）开头。开头主要说明发函的缘由，一般要求概括交代发函的目的、根据、原因等内容。

（2）主体。主体主要说明致函事项。函的事项部分行文要直陈其事。如果属于复函，还要注意答复事项的针对性和明确性。

（3）结尾。结尾一般用礼貌性语言向对方提出希望，或请对方协助解决某一问题，或请对方提出意见，请主管部门批准等。

（4）结语。内容与用途不同的函，结语有所不同。不需要回复的函，常用"特此函告""特此函达"；需要复函的，则用"复函为荷""盼复""望函复""请即复函"等。

4.落款

落款一般包括署名和成文时间。

例文简析

例文一

黑山县人民政府办公室关于回复县科学技术局申请修改发文的函

县科学技术局：

你局《关于修改黑政发〔2021〕4号文件的请示》（黑科发〔2023〕17号）收悉。经黑山县公平竞争审查联席会议办公室反馈，你局起草的《黑山县人民政府办公室关于印发黑山县科技创新发展三年行动计划(2021—2024年)的通知》（黑政发〔2021〕4号），不符合《公平竞争审查制度实施细则》的审查标准，为维护公平竞争的市场环境和优化营商环境，我办将修改此文件，将第6页倒数第4行的"鼓励支持宁越农机等行业领军企业为盟主，牵头组建创新联合体"修改为"鼓励组建创新联合体"，修改完毕后在县政府网站上公布。

此函。

黑山县人民政府办公室

2023年12月13日

（资料来源：黑山县人民政府官网，2023-12-13.）

例文二

关于推荐××同志为共青团钢城街道委员会书记人选的函

共青团柳北区委员会：

根据工作需要，经钢城街道党工委研究决定，拟推荐××同志为共青团钢城街道工作委员会书记。

妥否，请复函。

中共柳州市柳北区钢城街道工作委员会

2024年3月7日

（资料来源：广西柳州柳北区人民政府官网，2024-03-20.）

例文评析

第一篇是一份复函，主体部分就来函的有关事项做了明确答复。该函有的放矢、针对性强，全文格式规范、用语得体、表述准确清晰。

第二篇例文是一篇询问函。该函直陈其事，询问事项清晰，行文简练准确，文字语气合乎推荐机关身份。

牛刀小试

一、选择题

1. 下列不属于函的特点的一项是（　　　）。
   A. 平等性　　　B. 多样性　　　C. 指导性　　　D. 单一性
2. 下列不属于函的常用结语的是（　　　）。
   A. 特此函告　　B. 望函复　　　C. 盼复　　　　D. 请查收

二、判断题

1. 函的核心要素是行文双方可以平等地沟通。（　　　）
2. 函的写法灵活，内容上一份函件可以写几件事情。（　　　）

三、实务实练

1. 请根据下面的材料，拟写一份函。

   A公司去年曾想重点培训一批企业秘书人员，最后因力量不足未能办成。今年听到B大学将于近期举办一期秘书培训班，系统地培训秘书人员的消息，A公司打算派10名秘书人员去B大学随班学习，让该校代培。如果该校同意，A公司将感激不尽。代培所需费用由A公司如数拨付。

2. 请根据下面的函，拟写一份复函。

   ××市人民政府办公室关于前往××市考察学习的函

   ××市人民政府办公室：

   我市副市长张××带队于×月×日至×日，前往贵市考察学习城市规划、建设、管理和公交管理体制的先进经验。×日晚餐后从××到××。建议日程安排：×日上午参观学习，下午座谈城市规划、建设、管理和公交管理体制的先进经验。

请予接洽为谢！

此函。

附件：考察学习人员名单

××市人民政府办公室

20××年3月19日

（印章）

激发全民族文化创新创造活力，增强实现中华民族伟大复兴的精神力量

第四章 业务技能文书

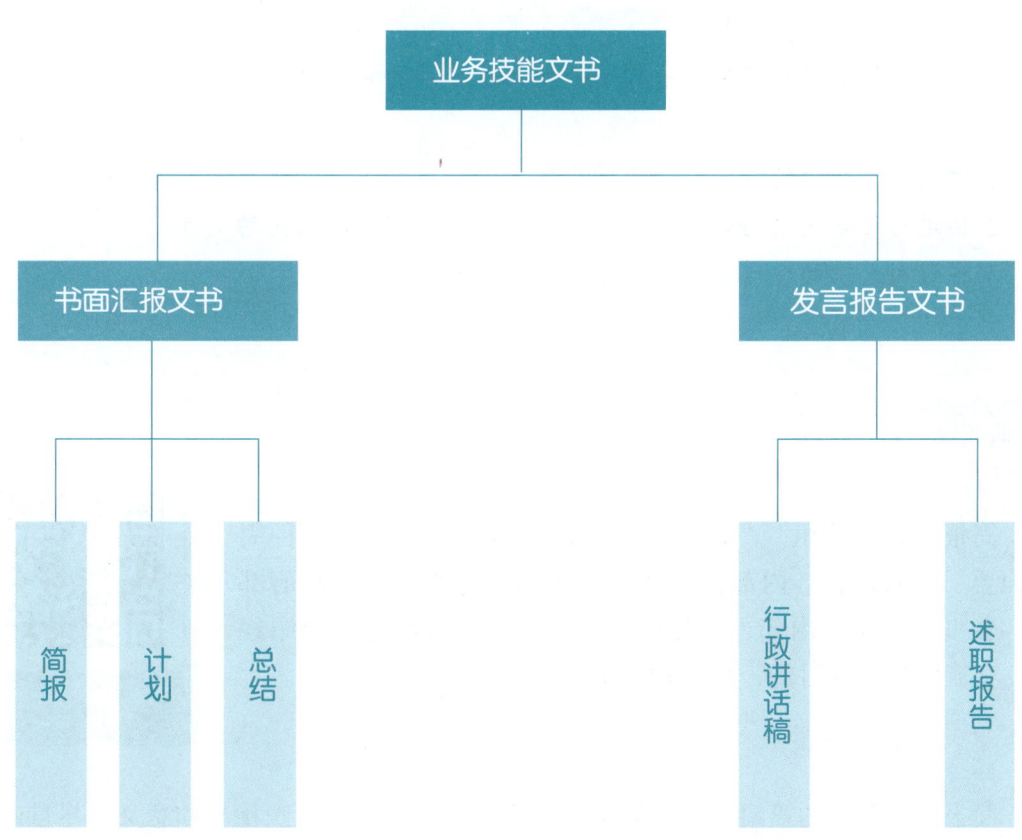

第一节 书面汇报文书

学习目标

- **知识目标**
1. 理解简报、计划、总结等书面汇报文书的概念。
2. 了解简报、计划、总结等书面汇报文书的特点和分类。
3. 掌握简报、计划、总结等书面汇报文书的写作格式和写作要求。

- **能力目标**
1. 能够写出要素齐全且格式规范的简报、计划和总结。
2. 能够梳理出内容翔实、条理清晰的简报、计划和总结。

- **素质目标**
1. 通过学习简报的特点，树立学生国家安全观意识，做维护国家安全的参与者。
2. 通过对计划例文的点评讲解，引导学生感受国家对人民的关注。
3. 通过对总结的学习，培养学生实事求是的精神。

一 简报

（一）简报的概念

简报也称"简讯""动态""要情""参考"等，是一种简明扼要、时效性强、内部传阅的书面报告。它通常用于政府部门、企事业单位等内部，以传达工作动态、反映问题、介绍经验、交流信息等为目的，是一种内部文件。

微课：
简报与快报

（二）简报的特点

1. 简明性

简报应以简短的篇幅和少量的文字来概括主要内容，反映精髓和意义。尽量避免冗长复杂的叙述，使读者能够快速了解关键信息。同时，应该采用清晰的结构，如标题、小标题、列表等，使读者可以迅速找到所需的信息。

2. 时效性

简报可以及时地把工作中出现的新情况、新问题、新典型、新动向，报告给上级机关和相关业务部门，使领导和工作人员了解工作进展、掌握工作情况，为处理问题提供依据。因此，简报要撰写成文快、编制印发快。

3. 内部性

简报的内部性是指简报只在机关、单位内部传阅，不公开发行。这一特点确保了简报所包含的信息只能被特定的人员或组织获取，从而保证了机密性和敏感性。由于简报通常涉及工作中出现的新情况、新问题、新典型、新动向等，因此，需要在特定范围内分享以帮助领导和工作人员了解工作进展、掌握工作情况，并为处理问题提供依据。

什么样的简报是好的简报？

清代画家郑板桥给自己的书斋题了一副楹联："删繁就简三秋树，领异标新二月花"。这是他的绘画观，就是用最简练的笔墨表现最新颖的内容。简练得像深秋的树，没有繁花密叶，只有粗枝主干；新颖得像二月的花，发百花所未发，领异标新。写文章也一样，但不同类型的文章有所区别。做学问，写研究文章，要有新意，像二月花，言人所未言，见人所未见，这样才有价值；编写简报，是归纳总结别人的意见、观点，需要删繁就简，言简意赅，像三秋树，这样才简洁明了。好的简报，应当重点突出，逻辑清楚，语言简练。如何写好简报呢？一是要抓主要问题，二是要掌握方法，三是要推敲文字。

（资料来源：童卫东. 删繁就简三秋树——谈谈如何写简报. 中国人大. 2013（18），有改动）

（三）简报的种类

1. 按时间分类

（1）定期简报。定期简报通常按照固定的时间周期编写，如每周、每月、每季度等。定期简报主要用于汇报常规工作进展、总结经验教训以及提供对未来工作的建议。

（2）不定期简报。不定期简报通常是针对某个特定事件或问题而编写的。例如，当工作中出现紧急情况、重大问题或需向上级汇报某个专项工作时，会编写临时简报。临时简报要求迅速、准确地传达相关信息，以便相关部门和领导及时做出决策。

2. 按性质分类

（1）专题简报。专题简报主要针对某一特定主题或问题进行深入研究和分析。它集中关注一个或几个密切相关的议题，提供详细、全面的信息。专题简报有助于加深领导和工作人员对特定问题的理解，为其提供有针对性的决策依据。

（2）综合简报。综合简报涵盖多个领域或方面的工作，它将不同领域的信息、数据和情况整合在一起，以全面反映组织的整体工作状况。综合简报有助于领导和工作人员了解各项工作的进展情况，帮助他们从全局角度把握工作重点，协调各部门之间的关系，提高整体工作效率。

3. 按内容分类

（1）工作简报。工作简报主要涉及组织或企业内部的具体工作事务，包括工作总结、工作计划、工作进展、问题分析等。这类简报旨在帮助领导和工作人员了解工作情况，以便更好地安排和调整工作策略。

（2）生产简报。生产简报主要关注组织或企业生产过程中的相关情况，如生产进度、产品质量、成本控制等。这类简报有助于管理者了解生产环节的实际情况，从而优化生产流程，提高生产效率。

（3）学习简报。学习简报主要涉及组织或企业内部的学习活动和成果，包括培训课程、学习经验分享、学习成果汇报等。这类简报有助于营造学习氛围，提高员工素质，推动组织或企业的知识积累和发展。

（4）会议简报。会议简报主要用于记录和总结会议内容，包括会议议程、讨论要点、决议事项等。这类简报有助于参会人员了解会议内容，确保会议精神的有效传达和执行。

简报的种类如图 4-1 所示。

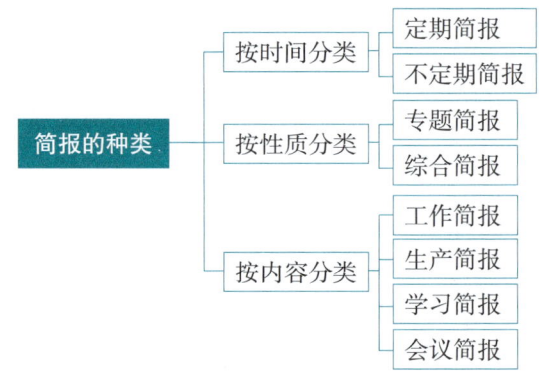

图 4-1　简报的种类

（四）简报的写作格式

一份完整的简报由报头、报核、报尾三部分组成，每部分之间需用分割线隔开。

1. 报头

报头位于首页上方，约占三分之一的篇幅，报头的内容包括以下几个方面：

（1）简报名称。例如，"集团简报""工作简报""科研动态""宣传思想工作参考"，一般用套红大号字体居中排印。

（2）期数。例如，"第 12 期"，有的还注明总期数，例如"第 10 期（总第 22 期）"。期数排列在简报名称正下方。

（3）编印单位。编印单位一般为制发简报单位的办公部门或会议的秘书处、秘书组，要求用全称或者规范化简称，印于分割线左上方位置。

（4）编印日期。编印日期印于分割线右上方，要求年月日齐全。例如"2022 年 4 月 16 日"。

除以上四要素，根据简报内容、保密要求，还可以有密级（或使用范围要求）、编号两个要素。密级：一般标在报头的左上角。根据简报内容所涉及机密的程度，可注明"绝密""机密""秘密"或"内部参考""内部刊物"等字样。如果有传阅范围限制，可以在密级程度下面注上"供××级以上领导参阅"等字样。编号：根据印发份数依次编号，每份一号，以便登记、保存、核查利用。编号一般位于报头的右上角，与密级排列在同一行。

2. 报核

（1）按语。按语是代简报编制机关立言，是对文稿及其使用做出的说明、评价，例如，说明材料来源、转引目的、转发范围，表明对简报内容的倾向性意见及表示对所提问题引起讨论研究的希望等。

按语的位置在报头下、标题前。它视需要而使用，并非每篇必有。一般在转引体、总结体及重要的报道体、汇编体简报文章前才配有按语。

按语可分为三种类型：一是题解性按语，它类似于前言，主要对文稿产生过程、作者情况、主体内容做简要介绍；二是提示性按语，它是为了使读者抓住中心，对较大的公文材料，摘其要点，进行提纲挈领的介绍；三是批示性按语，它往往引用领导人原话或上级机关指示，结合简报内容对实际工作提出批示性意见。

（2）标题。简报的标题和新闻的标题相似，有单行标题、双行标题、多行标题。简报无论采用哪种标题形式，都应该尽可能地概括出正文的主旨，让人见题知意。

①单行标题。动态性较强的内容多采用单行式标题，用一句话概括正文的主要内容，简短明快地交代事实、揭示中心。

②双行标题。正标题揭示正文的内容或意义，副标题起补充说明作用，强化正标题的含义。总结体简报多使用这种标题。

③多行标题。引题交代背景或揭示意义，正题概括正文的内容，副题对正标题进行补充或说明。

（3）目录。简报文稿通常是一期一篇，根据需要，也可以是一期为一组性质接近的文章。如果是一组文章，则须在报头下设计"目录"一栏，将各篇文章标题先印于此，然后依次刊出每篇文章。

（4）正文。正文是简报的主体部分，其结构可根据具体情况采用不同的形式：

①小标题式：将简报的主要内容分成小块，分别用小标题注明，一目了然，会议简报多用此法。

②新闻报道式：以新闻报道的形式，将有关情况综合叙述。

③因果式：条分缕析介绍事件，深入剖析因果关系，经验介绍类简报多用此法。

3. 报尾

在简报末页下三分之一处用分割线与文稿部分隔开，分割线下与之平行的另一横线间内标注本期简报的"报""送""发"单位名称，右侧注明本期印数。

> **写作之窗**
>
> **如何写好简报**
>
> 编写简报，应把握好简报的特点，遵循简报的格式。在写作过程中，做到胸怀全局、"眼睛向下"多调研，反应迅速、实事求是抓焦点，锤炼文字、简明凝练不散漫。
>
> （资料来源：王维新．简报写作方法谈．重庆科技学院学报．2009.02.）

（五）简报的写作要求

1. 找准核心问题

简报应紧扣主题，确保读者一目了然。为避免内容散乱，务必在开篇明确阐述核心问题，确保信息传递的精准性。

2. 材料真实准确

简报中所有数据和事实必须经过严格核实，确保信息的真实性和可靠性。任何虚假信息都可能产生误导，损害简报的价值。

3. 行文简明扼要

简报应言简意赅，避免冗长和复杂的句子，采用简洁明了的语言，突出关键信息，提高阅读效率。

4. 内容充实有条理

简报内容应充实完整，包含所有必要的信息点。同时，要注重内容的逻辑性和条理性，使读者能够有效理解和把握要点。

例文简析

"五型"政府建设工作简报第 9 期（总第 96 期）

编者按：今年是我市"工作提质年"。市政府各部门持续深入贯彻落实全市政府系统争先创优"四个一"工作要求，紧紧围绕市委、市政府重大决策部署，精心谋划，创新举措，全面发力，强力推动重点工作提质增效。全市多项工作取得突破，营商环境持续改善，民生实事落地见效。一季度，市政府办、市发改委、市公安局、市司法局、市人社局等 20 个单位报送的"提质增效每季一件事"被市政府评价为优秀。为鼓励先进，鞭策落后，大力营造比学赶超的良好氛围，根据市政府主要领导的指示，现刊发部分典型经验做法供各地各部门学习借鉴。

多点开花谋创新　精准精细强服务

——市退役军人事务局大力推进"军人退役一件事"集成办理

为解决军人退役时办理相关手续多环节、多处跑、多次跑等问题，真心真情帮助刚退役的军人积极融入新的工作和生活，市退役军人事务局大力推进"军人退役一件事"集成办理，深入推动事项办理"一网、一门、一次"改革。对2023春季自主就业退伍军人，开展线下军人退役"一件事一次办"试运行工作，成效明显，退役军人反响很好。

……

科技赋能 精准执法 我市为环境执法配上"千里眼"

近年来，市生态环境部门不断优化环境执法方式，强化非现场监管，大力实施环保用电监控项目，对全市151家涉气企业，1 456个产污、治污设施实现用电情况24小时监控，切实提高了环境执法针对性、科学性、时效性，最大限度减少环境污染事故的发生，有效提高了环境质量。荣获全国2022数字政府"管理创新类"成果与实践典型案例奖。

……

我市推行人防政务服务"码上办" 企业群众办事更省心

为不断拓展深化"互联网+人防政务服务"，市人防办紧紧围绕推进政务服务标准化、规范化、便利化，聚焦企业群众"急难愁盼"问题，推行人防政务服务"码上办"，打通服务"最后一公里"，让数据多跑路、群众少跑腿，使企业群众办事更加便捷、更加高效、更加满意。

……

（资料来源：抚州市人民政府官网，2023-05-08，有省略）

例文评析

这是一篇专题简报。简报集中报道了"五型"政府建设工作开展情况。报道内容精准清晰，从多个方面反映出主题工作成绩情况。

牛刀小试

一、选择题

1. 下列不属于简报特点的是（　　　　）。
  A. 时效性　　　B. 简明性　　　C. 公开性　　　D. 专业性

2. 下列要素不属于简报报头的是（　　　　）。
  A. 标题　　　　B. 期数　　　　C. 编印机关　　D. 密级

二、判断题

1. 简报也称"快讯""动态""内部参考"。（　　　）
2. 简报是企事业单位、社会团体经常使用的一种文体。（　　　）

三、实务实练

请根据下列新闻素材写一篇简报。

时间：2024年4月1日—6日

地点：××工业职业技术学院

比赛：第一届应用文写作素养大赛

人员：××学院有2组团队通过激烈竞争进入了校级决赛，分别为领航队和开拓队，由指导老师王××带队参加决赛。

结果：领航队获一等奖，开拓队获二等奖。

其他材料：2024年，全校共有25支团队参加初赛，经过评审，最后共有8支团队进入最终决赛。初赛由各二级学院主办，决赛由公共课教学部和校团委主办。

二　计划

（一）计划的概念

计划是行政机关、企事业单位、社会团体或个人为将要进行的工作提出预想的目标，并制定出实现这个目标的具体步骤、方法和措施的事务性文书。它是管理的一项基本职能，是组织、领导、控制和创新等其他管理职能的基础。

微课：
井井有条的计划

有关计划的名言警句

1. 凡事预则立，不预则废。
2. 凡谋之道，周密为宝。
3. 计划往往夭折于实施之前，这或者是由于期望太高，或者是由于投入太少。

（二）计划的特点

1. 预想性

计划要先于预进行的实践活动而制订，必须对未来工作中发生的问题和遇到的困难做出充分的估计，然后结合自身实际，提出解决措施和方案。

2. 可行性

可行性是指所列计划要能解决实际问题，要具有现实可操作性。计划的步骤、措施还要便于检查、督促、对照和落实。

3. 指导性

计划对未来工作的方向具有指导和控制作用。所以，计划一旦成文，工作的开展、时间的安排等，都应按计划严格执行。

（三）计划的种类

（1）按计划的内容分，有学习计划、工作计划、科研计划、生产计划等。

（2）按计划的范围分，有国家计划、单位计划、部门计划、团体计划、个人计划等。

（3）按计划的时间分，有远期计划、年度计划、季度计划、月计划、周计划等。

（4）按计划的性质分，有综合性计划、专题计划等。

（5）按计划的表现形式分，有文件式计划、条文式计划、表格式计划。

（四）计划的写作格式

计划一般由标题、正文、落款三部分组成。

1. 标题

完整的计划标题包括制订计划的单位名称、计划期限、内容范围和文种名称四个要素。计划标题的写作，有时也可以省略一些要素，例如，"运动会安全方案""2023—2024学年计划"。

2. 正文

正文包括前言、主体和结尾三部分。

（1）前言。前言主要是为了点明制订计划的政策依据、指导思想、目的及对基本情况的说明分析，前言文字应言简意赅。

（2）主体。主体部分要具备三项基本内容，即目标、措施、步骤。

①目标：目标应指出总体目标，写出任务数量和质量指标。必要时还需将各项指标进行定性、定量分解，以求总目标的具体化、明确化。

②措施：措施需切实可行，具体说明采用的手段和实现的途径。

③步骤：针对具体情况应事先规划好操作的步骤、各项工作的完成时限和责任人。

（3）结尾。结尾写明执行计划时的注意事项、需说明的问题，或提出要求、希望和号召等。

3. 落款

落款包括署名和日期，一般写在正文结尾处右下方。另外，对外行文的计划，需要加盖公章。

例文简析

岳阳县司法局 2024 年工作计划

2023 年，在县委县政府的坚强领导下，县司法局坚持以习近平新时代中国特色社会主义思想为指导，深入学习贯彻党的二十大精神，充分发挥"一个统筹、四大职能"作用，各项工作取得进展。2024 年工作计划如下：

一、推进依法治县进程

一是稳步推进"法治建设三步走"。第一步：2023 年创建湖南省法治政府示范县。……第二步：计划在 2025 年成功申报湖南省第三批法治政府建设示范项目。……第三步：计划争取于 2026 年拿到国家级法治政府示范县。二是落实行政执法"三项制度"。……三是提升行政应诉与行政复议能力。……

二、推进规范化建设

一是推进司法所规范化建设。……二是推进律师事务所规范化建设。……

三、构建安全防线

一是深化"群英断是非"工作法。……二是强化特殊群体管理。……三是加强对社区矫正人员的管控。……四是推进扫黑除恶工作的常态化开展。……

四、提升法律服务水平

一是提升公职律师工作覆盖率。……二是进一步落实"谁执法谁普法"工作责任制。……三是着力开展"法律援助为民办实事工程"，降低援助门槛，简化审批程序，推动实现对符合法定条件且材料齐备的法律援助事项"一件事一次办"。……

岳阳县司法局

××年××月××日

（资料来源：岳阳县人民政府官网，有省略）

例文评析

例文结构清晰，将年度计划工作的要点分为四个主要部分，计划要点具有针对性和操作性，语言简洁明了，使得读者能够清晰理解计划的内容。

牛刀小试

一、选择题

1. 下列不属于计划特点的是（　　　　）。
   A. 指导性　　　B. 典型性　　　C. 可行性　　　D. 预想性
2. 计划由标题、正文、（　　　　）组成。
   A. 时间　　　　B. 落款　　　　C. 依据　　　　D. 按语

二、判断题

1. 计划正文的前言部分要说清楚"做什么"这个问题。（　　　）
2. 规划、纲要、安排、方案、设想、要点、打算都属于计划。（　　　）

三、实务实练

根据个人学习和生活的实际情况，拟定一份新学期学习计划。

三 总结

（一）总结的概念

总结是对某一主题或多个方面的信息进行归纳、概括和提炼的过程，以达到对某个领域或问题的整体认识，指导今后实践而写成的应用文书。在行文中，总结通常是对一系列事实、观点、方法或步骤进行简洁明了的概述，以帮助人们更高效地获取和处理信息，提高学习和工作效率。

微课：
鞭辟入里的总结

（二）总结的特点

1. 回顾性

总结要回顾活动或工作的全过程，对其中的经验教训进行总结，为开展下一阶段的工作做出铺垫。

2. 说理性

总结的表述不但要有材料、观点，还要求有内在的逻辑联系，更要揭示出理性认识。

3. 简明性

总结通常只做概括叙述、简要说明和直接议论，不必具体描写、旁征博引、多方论证。

创新课堂：
总结

4. 自我性

总结多以本系统、本单位、本部门或者自身工作为材料，采用的是第一人称写法，其中的成绩、做法、经验、教训等，都具有自指性的特征。

（三）总结的种类

（1）按照性质划分，有工作总结、生产总结、会议总结等。

（2）按照范围划分，有地区总结、部门总结、单位总结、个人总结等。

（3）按照时间划分，有年度总结、半年总结、季度总结、月总结、阶段总结等。

（四）总结的写作方法

总结一般由标题、正文和落款三个部分组成。

1. 标题

一般来说，总结的标题分为文件式标题、文章式标题两种。

（1）文件式标题一般由单位名称、时限、内容、文种名称构成。

（2）文章式标题分为单行式标题和双行式标题。

①单行式标题。单行式标题以单行标题概括主要内容或基本观点，不出现总结字样，但对总结内容有提示作用。

②双行式标题。双行式标题以文章式标题和文件式标题为正副标题，正标题揭示观点或概括内容，副标题点明单位、时限、性质和总结种类。

2. 正文

总结的正文由前言、主体、结尾三部分组成。

（1）前言。前言交代总结的缘由，或对总结的内容、范围、目的做限定，或对所做的工作或过程做扼要的概述、评估。

（2）主体。主体陈述经验体会，可用小标题分别阐明成绩与问题、做法与体会。

（3）结尾。结尾根据已经取得的成绩和新形势、新任务的要求，提出今后的设想和打算，为下一次制订计划提供依据。

3. 落款

落款一般包括单位或个人名称和日期。如果标题中已有单位名称，文末可以不再署名。落款一般写在正文右下方，如果是报纸、杂志或简报刊登的交流经验的专题总结，一般在标题下方居中署名。

（五）总结的写作要求

1. 突出重点

总结的核心在于提炼和强调关键点，要确保总结内容能够清晰反映工作或项目的核心成果和关键经验，要避免冗长和出现无关紧要的细节。

2. 实事求是

总结必须基于真实发生的事件和数据，要避免夸大其词或隐瞒问题。总结应客观描述实际情况，确保总结的准确性和可信度。

3. 理性分析

总结不仅是对过去的回顾，更是对未来的规划和指导。在总结中要进行深入分析和反思，找出成功的原因和存在的问题，并提出切实可行的改进措施和未来发展方向。

写作中"凤头猪肚豹尾"的由来

"凤头猪肚豹尾"出自元代陶宗仪《南村辍耕录》：作乐府亦有法，曰凤头、猪肚、豹尾六字是也。

译文：作乐府也有它的专门方法，那就是文章的起头要奇句夺目，引人入胜，如同凤头一样俊美精采。文章的主体要言之有物，紧凑而有气势，如同猪肚一样充实丰满；文章的结尾要转出别意，宕开警策，如同豹尾一样雄劲潇洒。

（资料来源：冯文涛."凤头""猪肚""豹尾"是怎样炼成的.秘书之友，2019.07，有改动）

例文简析

例文一

大学生活总结

大学生活，是我人生中一段充实、美好而又充满挑战的时光。三年的光阴，仿佛转瞬即逝，却又留下了无数深刻的印记。在这篇总结中，我将回顾我的大学生活，分享我的成长与收获。

一、学术之路：严谨与探索

在大学，学术始终是我的主旋律。我深知，大学是知识的殿堂，是提升自我、磨炼品格的重要场所。因此，我始终保持对学习的热情，努力拓展知识面，不断提高自己的专业素养。

大学期间，我参加了各类学术讲座和研讨会，与老师们深入交流，汲取他们的智慧。同时，我也积极参与科研项目，通过实践锻炼自己的科研能力。在这个过程中，我不仅学到了专业知识，更学会了如何独立思考、如何解决问题。

二、社交之旅：友谊与成长

大学是一个充满机遇和挑战的地方，也是一个结识志同道合的朋友的好时机。在大学里，我结交了许多优秀的同学和朋友，我们一起学习、一起成长，共同度过了许多难忘的时光。

我们互相鼓励、互相帮助，在彼此的陪伴下，我们共同面对困难、战胜挑战。这些友谊不仅让我在学业上取得了进步，更让我在人生道路上更加坚定和自信。

三、实践之路：挑战与收获

大学不仅是学习知识的场所，更是锻炼能力的舞台。我积极参加各类实践活动，如志愿服务、社团活动、实习等，通过实践锻炼自己的组织协调能力和团队协作能力。

在志愿服务中，我深刻体会到了帮助他人的快乐和意义；在社团活动中，我学会了如何组织活动、如何与人沟通；在实习中，我了解了职场的规则和文化，积累了宝贵的工作经验。这些实践经历让我更加成熟、自信，也让我更加明确了自己的人生方向。

四、自我提升：思考与成长

大学生活是一个不断自我提升的过程。在这三年里，我不断地反思自己，努力改正自己的不足，提升自己的综合素质。

我注重培养自己的独立思考能力，通过阅读、思考、交流等方式，不断拓展自己的视野和思维深度。同时，我也关注自己的心理健康，积极参与各类心理辅导和拓展训练，提升自己的心理素质。

五、未来展望：奋斗与追求

回顾大学时光，我感慨良多。感谢大学给我提供的学术资源和平台，让我能够不断地学习、成长；感谢老师和同学们的陪伴与支持，让我在人生道路上不再孤单。

未来，我将继续努力，追求更高的目标。我将继续深入学习专业知识，不断提升自己的专业素养和综合能力；同时，我也将积极投身社会实践，为社会的发展和进步贡献自己的力量。

我相信，在未来的日子里，我会以更加饱满的热情、更加坚定的信念，迎接每一个挑战和机遇，创造更加美好的未来。

×××
××××年××月××日

例文二

永靖镇2022年开放型经济工作总结

2022年以来，在县委、县政府正确领导下，在县商务局精心指导下，我镇紧紧围绕开放型经济发展目标，认真谋划，全力攻坚，全镇开放型经济工作取得了一定成果。现将我镇2022年开放型经济工作情况总结如下：

一、开放型经济指标完成情况

（一）实际利用外资（FDI口径）：年度目标任务12万美元，截至12月，累计完成0万美元。

（二）外贸进出口总额增速（%）：年度目标任务25万美元，截至12月，累计完成0万美元。

（三）新引进到位资金：2022年完成新产业项目到位资金2.15亿元，其中工业项目到位资金1.7亿元，引进优强企业3家。

二、主要工作措施

（一）强化市场主体培育。积极引进或培育外贸企业，并做好相关服务工作，为企业发展壮大提供优质服务，2022年我镇净增培育市场经营主体281个，涉及外资外贸企业 0 家。

（二）强化走访服务。结合惠企纾困政策宣传、"贵人服务"等工作，由镇经济发展办、党务政务服务中心、应急管理办公室组成联合工作小组，开展企业大走访，主动上门、主动服务，切实帮助企业解决困难。2022 年我镇包保分解企业 762 家，走访 2000 余次，排查非正常经营企业 520 家，正常经营 242 家。通过走访，对有想发展外贸业务的企业积极做好相关服务工作，力争让企业顺利发展好外贸业务。2022 年度辖区企业办理对外贸易经营者备案登记企业 1 家（贵州优农益康农业种植有限公司），目前该企业暂未开展出口业务。

（三）强化招商引资。为确保招商引资各项工作高效推进，我镇成立了由镇长任组长，分管经济的领导任副组长，各部门负责人任成员的永靖镇招商引资工作领导小组，主要领导带队外出招商考察，各部门各司其职，全力帮助引进来的企业落地见效。

（四）强化沟通对接。积极主动与县行业主管部门沟通协调，争取获得县行业主管部门的支持和帮助。

三、存在的问题

目前，我镇暂无涉及外资外贸的经营企业，完成外资外贸指标存在一定难度，虽然 2022 年新增 1 家企业办理了对外贸易经营者备案登记，但该企业为农业企业，主要产品为菊花深加工产品，对支撑我镇外资外贸指标作用不够凸显。

四、2023 年工作打算

（一）进一步强化引进外资外贸企业。以镇村庄规划为载体，合理调整辖区项目用地，集中规划一定区域用于引进外资外贸企业。

（二）进一步强化本土企业走访服务。针对办理了对外贸易经营者备案登记的企业，强化走访帮扶，积极帮助企业做大做强规模，如贵州优农益康农业种植有限公司意向出口商品为菊花产品，而贵州跃镓农业发展有限公司和县农投公司均开展有菊花种植业务，下一步，我镇将积极联系三家企业，整合资源，优化菊花产品，积极帮助解决产品出口面临的一系列问题。

（资料来源：息烽县人民政府官网，2022-12-16.）

例文评析

第一篇例文是大学生活总结，格式规范、结构清晰、内容充实。作者按照不同的主题将大学生活划分为多个方面，分别进行了详细的叙述和总结，使得整篇文章条理分明，易于阅读。文章不仅回顾了过去的经历，还对未来进行了展望，表达了作者对未来的信心和期待。

第二篇例文开篇简要介绍了背景，使读者能够快速了解基本情况。在阐述开放型经济指标完成情况时，列举了具体数据，使得报告更具说服力。同时，将目标任务和实际完成情况进行对比，突出了工作成果。主要工作措施部分，分别从强化市场主体培育、强化走访服务、强化招商引资和强化沟通对接四个方面进行了详细阐述，内容充实，具有针对性。在分析存在的问题时，指出了该镇目前面临的困境。最后，提出了2023年工作打算，明确了下一步目标，具有一定的前瞻性和可操作性。

牛刀小试

一、多项选择题

1. 总结的特点有（　　　　）。
A. 说理性　　　B. 回顾性　　　C. 自我性　　　D. 简明性

2. 总结的写作要求有（　　　　）。
A. 突出重点　　B. 实事求是　　C. 理性分析　　D. 强化理论

二、判断题

1. 在总结的撰写中，如果标题中已有单位名称，文末可以不再署名。（　　　）

2. 总结只是对过去的回顾，不具备对未来的规划和指导。（　　　）

三、实务实练

请结合实际，写一份上学期的学习生活总结，主要包括政治思想表现、学习基本情况、校园生活、课外活动等方面。

第二节 发言报告文书

学习目标

- **知识目标**
1. 理解行政讲话稿、述职报告的概念。
2. 了解行政讲话稿、述职报告的特点和分类。
3. 掌握行政讲话稿、述职报告的写作格式和写作要求。

- **能力目标**
1. 能够写出要素齐全且格式规范的行政讲话稿和述职报告。
2. 掌握发言技巧，能够在公共场合简明扼要、主题鲜明地做汇报或讲话。

- **素质目标**
1. 通过行政讲话稿例文的学习，培养学生的宏观分析和思辨能力。
2. 通过述职报告例文的点评讲解，树立学生的自信心，培养学生客观、理性的思维方式。

一 行政讲话稿

（一）行政讲话稿的概念

行政讲话稿是指在特定场合，由单位或组织的行政领导或行政管理人员发表的针对行政工作、管理制度、政策法规等方面的讲话文本。行政讲话稿旨在传达政策精神、总结工作经验、部署工作任务、解决问题、鼓舞士气，以推动单位或组织的各项工作顺利开展。

文海百科

气势磅礴的讲话稿——《牧誓》

牧野大战前夕，周武王为了声讨商纣、鼓舞士气、申明军纪而进行誓师，誓师辞即《牧誓》。这篇誓师辞历数商纣王的残暴罪行，极大地激发了军队的士气，又对具体作战行动做出部署，是一篇条理清晰、气势磅礴的讲话稿，展现了周武王卓越的领导才能，对今天的发言稿写作具有多方面的借鉴作用。

（资料来源：王浩.《牧誓》为牧野之战临战振旅仪式誓辞说.西北师大学报.2023.05，有改动）

（二）行政讲话稿的特点

会议讲话稿通常具有以下五方面特点：

1. 官方性

行政讲话稿通常由单位或组织的正式领导或管理人员发表，具有官方权威性。

2. 目标导向

行政讲话稿着重强调工作目标和任务，旨在推动单位或组织的各项工作顺利进行。

3. 实用性

行政讲话稿关注实际工作中的问题和解决方案，具有较强的实用性。

4. 沟通性

行政讲话稿可以有效地传达政策精神、解决问题，增强团队凝聚力。

5. 规范性

行政讲话稿在语言表达、格式结构等方面都有一定的规范要求，以体现正式性和权威性。

（三）行政讲话稿的分类

行政讲话稿根据主题可划分为以下五类：

1. 政策解读类讲话

针对新的政策法规、方针进行解读和宣讲，使听众理解并贯彻执行，如"新政解读"等。

2. 工作总结类讲话

对过去一段时间内的工作进行总结，分析得失，提炼经验教训。工作总结类讲话必须突出工作总结的重点，如时间范围、项目收尾、团队协作、绩效评估等，有助于听众更好地了解总结内容。

3. 工作部署类讲话

工作部署类讲话反映了对未来一段时间的工作进行规划和部署，明确任务目标和工作要求，突出行动和目标，如"制定""推进""优化"等。

4. 问题解决类讲话

针对工作中出现的具体问题，提出解决方案和应对措施。此类讲话必须突出问题及解决策略的关键词，如"解决问题""工作策略"等。

5. 鼓励激励类讲话

通过表彰先进，激发员工积极性和创造力，提高工作效率。这类讲话稿要有表彰、鼓励类标志词语，如"激发""共创""高效"等。

（四）行政讲话稿的写作格式

行政讲话稿一般由标题、称谓、正文三部分构成。

1. 标题

行政讲话稿的标题要求简洁明了、具有吸引力，同时要与讲话内容紧密相关。在撰写标题时，可以根据实际情况灵活运用各种技巧，力求达到最佳效果，如

"2024年度工作计划与部署""加强内部管理，提高工作效率""打造高效团队，共创美好未来""优化服务流程，提升客户满意度""如何提高我们的工作效率？""怎样才能打造一支高效的团队？"等。

2. 称谓

根据与会人员的情况和会议性质确定适当的称呼，例如"同志们""各位专家学者"等，要求庄重、严肃、得体。

3. 正文

正文包括开头、主体和结尾三部分。

（1）开头。开头部分主要阐述讲话的背景、目的和意义，可以简要介绍基本情况，或者引用相关政策、理论、名言等，为正文部分做铺垫。

（2）主体。正文的主体部分是讲话的核心内容，根据内容和发表讲话的目的，重点阐述讲话精神、分析形势、明确任务、提出工作意见、分享工作经验。尤其是应根据讲话类型和目的，有条理地阐述观点、论述问题、提出建议等。在结构上，可以采用并列、递进、因果等逻辑关系组织内容，使讲话稿结构严谨、层次清晰。

（3）结尾。结尾部分对讲话内容进行总结，提出希望、要求或号召，使讲话达到高潮，给听众留下深刻印象。结尾可以适当运用排比、反问等修辞手法，增强语言感染力。

> **写作之窗**
>
> **领导讲话稿中常用的古诗词举例**
>
> 在讲话稿中使用古诗词或先贤的名言，不但可使文章增色，还可以提高文章的说服力和感染力，给听众留下深刻印象。以下是领导讲话稿中常用的古诗词举例。
>
> 1. 不畏浮云遮望眼，自缘身在最高层。——王安石《登飞来峰》
> 2. 咬定青山不放松，立根原在破岩中。千磨万击还坚劲，任尔东西南北风。——郑燮《竹石》
> 3. 不积跬步，无以至千里；不积小流，无以成江海。——荀子《劝学》
> 4. 苟利国家生死以，岂因祸福避趋之！——林则徐《赴戍登程口占示家人·其二》

（五）行政讲话稿的写作要求

1. 确保内容准确

行政讲话稿应准确传达政策精神和工作要求，在撰写行政讲话稿之前，务必深入了解相关政策的背景、目的、要求等，确保对政策精神有全面、准确的理解。

2. 结构清晰

行政讲话稿应结构清晰、层次分明，写作时应将讲话内容分为若干部分，每部分集中讨论一个主题，使得讲话内容结构清晰、条理分明。

3. 语言简洁明了

行政讲话稿应使用简洁明了的语言，避免使用生僻词汇和复杂句式，可以适当运用比喻和类比等修辞手法，可以使抽象的概念变得直观易懂。

4. 注重实际效果

行政讲话稿应着眼于解决实际问题，提出具体的解决方案和应对措施，引导听众积极解决问题，提高工作效率，达到预期目标。

5. 具有针对性

行政讲话稿应根据具体场合和对象，有针对性地进行撰写，以提高讲话的实际效果。

例文简析

在县委十四届四次全会上的讲话

同志们：

刚才，××书记代表县委常委会作了工作报告，系统部署下半年重点任务，我们要认真学习领会、抓好贯彻落实。下面，我就做好下半年全县经济工作讲两点意见。

一、认真分析、科学研判，坚定推动县域经济高质量发展、跨越式增长的信心决心

今年以来，面对经济下行、国际市场低迷等不利因素，在市委、市政府和县委的坚强领导下，我们举全县之力狠抓经济工作，推动县域经济平稳健康发展。上半年，全县地区生产总值预计完成49.5亿元……县域经济总体呈现"一产稳、二产降、三产强"的态势。招商引资成效明显，新签约招商引资项目59个……项目建设全面提速，59个重点项目已开工48个，开工率为81.6%，完成投资19.2亿元，固定资产投资增速排名全市前列。"百千万工程"扎实推进……生态环境持续巩固……民生福祉不断增进……2022年深化医药卫生体制改革考核成绩排名全市第一。

看到成绩的同时，我们也要看到经济运行中存在的突出问题。一是经济增长不如预期……二是工业经济收窄难度大……三是固定资产投资增长后劲不强……

尽管当前县域经济面临不少困难，但我们要清醒认识到，县域经济仍然保持稳定向好趋势。农业方面……工业方面……投资方面……

同志们，困难与希望同在、挑战与机遇并存。只要我们正视问题、找准差距，持续振奋干事创业的精气神，以"不能说不行、要说怎么办"的扎实作风狠抓落实，就一定可以完成全年目标任务。

二、锚定目标、加压奋进，全力以赴做好全年经济工作

全县各级各部门要认真学习贯彻省委"1310"工作部署及市委十三届五次全会精神，落实好此次县委全会部署要求，目标不变、干劲不松，坚决完成县委、县政府年初制定的全年增长目标。

一要抓招商促落地。

二要抓工业补短板。

三要抓农业稳大盘。

四要抓项目增后劲。

五要抓镇域夯基础。

六要抓财税强保障。

七要抓生态增底色。

八要抓营商环境优服务。

九要抓统计提质量。

十要抓民生增福祉。

同志们，征途漫漫、惟有奋斗！让我们不折不扣地贯彻落实县委各项决策部署要求，真抓实干、勇毅前行，坚决完成全年经济发展目标，奋力谱写始兴高质量发展、跨越式增长新篇章！

（资料来源：始兴县人民政府官网，2023-12-04，有省略）

例文评析

这篇讲话稿主题明确、重点突出，紧紧围绕推动县域经济高质量发展、跨越式增长这一主题，明确了下半年的重点工作任务，为下一步工作指明了方向。此讲话稿还以问题为导向，提出了具体的解决措施，体现了问题导向的工作思路。此讲话稿语言简练、表达清晰，既具有较高的理论水平，又具有较强的实践指导性。

牛刀小试

一、填空题

1. 行政讲话稿的特点是（　　　　）、（　　　　）、（　　　　）、（　　　　）、（　　　　）。

2. 行政讲话稿一般由（　　　　）、（　　　　）、（　　　　）构成。

二、判断题

1. 讲话稿要根据与会人员的情况和会议性质确定适当的称呼。（　　　　）

2. 行政讲话稿应着眼于解决实际问题，但不用提出具体的解决方案和应对措施。（　　　　）

三、实务实练

请撰写一篇纪念革命先烈的讲话稿，在"七一"建党节到来之际面向全班同学发表讲话。要求回顾革命历史，总结革命先辈精神，立足当下、展望未来。

二 述职报告

(一) 述职报告的概念

微课：
职场必备的述职报告

述职报告是各级机关、企事业单位、社会团体的领导干部和管理人员向组织人事部门、上级主管机关和本单位员工陈述自己在任期内履行岗位职责情况的书面报告。述职报告是一种重要的工作汇报形式，有助于提高工作效率、增强责任心、促进个人成长和团队协作。在撰写述职报告时，要注意实事求是、客观公正地反映工作情况，既要充分展示自己的工作成果，也要勇于剖析问题，提出改进措施，以期不断提高工作质量和自身素质。

古代的述职

国家通过述职报告考察官员在西周时期就有了。《礼记·王制》中有"诸侯之于天子也，比年一小聘，三年一大聘，五年一朝。""朝"是指诸侯要朝觐述职。《墨子·告子》中有"一不朝，则贬其爵；再不朝，则削其地；三不朝，则六师移之。"

(二) 述职报告的特点

1. 自我总结性

述职报告主要是针对个人在一定时期内的工作进行自我总结和反思，回顾工作过程，总结经验教训，分析存在问题，并提出改进措施。

2. 客观真实性

述职报告要求实事求是、客观真实地反映工作实际情况，既不夸大成绩，也不掩饰问题，要以事实为依据，对工作进行客观评价。

3. 系统全面性

述职报告需要对个人在一定时期内的全部工作进行系统、全面的梳理，包括工作任务完成情况、工作方法与效果、个人能力与素质提升等方面，力求全面、准确地反映工作全貌。

4. 针对实用性

述职报告不仅要对过去的工作进行总结，还要针对存在的问题提出具体的改进措施和建议，具有一定的针对性和实用性，有助于提高未来工作的质量和效率。

5. 沟通交流性

述职报告是一种重要的工作汇报形式，通过述职报告，可以加强上下级之间的沟通和交流，上级领导了解下属的工作情况，以便给予指导和帮助，同时也有助于同事之间相互学习和经验借鉴。

6. 激励约束性

述职报告作为一种工作评估和考核的依据，对于激励员工努力工作、提高工作效率、增强责任心等方面具有重要作用。通过述职报告，可以对员工的工作表现进行评价和激励，对于表现优秀的员工给予表彰和奖励，对于存在问题的员工进行批评和督促整改。

（三）述职报告的分类

述职报告可按时间周期和报告内容分类。

1. 按照时间周期划分

按照时间周期划分，述职报告可以分为年度述职报告、半年度述职报告、季度述职报告等。

2. 按照报告内容划分

按照报告内容划分，述职报告可以分为工作总结述职报告、问题分析述职报告、经验交流述职报告等，根据报告的主要内容和目的进行分类总结。

（四）述职报告的写作格式

述职报告由标题、称谓、正文和落款四部分构成。

1. 标题

（1）单行标题。单行标题格式为"述职人/时间＋文种"，例如，"2024年度述职报告"。

（2）双行标题。双行标题即正副双标题形式。正标题概括述职主旨，副标题由述职场合或年度加文种。例如，"继往开来，与时俱进，全力以赴向国家级示范性高中冲刺——在××中学第二届教职工代表大会第四次扩大会议上的述职报告"。

2. 称谓

称谓要根据会议性质及听众对象而定，例如，"各位领导、代表""各位董事"等。

3. 正文

述职报告正文一般分为以下四部分：

（1）基本情况。用平直、简练的语言概述履行职责的基本情况，一般包括任职的时间、地点、部门名称、岗位职责，并对工作情况做出概括性评价。

（2）成绩经验。写述职报告时应认真总结限定时期的工作特点，抓精华、找典型。文中要有清晰的事实和翔实的数据，材料要真实可信，数据要准确可靠。

（3）问题和教训。要在述职报告中体现发现的问题、分析的原因，并提出解决方法。

（4）今后计划。在解决问题的基础上提出未来工作的计划，包括目标、措施和要求。

4. 落款

在述职报告的结尾，需要对自己的报告进行总结，并表达感谢和期待。落款通常包括报告人的姓名、所在部门和报告时间等信息。

(五) 述职报告的写作要求

1. 实事求是

在撰写述职报告时,要以客观事实为依据,真实反映自己的工作情况,不夸大成绩,不掩饰问题。

2. 突出重点

在述职报告中,要突出自己的工作成果和亮点,着重阐述对自己工作产生积极影响的事件。对于工作中遇到的问题和困难,要进行深入的分析,找出原因,提出改进措施,以便今后更好地开展工作。

3. 结构清晰

述职报告的结构要层次分明、逻辑严谨,使读者能够快速了解报告的主要内容和重点。

4. 语言简练

述职报告的语言要简洁明了,避免使用冗长复杂的句子和生僻词汇,使读者能够轻松地理解报告内容。

例文简析

例文一

××公司车间班组长述职报告

尊敬的领导:

回首过去的一年,在领导的关怀和同事的帮助下,我以"想干事、会干事、干成事"为目标,认真履行职责,圆满完成各项任务。为了今后更好地完成生产任务、总结经验、提高工作方法和效率,克服不足,现对今年的工作述职如下:

一、班组的建设与管理得到加强

充分利用车间班前班后会,认真传达公司做大做强的精神,使车间员工真正领会到公司的发展要求、前景和目标,形成以厂为家的思想。加强了自身专业知识的学习,车间班组长的职责直接影响车间的工作质量,所以了解产品的工艺要求,认真学习产品标准,使我能够真正地发挥技术骨干和模范带头作用。

二、狠抓安全管理不放松

加强了对班组安全的检查力度,完善了岗位职责制,发现问题及时通报并限期整改,使安全隐患大大降低,确保了今年的安全生产。充分利用周六生产例会时间,认真分析一周来的安全生产情形,将车间发生的安全事故认真分析、总结,吸取经验,杜绝类似事故发生。

三、生产、技术管理得到加强

质量技术科为班组配备了专职质检员，加强了对产品的检查力度，对产品的工艺各项参数进行控制，避免不合格的产品流出车间，减少了客户的质量投诉。

四、存在问题和不足

（一）安全管理力度不够。安全培训、检查不到位。有好多时候，我们的工作强度比较大，工人的体力消耗比较大，因此在生产安全检查过程中，发现安全隐患没有及时指出或者没有按照安全管理制度进行处罚，现在想来是完全不对的，在安全事故没有发生以前，就应当责令当面改正，只有这样，才能彻底消灭安全隐患。我在今后的工作中，要避免出现因为人情面子而没有指出和处理安全隐患的现象。

（二）交接班不协调。私自修改加工程序，对设备进行超负荷运行，磨损刀杆，给下一班的正常生产造成难度。管理不到位，有"跑冒漏"现象，成本考核制度不健全，落实职责不到位。应加大管理力度，建立成本考核制度，量化考核。

（三）定置管理仍没有完全到位。到目前为止，我们还没有真正地对所有的物品进行定置管理，只是临时决定一些物品的摆放位置。同时，由于工人的懒散性和素质等因素，完成作业后有时不能做到"人走场地清"，乱放的现象仍然存在。这一点我们应当建立定置管理图，按照标准进行摆放。

五、今后的工作方向

继续坚持"安全第一，预防为主"的方针，严格按照安全操作规程进行管理。全面落实安全生产职责制，重点抓好班组管理，发现问题立即处理当事人。对查出的安全隐患，当作事故对待，按照事故"三不放过"的原则进行处理。小事当作大事抓，把事故消灭在萌芽之中。做好节能降耗工作，降低生产成本。会同车间制定班组交接班制度，加大检查力度，提高产量，确保产品质量。加大低值耗、辅材的考核力度，对低值易耗品，如切削液、机械油、刀片等进行计量，降低产品消耗。加强自身学习，并认真注重岗位培训。

在新的一年里，我将积极配合公司搞好各项活动，全面完成公司交给的各项任务，为公司带出一支能打硬仗、吃苦耐劳的员工队伍。

述职人：×××

××××年××月××日

例文二

学生会主席述职报告

尊敬的各位老师、亲爱的同学们：

大家好！我是学生会主席×××，非常荣幸能够在此向大家汇报学生会一年来的工作情况。过去的一年，在学院党委的正确领导下，在各位老师的悉心指导和同学们的热情支持下，学生会紧紧围绕学院中心工作，秉承"服务同学，锻炼自我"的宗旨，积极开展各项工作，取得了显著成效。

一、强化内部管理，优化工作机制

为使学生会成为一个运行有序、管理高效的机构，我们加强了内部建设，完善了各项规章制度。通过定期召开例会、组织培训等方式，提高了学生干部的综合素质和工作能力。同时，我们还注重与其他学生组织的交流合作，共同推进学院的文化建设。

二、举办丰富多彩的活动，营造良好校园文化氛围

过去一年中，学生会成功举办了多项大型活动，如迎新晚会、校园歌手大赛、运动会等，这些活动不仅丰富了同学们的课余生活，也锻炼了同学们的团队协作能力和组织能力。此外，我们还积极参与了学院的志愿服务活动，如义务植树、敬老院慰问等，以实际行动践行社会责任。

三、加强对外交流，扩大影响力

为拓宽同学们的视野，我们积极与校外组织进行交流合作，组织同学们参加了各类讲座、展览等活动。同时，我们还加强了与兄弟院校学生会的联系，共同举办了多项交流活动，提高了学院的知名度。

四、存在的问题与不足

在取得成绩的同时，我们也清醒地认识到工作中存在的不足。首先，部分同学参与学生会的积极性不高，影响了工作的顺利开展；其次，我们在活动策划和执行过程中还存在一些疏漏和不足，需要进一步提高工作效率和质量。

五、未来工作计划与展望

针对以上问题，我们将采取以下措施加以改进：一是加强宣传引导，提高同学们对学生会工作的认识和参与度；二是加强干部培训，提高工作能力和水平；三是加强与其他组织的交流合作，共同推动学院的发展。

展望未来，我们将继续秉承"服务同学，锻炼自我"的宗旨，以更加饱满的热情、更加务实的作风，为学生会的发展和学院的建设贡献自己的力量。

谢谢大家！

述职人：×××

××××年××月××日

例文评析

第一篇述职报告内容扎实、言之有物。文章结构清晰，在总体评述工作成绩后，提出存在问题和今后努力的方向。成绩部分的叙述重点突出、详略得当。问题部分有事实陈述、原因剖析、解决办法，避免了许多述职报告在这一部分容易出现的空泛问题。

第二篇述职报告格式规范、结构清晰、内容翔实。作者有条理地梳理了过去的工作成果和亮点，同时也客观分析了存在的问题和不足。在内容方面，报告注重事实描述，展现了工作的实效性和科学性。此外，作者还提出了切实可行的改进措施和未来发展规划，体现了前瞻性和创新性。整篇报告语言简练明了、逻辑严密、可读性强，是一篇优秀的述职报告。

牛刀小试

一、填空题

1. 述职报告的特点是（　　　）、（　　　）、（　　　）、（　　　）、（　　　）、（　　　）。

2. 述职报告一般由（　　　）、（　　　）、（　　　）、（　　　）构成。

二、判断题

1. 在撰写述职报告时，要以客观事实为依据，真实反映自己的工作情况，不夸大成绩，不掩饰问题。（　　　）

2. 述职报告对前一阶段的工作展开评述，不必说明今后的努力方向。（　　　）

三、实务实练

张明同学是学校星火文学社的负责人，在过去的一年里，他结合社团自身特点和校团委工作要求，积极组织社团活动。请代张明撰写一份年度述职报告。

> 文化自信是一个国家、一个民族发展中最基本、最深沉、最持久的力量

第五章　商务活动文书

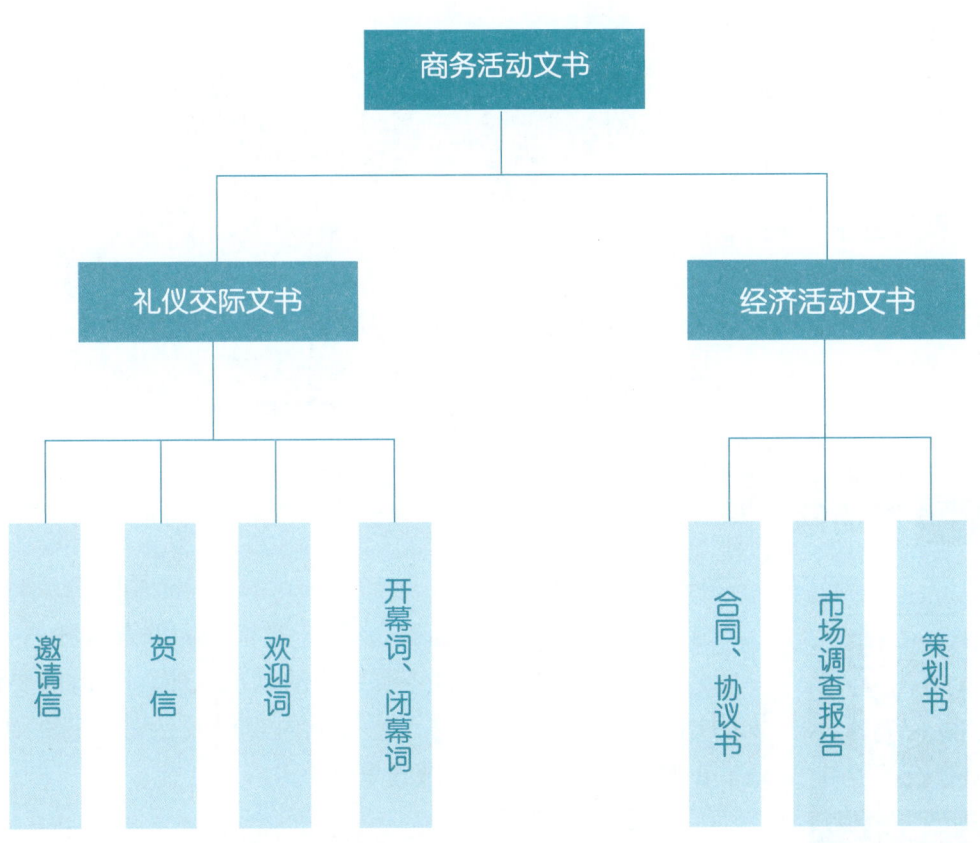

第一节 礼仪交际文书

学习目标

● **知识目标**
1. 理解邀请信、贺信、欢迎词、开幕词、闭幕词等商务活动文书的概念。
2. 理解邀请信、贺信、欢迎词、开幕词、闭幕词等商务活动文书的特点和分类。
3. 掌握邀请信、贺信、欢迎词、开幕词、闭幕词等商务活动文书的写作格式，并明确其写作要求。

● **能力目标**
1. 能够写出格式完整、规范的邀请信、贺信、欢迎词、开幕词、闭幕词。
2. 能够准确把握邀请信、贺信、欢迎词、开幕词、闭幕词的语言特点。
3. 能够根据实际情境选择相应的礼仪文书，并完成文书的具体写作。

● **素质目标**
1. 通过学习邀请信写作，培养学生注重细节的做事态度。
2. 通过分析表现欢迎之情的诗词名句，鼓励学生弘扬中华优秀传统文化。
3. 通过学习闭幕词，培养学生善于反思、总结的精神。

一 邀请信

微课：
诚恳邀约的邀请信

（一）邀请信的概念

邀请信，又称为邀请函，是用于邀请亲朋好友或知名人士、专家等参加单位或个人的某项重要活动的文书。邀请信要详尽说明邀请原因，活动目的、意义、内容以及活动安排的细节，还要向被邀请者交代需要做的事情。

（二）邀请信的特点

1. 邀请性

邀请信除了要遵守一般书信的礼貌用语外，更要注重礼节，选词用语要充分体现恭敬，与邀请活动相适应。

2. 事务性

邀请活动是事务性极强的社交活动。邀请信要对活动的内容、时间、地点等因素进行详细的说明，以便邀请对象决定是否参加。

（三）邀请信的种类

邀请信按照不同的标准可划分为不同类型。

（1）按照邀请信的发出者来划分，可分为团体邀请信和个人邀请信两大类。

（2）按照邀请信的用途来划分，可分为会议类邀请信、活动类邀请信、工作类邀请信等。

（四）邀请信的写作格式

邀请信一般由标题、称谓、正文、落款四部分组成。

1. 标题

邀请信的标题有以下两种写法：

（1）单独由文种组成，即"邀请信"。

（2）由"会议名称或事由 + 文种"组成，例如，"二〇二三年中国国际人才交流暨项目洽谈会邀请信"。

2. 称谓

称谓需另起一行，顶格书写被邀请对象的姓名或单位名称。单位名称须用全称，个人姓名后加职务、职称或"先生""女士"等相应称谓。

3. 正文

正文交代邀请原因和活动目的、意义、内容、具体时间、地点，介绍活动安排的细节，并提出邀请。文末写"敬请光临""恭候光临"等礼貌用语。如果有其他要求也要注明，例如"请准备发言""请准备节目"等，供被邀请者事先考虑和准备。

4. 落款

正文下另起一行，靠右签署发出邀请的单位名称或个人姓名，下一行标明发文时间。若单位名称在标题中已出现，落款处可省去。单位邀请一般还要加盖公章。

邀请信的写作格式如图 5-1 所示。

图 5-1　邀请信的写作格式

（五）邀请信的写作要求

1. 诚恳有礼，热情洋溢

邀请信的文字应充满热情，满怀诚意与敬意，让收信人感到亲切，从而愉快地接受邀请。

2. 简洁明确，一目了然

邀请信对事项的说明要简洁、明确、清晰，不能使用模糊语句，特别是活动的时间、地点等关键要素必须交代准确，以免误事。

写作之窗

邀请信与请柬的区别

1. 用途不同：邀请信一般是为某项具体工作而发出，如学术研讨会、科技成果鉴定会等，而请柬一般是为礼仪性、娱乐性活动而发出，如庆典、晚会等。

2. 篇幅不同：邀请信的篇幅一般较长，要对事宜的目的、意义、内容、程序等做详尽的介绍和说明，撰写时需注重细节，并将其交代清楚，以免误事。而请柬内容单一、篇幅短小，用两三句话写清活动的内容即可，不要求被邀请者回复，也不必加盖公章。

3. 语言风格不同：邀请信的文字要求直白明确，从而确保高效、无误地传递相关信息。而请柬的文字则相对考究，要求庄重、典雅，给人带来一定的审美体验。

（资料来源：孟庆荣. 邀请函和请柬的差异辨析. 应用写作，2011年第5期，有改动）

例文简析

例文一

《红楼梦》第三十七回：秋爽斋偶结海棠社 蘅芜苑夜拟菊花题（节选）

二兄文几：前夕新霁，月色如洗，因惜清景难逢，讵忍就卧，时漏已三转，犹徘徊于桐槛之下，未防风露所欺，致获采薪之患。昨蒙亲劳抚嘱，复又数遣侍儿问切，兼以鲜荔并真卿墨迹见赐，何痌瘝惠爱之深哉！今因伏几凭床处默之时，因思及历来古人中处名攻利敌之场，犹置一些山滴水之区，远招近揖，投辖攀辕，务结二三同志盘桓于其中，或竖词坛，或开吟社，虽一时之偶兴，遂成千古之佳谈。娣虽不才，窃同叨栖处于泉石之间，而兼慕薛林之技。风庭月榭，惜未宴集诗人；帘杏溪桃，或可醉飞吟盏。孰谓莲社之雄才，独许须眉；直以东山之雅会，让馀脂粉。若蒙棹雪而来，娣则扫花以待。此谨奉。

（资料来源：《红楼梦》第三十七回）

例文二

邀请信

尊敬的×××教授：

　　您好！我是××大学××学院的×××，非常荣幸地代表我们学校邀请您来我校进行一场学术讲座。您的学术成就和深厚造诣，深受我校广大师生敬仰和钦佩。我们相信，您的到来将会为我们学校带来一场精彩的学术盛宴，激发师生们的学术热情和创新思维。

　　我们学校一直注重学术交流与合作，致力于提高教育教学质量和科研水平。我们深知，邀请像您这样的学术名人来校授课，对于推动学校学术发展、提升师生学术素养，具有非常重要的意义。因此，我们诚挚地邀请您能够抽出宝贵的时间，来到我们学校，与师生们分享您的学术成果和经验。

　　我们计划于××××年××月××日，在学校××报告厅举办此次讲座。在讲座中，您可以从自己的研究领域出发，结合国内外前沿动态和热点问题，分享您的研究成果和心得体会。同时，我们也非常欢迎您就学科交叉、学术创新等方面的问题，与师生们进行深入交流和探讨。

　　为了保障讲座的顺利进行，我们已经做好了充分的准备。我们将提供优质的场地和设施，确保讲座的顺利进行。同时，我们也将组织师生们提前做好准备，积极参与讲座，与您进行深入的交流和互动。

　　我们相信，您的到来将会给我们学校带来深远的影响。您的学术思想和研究成果，将会激发师生们的创新精神和探索欲望，推动学校学术水平的不断提高。同时，您的讲座也将会为学校师生提供一个难得的学习和交流机会，促进学术界的交流与合作。

　　在此，我们再次诚挚地邀请您能够亲临我校，与我们共同分享学术的喜悦和成果。如果您能够接受我们的邀请，请您在方便的时候回复本邮件或与我们联系，我们将竭诚为您提供更多的信息和协助。

　　最后，我们衷心祝愿您工作顺利，身体健康，期待在不久的将来与您相见。

　　此致
敬礼！

××大学××学院
×××
××××年××月××日

例文评析

第一篇例文节选自《红楼梦》第三十七回，是探春写给宝玉的一封邀请信，邀宝玉前来共结诗社。从结构层面来看，这封邀请信可分为三个层次：简述生病原因、感谢宝玉挂念，表达兄妹情深；回想古人、环顾今朝，提出组建诗社的想法；简短收尾，发出邀请。从内容层面来看，这封邀请信旁征博引，典故众多，夹议夹叙，逻辑清晰，辞藻优美，文风简洁，更重要的是字里行间情真意切，结尾处的邀请"若蒙棹雪而来，娣则扫花以待"，文字简洁而感情真挚。

第二篇邀请信格式规范、行文流畅，既体现了对受邀人的尊重，又充分表达了邀请者的真诚意愿。在格式方面，信件开头使用了恰当的称谓，结尾也礼貌地表达了期待回复的意愿，整体结构清晰，符合书信的基本规范。在内容方面，邀请信详细说明了活动的时间、地点、主题及参与人员，让受邀人能够充分了解活动情况。同时，邀请者还通过亲切的语言和热情的邀请，让受邀人感受到温暖和诚意。整篇邀请信简洁明了、情感真挚，是一篇优秀的邀请信。

牛刀小试

一、填空题

1. 邀请信的特点是（　　　　）、（　　　　）。
2. 邀请信一般由（　　　　）、（　　　　）、（　　　　）、（　　　　）四部分组成。

二、判断题

1. 邀请信要详尽说明邀请原因，活动目的、意义、内容以及活动安排等细节，还要向被邀请者交代需要做的事情。（　　　　）
2. 邀请信的文字重在给收信人带来审美体验，细节表述是否清晰无关紧要。（　　　　）

三、实务实练

星火文学社将与汉服社联合举办古典诗词朗诵活动，地点在图书馆负一层大厅，时间是本周五下午4：30。请写一封邀请信，邀请社团指导教师参加活动。

二 贺信

（一）贺信的概念

贺信是党政机关、企事业单位、社会团体或个人向取得重大成就或有喜庆之事的相关单位或个人表示祝贺时所使用的一种专用书信。贺信是从古代祝词演变而来的，今天贺信已成为表彰、赞扬、庆贺对方在某方面所做贡献的一种常用形式，兼有慰问和赞扬功能。

微课：贺信

（二）贺信的特点

1. 表示祝贺

贺信以表达祝贺为主，兼有激励、赞扬、表彰、希望等作用。

2. 感情热烈

贺信的字里行间要充满喜庆、热烈的气氛和真挚的感情，给人以鼓舞和激励。

（三）贺信的写作格式

贺信一般由标题、称谓、正文和落款四部分构成。

1. 标题

标题常见的写法有以下五种：

（1）单独由文种组成，即"贺信"或"祝贺信"。

（2）由"发文单位＋文种"组成，如"××协会贺信"。

（3）由"发文单位＋收文者＋文种"组成，如"××公司致××学校的贺信"。

（4）只写祝贺事由，如"祝贺陕西省第六次学代会胜利召开"。

（5）采用主、副标题形式，如"直挂云帆济沧海——致××公司的贺信"。

2. 称谓

称谓应在标题下另起一行，顶格书写受贺单位名称或个人姓名。写给个人的贺信，可在姓名前加修饰语，如"尊敬的""亲爱的"等；在姓名后加上相应的礼仪称呼，如"同志""先生"等，称呼之后要加冒号。

3. 正文

正文由开头、主体和结尾三部分构成。

（1）开头。开头简要交代背景和有关情况，并表示祝贺，如"值此×××之际，谨代表×××向×××表示热烈祝贺"。

（2）主体。主体是贺信的中心，一般简述对方取得的成就，并予以适当的评价。但根据受文对象的不同，主体的内容与语言风格要有所不同。

祝贺对方取得的工作成绩，主体部分一般要充分肯定和热情颂扬对方所取得的成绩，述评取得成绩的原因及意义，表示向对方学习，或提出希望；祝贺会议召开，主体部分要侧重说明会议召开的重要意义和深远影响；祝贺某人升任新职务，主体部分要侧重于祝愿对方在任期内取得新的成就，并祝愿双方的友谊进一步加强；

寿辰贺信，主体部分要以精练的语言叙述对方的品德或贡献，并向对方送出寿诞祝贺。

总之，主体部分是一封贺信的中心，要做到内容充实、条理清晰。

（3）结尾。结尾以热情洋溢的语言表示美好祝愿，如"祝取得更辉煌的成绩""祝大会圆满成功""祝您健康长寿"等。

4. 落款

落款在正文下另起一行，靠右写发文单位名称或个人姓名，再下一行靠右署上成文日期。

贺信的写作格式如图 5-2 所示。

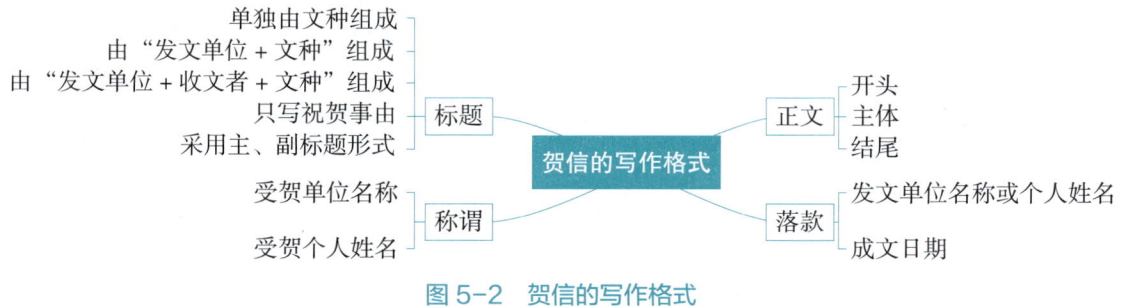

图 5-2　贺信的写作格式

（四）贺信的写作要求

1. 祝福真诚

贺信作为加强联系、增进双方交流的一种重要手段，所表现的感情要热烈真挚、发自内心，给人以温暖和鼓舞的力量。内容言之有情、言之有物。所谓"有情"，即真诚地表示祝贺，用词热情、友好；所谓"有物"，即事先了解祝贺对象，使贺信符合对方的实际情况，而不是空洞客套、虚言应酬。

2. 定位准确

写贺信要注意彼此关系，对双方的关系深浅、往来亲疏，要有清醒的认识，从而做到中心突出、措辞得体、礼貌周到。

3. 评价恰当

贺信的内容要实事求是，评价成绩、颂扬和祝贺要恰如其分，表示决心要切实可行，不可言过其实、空喊口号。

4. 语言精练

贺信的篇幅要精短，语言要简练生动、流畅得体，长而空的贺信往往是不受欢迎的。此外，写作贺信可恰当地使用对偶、比喻等修辞手法，使文句显得优美文雅。

写作之窗

"贺信"与"贺电"

以函件形式送达的贺词叫贺信，借助电报发出的贺词叫贺电。贺电是一种表示庆贺的公关礼仪电报，除了以电报的形式直接发给对方，贺电还可以通过登报或广播发布。与贺信相比，贺电的篇幅一般更加短小，因为电报是按字数计收费用的，所以电文越精练越好。贺电的结构由收报人住址和姓名、收报地点、电报内容、附项四部分构成。拍发贺电，要用电信局印制的礼仪电报纸按栏、按格填写。

（资料来源：陈同友. 写作训练中不可或缺的一环——中考应用文修改与写作类试题解题指导. 试题与研究（中考），2013年22期，有改动）

例文简析

例文一

新年贺信

亲爱的同学们：

当时间的车轮缓缓驶入新的一年，我们满怀激动与期待，以学校团委的名义，向全校每一位同学致以最诚挚的新年祝福！此刻，寒风虽带着冬日的凛冽，但我们的心却因这份相聚的温暖而炽热。

在过去的一年里，我们的校园见证了无数次的日出日落，也记录了你们成长的点点滴滴。从晨曦初照时分的琅琅读书声，到夜幕降临后的灯火阑珊处，你们用勤奋和汗水浇灌着知识的花朵，用智慧和勇气探索着未知的领域。在学术的殿堂里，你们或深入钻研，或激烈讨论，每一次思维的碰撞都闪耀着智慧的光芒；在竞技的赛场上，你们或奋力奔跑，或勇敢拼搏，每一次挑战自我都铸就了坚忍的品格。更有那些默默无闻的志愿者，用爱心和行动传递着温暖与希望，让校园充满了正能量。

这一年，我们共同经历了许多难忘的瞬间。从校庆活动的盛大举办，到文化节的精彩纷呈；从科技创新的累累硕果，到体育竞赛的辉煌战绩……每一个瞬间都凝聚着你们的努力与付出，每一份成就都闪耀着你们的光芒。校团委为你们的成长感到骄傲，更为你们的成就感到自豪！

展望未来，我们的梦想璀璨而辉煌。新的一年，是充满希望与挑战的新征程。我们深知，前方的道路不会一帆风顺，但我们也坚信，只要我们心怀梦想、脚踏实地、勇往直前，就一定能够创造更加辉煌的明天。校团委将继续秉持"服务同学、引领成长"的宗旨，为大家提供更多展示自我、锻炼能力的平台。我们将加强与各学生组织的沟通与合作，共同推动校园文化的繁荣与发展；我们将关注每一位同学的成长需求，努力为大家提供更加贴心、全面的服务与支持。

在新的一年里，我们期待看到更多的同学在学术上取得突破性的进展，在科技创新上展现出非凡的才华；我们期待看到更多的同学积极参与社会实践和志愿服务活动，用实际行动践行社会主义核心价值观；我们更期待看到每一位同学都能在成长的道路上找到属于自己的方向和目标，并为之不懈奋斗。

此刻，我们更应珍惜与感恩。感恩老师的谆谆教诲和无私奉献，是他们用知识的钥匙为我们打开了通往未来世界的大门；感恩家长的辛勤养育和默默支持，是他们用无私的爱为我们构筑了温暖的港湾；感恩同学们的相互陪伴与鼓励，是他们让我们的青春之旅充满了欢笑与温暖。让我们在新的一年里继续怀揣感恩之心，珍惜身边的一切美好事物和人际关系。

最后，衷心祝愿每一位同学在新的一年里，学业有成，成绩斐然，不断攀登知识的高峰；在追梦的路上，勇往直前，无畏风雨，拥抱属于自己的辉煌！

校团委
××××年××月××日

例文二

贺信

亲爱的母校：

　　值此您七秩华诞之际，我怀着无比激动和感慨的心情，向您致以最热烈的祝贺和最深切的敬意。七十载风雨兼程，您孕育了无数英才，铸就了辉煌的历史，成为我们心中永恒的骄傲。

　　回首往昔，您的创立和发展，都充满了艰辛与奋斗。从最初的简陋校舍，到如今的现代化校园；从寥寥无几的师生，到如今的桃李满天下。每一步成长，都凝聚着无数师生的汗水与智慧。您以坚定的信念和不懈的努力，书写了一部波澜壮阔的史诗。

　　在您的怀抱中，我们度过了人生中最美好的时光。您不仅传授给我们知识，更教会我们做人的道理。您的严谨学风、求实精神，深深烙印在我们的心中，成为我们前进的动力。我们在这里结识了志同道合的朋友，收获了难以忘怀的友谊。在这里，我们放飞梦想，追逐未来。

　　母校的发展，离不开历代师生的共同努力。是您的辛勤耕耘，才有了今天的累累硕果。您培养出了一批又一批杰出人才，他们在各自的领域里取得了卓越的成就，为社会进步和人类文明做出了巨大贡献。这些成绩，都是您光荣与辉煌的见证。

　　七十载春秋，您始终坚守初心，砥砺前行。您以开放包容的姿态，吸纳着世界各地的优秀文化，不断丰富着自己的内涵。您以创新进取的精神，引领着时代潮流，为社会发展注入了源源不断的活力。您以厚德载物的品质，培育着一代又一代的优秀人才，为国家繁荣和民族振兴贡献着力量。

展望未来，我们对您充满信心。相信在您的引领下，我们一定能够继续书写辉煌篇章，创造更加美好的未来。我们将以您为榜样，秉承您的优良传统，发扬您的精神风貌，为实现中华民族伟大复兴的中国梦贡献自己的力量。

在此，我衷心祝愿母校未来更加繁荣昌盛，教育事业蒸蒸日上，培养出更多优秀人才。愿您永远保持青春活力，与时俱进，不断开创更加辉煌的未来。

同时，我也希望广大校友能够继续关注母校的发展，积极为母校的建设贡献自己的力量。让我们携手共进，共同见证母校的辉煌明天。

再次祝贺母校七十华诞，愿您永远年轻、永远美丽、永远充满活力！

此致

敬礼！

您的学子：×××

××××年××月××日

例文评析

第一篇例文不仅是一份节日的祝福，还是一篇对青春的颂歌。在遵循贺信规范写作格式的基础上，这篇贺信条理清晰地回顾了过去一年的点点滴滴，展望了对未来的美好愿景，并穿插了对老师、家长及同学们的感激之情，结尾处再次送上诚挚的祝福，体现了深切的人文关怀，传递了积极向上的正能量。

第二篇例文格式规范、结构完整，充分体现了对母校七秩华诞的祝贺之情。在格式上，贺信遵循了书信的基本格式，从称呼到落款，都显得庄重而得体。在内容上，贺信深情回顾了母校的辉煌历程，表达了对母校深深的感激与敬意，同时也展望了母校的未来，充满了对母校发展的信心与期待。该贺信语言流畅、情感真挚，充分展示了作者对母校的热爱与敬仰。整篇贺信既体现了对母校历史的尊重，又展现了对母校未来的美好祝愿，是一篇情真意切的佳作。

牛刀小试

一、填空题

1. 贺信以表达祝贺为主，兼有（　　　　）、（　　　　）、（　　　　）、（　　　　）等作用。

2. 贺信的写作要求有（　　　　）、（　　　　）、（　　　　）、（　　　　）。

二、判断题

1. 贺信的内容要真实，对受贺者的赞颂、评价要恰如其分。（　　　　）

2. 贺信可以加强联系、增进交流，因而宜长篇大论。（　　　　）

三、实务实练

王同学学习刻苦努力，担任班长工作细致认真，为班级和同学积极服务，获得了三好学生的荣誉称号，请写一封贺信向他表示祝贺。

三 欢迎词

（一）欢迎词的概念

欢迎词是国家机关、企事业单位、社会团体或个人在举行隆重庆典、大型集会、欢迎仪式或宴会时，主人对来宾的光临表示热烈欢迎而使用的讲话稿。

（二）欢迎词的特点

微课：
欢迎词

1. 欢愉性

欢迎词应表达出一种欢快的心情，语言要富有激情，表现出致辞人的真诚、愉悦，给客人一种"宾至如归"的感觉。

2. 口语性

口语化是欢迎词的必然要求。在遣词用语上力求简洁而又富有情趣。同时，口语化还会拉近主人与来宾之间的距离。

中华传统诗词中的欢迎词

客 至
唐 杜甫

舍南舍北皆春水，但见群鸥日日来。

花径不曾缘客扫，蓬门今始为君开。

盘飧市远无兼味，樽酒家贫只旧醅。

肯与邻翁相对饮，隔篱呼取尽余杯。

颔联上句说长满花草的庭院小路还没有因为迎客而打扫过，下句说一向紧闭的家门今天才第一次为客人打开。欢迎之情溢于言表，足见佳客临门，一向闲适恬淡的主人喜出望外，也足见主客二人情谊之深厚。中华传统诗词中表达欢迎之情的名句不胜枚举，希望同学们广泛阅读，在积累写作素材、提升写作水平的同时，积极弘扬中华优秀传统文化，提升人文素养。

（资料来源：俞平伯等.唐诗鉴赏辞典.上海：上海辞书出版社，2013.）

（三）欢迎词的种类

1. 按照表达方式分类

（1）现场讲演欢迎词。现场讲演欢迎词一般是由欢迎人在被欢迎人到达时于现场口头发表的欢迎词。

（2）报刊发表欢迎词。报刊发表欢迎词是发表在报刊或公开发行刊物上的欢迎稿，它一般在客人到达前后发表。

2. 按照社交公关性质分类

（1）私人交往欢迎词。私人交往欢迎词一般是个人在较大型的宴会、聚会、茶会、舞会、讨论会等非官方的场合下使用的欢迎词，通常要在正式活动开始前发表。私人交往欢迎词往往具有很大的即时性、现场性。

（2）公事往来欢迎词。公事往来欢迎词一般在较庄重的公共事务中使用，要有事先准备好的得体的书面稿，对文字措辞上的要求与私人交往欢迎词相比，通常会更加正式和严格。

（四）欢迎词的写作格式

欢迎词一般由标题、称谓、正文和落款四部分组成。

1. 标题

标题位于首行居中位置。欢迎词的标题一般有以下三种形式：

（1）由致辞人、致辞场合和文种构成，如"×××在学术讨论会上的欢迎词"。

（2）由致辞场合和文种构成，如"在毕业典礼上的欢迎词"。

创新课堂：
欢迎词的表达方式

（3）单独以文种命名，即"欢迎词"。

2. 称谓

称谓应另起一行，顶格书写宾客姓名，可以在称谓前加修饰语，如"尊敬的各位女士、先生""亲爱的××工业职业技术学院同仁"等，也可以在称谓后加职务、头衔等，如"尊敬的校长先生"等。

3. 正文

欢迎词的正文一般由开头、主体和结尾三部分构成。

（1）开头。开头通常对宾客的光临表示欢迎和诚挚的问候，一般写明致辞者在什么情况下代表谁向宾客表示欢迎。

（2）主体。正文主体一般要阐述宾客来访的背景、意义，介绍和赞颂来宾的业绩和品格，回顾宾主双方友好交往、愉快合作已取得的成果，说明面临的任务，表示对完成任务、增进交往、加强合作的信心。

（3）结尾。通常在结尾处再次向来宾表示欢迎，并送出美好的祝愿。

4. 落款

欢迎词的落款要署致辞人姓名或致辞单位的名称，并再另起一行署上成文日期。这部分内容也可在标题下注明。一般在现场致辞时，不必宣读这一部分。

欢迎词的写作格式如图5-3所示。

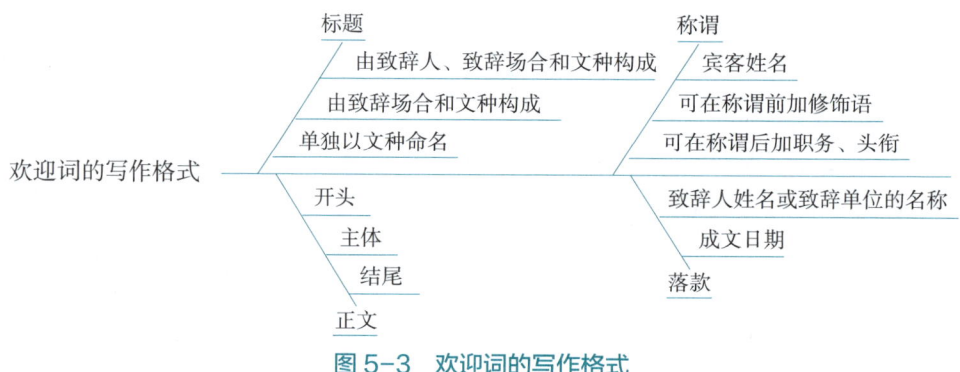

图5-3 欢迎词的写作格式

（五）欢迎词的写作要求

1. 了解对象，有针对性

欢迎词多用于对外交往，所迎接的宾客可能是多方面的，如上级领导检查团、考察团等。宾客来访目的不同，欢迎的情由也不同，因而要有针对性，根据宾客的来访目的表达不同的情谊。

2. 感情真挚，有感染力

欢迎应出于真心实意，语言要亲切、热情、友好、谦和、礼貌，饱含真情。

3. 措辞得体，篇幅简短

措辞要严谨、慎重，把握分寸，要注意尊重对方的风俗习惯，以免发生误会。欢迎词属于礼节性的外交或公关辞令，宜短小精悍，不必长篇大论。

例文简析

例文一

在制造强国主论坛上的欢迎词
（2022年12月24日）

尊敬的各位院士、领导、嘉宾，同志们、朋友们：

大家上午好！

继去年成功举办第六届中国制造强国论坛之后，第七届中国制造强国论坛再次如约而至。这是我们以实际行动贯彻党的二十大和中央经济工作会议精神，建设现代化产业体系，增强产业链供应链稳定性和竞争力的一次盛会。在此，我代表市委、市政府和1 000万保定人民，欢迎国家部委领导、院士专家、知名学者和商界翘楚通过云端和线下方式相聚保定，共襄发展大计，共谋美好未来，向长期以来关心支持保定发展的各位领导、各界朋友表示衷心的感谢！

同志们、朋友们！

制造业是国民经济的主体，是立国之本、兴国之器、强国之基。历史与实践表明，没有强大的制造业，就没有强盛的国家和民族。习近平总书记站在民族复兴和百年变局的制高点，在党的二十大报告中强调，"坚持把发展经济的着力点放在实体经济上""加快建设制造强国""推动制造业高端化、智能化、绿色化发展"。中央经济工作会议指出，"围绕制造业重点产业链，找准关键核心技术和零部件薄弱环节，集中优质资源合力攻关，保证产业体系自主可控和安全可靠"。这为我们工作指明了方向。本届论坛以"补短板·锻长板·固底板"为主题，致力于解决制造业"卡脖子"难题，加快建设现代化产业体系，增强产业链供应链稳定性和竞争力。这将为保定制造业高质量发展提供强劲动力。

保定在"一五"时期就是国家政策重点支持的制造业大市，现在更是京津冀协同发展重大国家战略中充满无限希望的区域性中心城市。制造业质量竞争力指数连续七年在全省排名第一，是国家新型工业化产业示范基地、国家智能建造试点城市、国家国防科技工业军民融合创新示范基地、国家安全应急产业示范基地、国家首批创新驱动发展示范市、国家创新型城市试点市。今年11月份我市"电力及新能源高端装备集群"成功入选国家先进制造业集群，实现了京津冀地区国家级先进制造业集群"零"的突破。

制造业高质量发展是一个系统工程，既要"操其要于上"，加强战略谋划，也要"分其详于下"，把握工作的着力点。一是聚协同、抓创新，牢牢把握京津冀协同发展这个国家战略，抓制造业疏解转移、搭京保协同创新平台，加强区域产业链合作，构建优质高效现代化产业体系。加快建设国家区域医疗中心、国家油气地球物理勘探技术创新中心、新能源装备与技术中心等，推动已建成的模式动物表型与遗传研究国家重大科技设施全面运营。二是固优势、谋战新，牢牢把握制造业强市建设这个战略任务，着力抓好汽车及零部件、电力装备、食品、纺织等优势产业，聚焦新领域、新赛道、新动能，抢抓智能、低碳、健康产业发展趋势，全力推动新能源及智能网联汽车、高端新材料、生物医药、第三代半导体、合成生物、空天信息、氢能等战新产业发展壮大。三是通堵点、深融合，牢牢把握产业数字化这个转型方向，着力打通制造业高质量发展的关键堵点，强化工业基础能力，提升产业链供应链韧性，全力推动数字经济和实体经济深度融合、先进制造业同现代服务业深度融合，"保定制造"正在加快向"保定智造"转变。

  同志们、朋友们！

  行之力则知愈进，知之深则行愈达。世界之变、时代之变、历史之变、产业之变正以前所未有的方式展开，危机与新机共生。我们坚信，经济全球化也许会遇到暂时的曲折，但当今世界和平发展、合作共赢的主流不会改变，世界经济重心东移的大势不会改变，第四次工业革命引领发展的方向不会改变，中国经济对世界经济发展的拉动和影响越来越大的格局不会改变。

  潮起当奋起，风正好扬帆。保定市正迎来创新发展、绿色发展、高质量发展的黄金发展期。市委确定明年工作总抓手是"奋力推动现代化品质生活之城加快高质量发展、实现高效能治理"，推动制造业高端化、智能化、绿色化发展是高质量发展的着力点。擘画未来，我们着力打造"7+5+N"系列中国式现代化保定场景，制造强市、智造保定是重要内容。我们愿与各方有识之士、有志之才一道，合力打造中国式现代化智造保定标志场景，共同谱写制造业高质量发展的崭新篇章。

  最后，祝本届论坛圆满成功！祝各位领导、院士专家、各位来宾身体健康、万事如意！谢谢大家。

×××
××年××月××日

（资料来源：在制造强国主论坛上的欢迎词．保定日报．）

例文二

欢迎词

尊敬的各位专家组成员：

  大家好！在这个阳光明媚的日子里，我们怀着无比喜悦和激动的心情，迎来了各位专家的到来。首先，我代表全校师生，向各位专家表示最热烈的欢迎和最诚挚的感谢！各位专家的到来，不仅是对我们学校工作的极大支持，更是对我们学校发展的一次重要指导。

  我们学校一直以来都致力于提高教育教学质量，推进科研创新，培养优秀人才。

我们深知，在这个过程中，需要不断汲取先进的教育理念和方法，借鉴成功的办学经验。各位专家作为行业内的佼佼者，具有丰富的教育经验和深厚的学术造诣，你们的到来，无疑为我们学校的发展注入了新的活力和动力。

此次各位专家来校考察参观，将对我们学校的教育教学、科研创新、师资建设、学生管理等方面进行全面深入的了解和指导。我们期待着各位专家能够提出宝贵的意见和建议，帮助我们更好地发现问题、解决问题，推动学校各项工作再上新台阶。

在接下来的时间里，我们将全力配合各位专家的工作，提供必要的支持和协助。我们相信，在各位专家的悉心指导下，我们学校一定能够取得更加显著的进步和成就。

同时，我们也希望各位专家在考察的过程中，能够感受到我们学校浓厚的学术氛围和积极向上的精神风貌。我们学校拥有一批优秀的教师和学生，他们在各自的领域里取得了卓越的成就，为学校的发展做出了重要贡献。我们相信，在各位专家的关注和支持下，我们学校一定能够培养出更多优秀人才，为社会进步和发展做出更大的贡献。

最后，再次感谢各位专家的到来和支持！我们相信，在各位专家的指导和帮助下，我们学校一定能够迎来更加美好的明天。

谢谢大家！

×××

××年××月××日

例文评析

第一篇欢迎词的开头部分表达了对通过云端和线下方式相聚保定，参加第七届中国制造强国论坛的各位领导、专家、学者和商界翘楚的热烈欢迎和衷心感谢；主体部分阐述了此次论坛的背景、意义，提出了制造业高质量发展的三大着力点，并说明当前面临的任务和眼下应该抓住的机遇，表示愿与各方有识之士、有志之才共同谱写制造业高质量发展的崭新篇章；结尾部分预祝论坛圆满成功，并向来宾送出美好祝愿。此篇例文结构清晰、格式规范，语言简洁而富有激情，情感把握恰到好处，是一篇实用且具有感染力的公事往来欢迎词。

第二篇欢迎词格式规范、结构清晰，充分展现了热情友好的氛围。在格式方面，欢迎词开头以亲切的称呼引起读者的注意，结尾则表达了诚挚的祝愿，整体布局合理、条理分明。在内容方面，作者用生动的语言表达了对来宾的热烈欢迎和诚挚感谢，同时也简要介绍了相关背景信息，让来宾能够更好地融入其中。整篇欢迎词语言流畅、情感真挚。

牛刀小试

一、填空题

1. 欢迎词的特点是（　　　　）、（　　　　）。
2. 欢迎词一般由（　　　　）、（　　　　）、（　　　　）、（　　　　）组成。

二、选择题

1. 欢迎词的落款包括署名与日期，这部分也可以写在（　　　　）。
A. 称呼后面　　B. 开头　　C. 正文　　D. 标题下方
2. 欢迎词的主体部分要（　　　　）。
A. 表示欢迎和问候　　B. 阐述宾客来访背景
C. 送出美好祝愿　　D. 署上成文日期

三、实务实练

请以学长或学姐的身份，为大一新入学的学弟学妹们写一篇欢迎词。

四　开幕词、闭幕词

（一）开幕词

微课：开幕词

1. 开幕词的概念

开幕词是党政机关、企事业单位和群众团体的领导宣告会议开始、交代会议任务、阐述会议宗旨和介绍会议相关事项的致辞。开幕词是大会正式召开的标志，所提出的会议宗旨是大会的主导思想，所阐明的目的、任务、要求等，对于会议有着重要的指导作用。会议结束之后，与会者向他人传达会议精神时，开幕词也是其重要的依据之一。

2. 开幕词的特点

（1）宣告性。开幕词是会议开始的序曲与标志，开幕词之后，会议的各项议程才陆续展开。因此，开幕词具有宣告会议开始的特性。

（2）引导性。开幕词一般要阐明会议的宗旨、任务、目的、意义等，这对于整个会议的成功召开起着引导的作用。

（3）鼓动性。开幕词带有期望开好会议的良好祝愿，并通过向与会者介绍会议的议程和宗旨，激发与会者的参与意识，调动其开会的积极性。

3. 开幕词的写作格式

开幕词一般包括标题、称谓、正文和结语四部分。

（1）标题。常见的开幕词标题有以下三种形式：

①由"会议全称 + 文种"构成。

②将致开幕词的领导人姓名写进标题。开幕词在报刊发表时，多使用这种标题。

③双行标题。正标题概括会议的宗旨，副标题注明会议名称及文种。

（2）称谓。根据会议性质及与会者身份来确定称谓。各类代表大会开幕词的称谓常用"各位代表""同志们"等，以显得庄重严肃；运动会、交易会、外事会议等则多用"各位来宾、各位朋友"或"女士们、先生们"等，以显得客气礼貌；党的会议一般用"同志们"；国际会议则要按照国际惯例来安排称谓顺序，较常见的是"各位嘉宾、女士们、先生们"。称谓要在标题下方另起一行顶格书写，后面注意加冒号。

（3）正文。正文包括开头、主体和结尾三部分。

①开头在称谓之后，用简洁的语言宣布大会开幕；也可以对会议的规模及与会者的身份等做简要介绍；或对会议的召开表示祝贺，对与会人员表示欢迎。

②主体是开幕词的中心部分。主体部分通常包括以下内容：说明会议意义及背景，阐明会议指导思想，提出会议主要任务，说明会议主要议程和安排。

③结尾部分一般会向与会者提出要求和希望。

（4）结语。结语表达对会议的良好祝愿，常用"预祝大会圆满成功！"这一习惯用语作结，也可根据会议或活动的不同性质和目的进行调整。

开幕词的写作格式如图 5-4 所示。

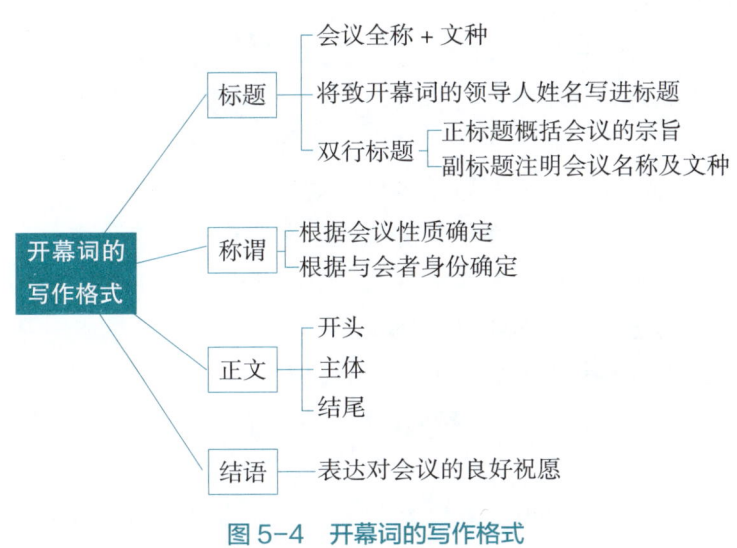

图 5-4 开幕词的写作格式

4. 开幕词的写作要求

（1）处理好与大会报告的关系。开幕词对会议宗旨、意义、议程只能做画龙点睛的分析，忌长篇大论，不要成为大会报告的缩写。

（2）要注重营造庄重热烈的会议气氛，并根据会议性质做到生动且富有感情。

（3）用语要简洁、明快、流畅。

例文简析

例文一

大学生艺术节开幕词

尊敬的校领导、各位老师、亲爱的同学们：

大家晚上好！在这个星光璀璨、春意盎然的夜晚，我们齐聚一堂，共同见证并开启一场属于青春、梦想与创意的盛宴——××大学第×届大学生艺术节。首先，请允许我代表艺术节组委会，向在座的每一位嘉宾、每一位参与者致以最热烈的欢迎和最诚挚的感谢！是你们的热情与支持，让今晚的校园更加熠熠生辉，让艺术的火花在这里绚烂绽放。

艺术，是心灵的语言，是情感的载体，更是人类文明进步的重要标志。它跨越时空的界限，连接着过去与未来，沟通着心灵与心灵。在快节奏的现代生活中，艺术如同一股清泉，滋养着我们的精神世界，让我们的心灵得以栖息，让我们的思维更加开阔。而大学生艺术节，正是这样一个让艺术走进校园、融入生活、启迪智慧的宝贵平台。

回顾往昔，××大学的大学生艺术节已经走过了×个春秋。这些年来，我们见证了无数青年才俊在艺术的殿堂里挥洒汗水、绽放光彩；我们感受到了艺术的力量是如何激励着每一位学子追求卓越、勇于创新。从最初的青涩尝试到如今的成熟绽放，大学生艺术节不仅成为展示我校艺术教育成果的重要窗口，更成为连接师生情感、促进文化交流的重要桥梁。

本届大学生艺术节，我们秉承"青春·梦想·创新"的主题，旨在通过丰富多彩的艺术活动，激发同学们的创造力，展现当代大学生的风采与魅力。今晚，我们将欣赏到来自不同院系、不同专业的同学们精心准备的文艺表演，从激情四溢的舞蹈到悠扬动听的歌声，从引人入胜的话剧到精妙绝伦的书画展览，每一场演出、每一件作品都凝聚着同学们的心血与汗水，都承载着他们对艺术的热爱与追求。

在此，我要特别感谢那些为艺术节付出辛勤努力的师生。是你们的精心策划、细心筹备，才使得这场艺术盛宴得以顺利呈现；是你们的无私奉献、默默支持，才让我们有机会在这里共同感受艺术的魅力。同时，我也要向所有参与艺术节的同学们致以崇高的敬意。是你们用青春的热情和才华，为这个舞台增添了无限的活力与光彩；是你们用汗水和努力，诠释了"青春·梦想·创新"的深刻内涵。

希望我校的大学生艺术节能够继续发扬光大，成为更具影响力、更具特色的校园文化品牌。希望通过这一平台，能够吸引更多的同学参与到艺术活动中来，让艺术成为大家生活的一部分，让艺术的种子在每一位同学的心中生根发芽、茁壮成长。

最后，预祝本届大学生艺术节圆满成功！愿每一位参与者都能在这个舞台上留下美好的回忆，愿艺术的火花永远照亮我们前行的道路！让我们携手并进，共同创造更加辉煌灿烂的明天！

谢谢大家！

例文二

运动会开幕词

尊敬的各位领导、老师，亲爱的同学们：

大家好！在这春意盎然、万物复苏的美好时节，我们齐聚一堂，共同迎来了我们学校一年一度的大学生春季运动会。在此，我代表学校向各位领导、老师和同学们表示热烈的欢迎和衷心的感谢！

春季运动会是展示我们大学生风采、弘扬体育精神的重要舞台。它不仅是对我们身体素质的一次全面检阅，更是对我们意志品质的一次深刻考验。在这里，我们将用汗水和热情书写青春的华章，用拼搏和奋斗诠释体育的魅力。

体育是教育的重要组成部分，它不仅能够锻炼身体、增强体质，还能够培养我们的团队合作精神和竞争意识。通过参与体育活动，我们可以学会如何面对挑战、如何克服困难、如何追求卓越。这些宝贵的品质，将伴随我们走过大学时光，成为我们未来人生道路上的重要财富。

本次春季运动会，我们秉承"友谊第一、比赛第二"的原则，倡导公平竞争、团结友爱。我们希望每一位参赛选手都能够发挥出自己的最佳水平，展现出自己的风采和实力。同时，我们也希望观众们能够文明观赛、热情助威，为运动员们加油鼓劲，共同营造一个和谐、热烈的比赛氛围。

在此，我要特别感谢那些为本次运动会付出辛勤努力的老师和同学。是你们的精心组织和周密安排，才使得本次运动会得以顺利进行。同时，我也要感谢那些默默奉献的志愿者，是你们的辛勤付出，为运动会的成功举办提供了有力保障。

最后，我要预祝本次春季运动会圆满成功！希望每一位参赛选手都能够发挥出自己的最佳水平，取得优异的成绩。同时，也希望每一位观众都能够感受到运动的魅力，共同分享这份欢乐和荣耀。

春季运动会是一个充满活力和激情的盛会，它让我们在运动中感受生命的脉搏，在挑战中激发内在的潜能。在这里，我们可以感受到青春的力量和激情的燃烧，可以体验到团队合作的快乐和成功的喜悦。让我们携手共进，用汗水和努力书写属于我们的精彩篇章，用拼搏和奋斗铸就属于我们的辉煌未来！

再次感谢各位领导、老师和同学们的到来，让我们共同期待这场精彩纷呈的春季运动会，共同见证我们大学生的风采和实力！

谢谢大家！

例文评析

第一篇例文结构清晰、层次分明，开篇以热情洋溢的欢迎词引入主题，随后简要回顾了艺术节的历史，接着明确了本届艺术节的主题，并对活动内容进行了概括性介绍，最后以展望和祝福作为结尾，整体结构流畅、逻辑性强。全文语言规范，用词准确，段落划分合理。全文紧紧围绕"青春·梦想·创新"的主题展开，中心突出，内容丰富，情感真挚。

第二篇例文开幕词格式严谨、结构完整、内容充实，富有感染力。在格式上，开幕词遵循了规范的写作格式，从称谓、问候、主题阐述、活动介绍到期望与祝愿，逻辑清晰、条理分明。在内容上，作者用生动的语言表达了对参与者的热烈欢迎，同时紧扣主题，对活动背景、意义及预期成果进行了全面阐述。整篇开幕词既展现了主办方的热情与专业，又凸显了活动的价值与意义，是一篇优秀的开幕词，为整个活动的顺利开展奠定了良好的基础。

（二）闭幕词

1. 闭幕词的概念

闭幕词与开幕词相对应，是在重大会议即将结束时由有关领导向全体与会人员所做的总结性讲话。闭幕词是对会议内容的突出强调，是对整个会议的总结，也是对今后如何贯彻落实会议精神的动员。闭幕词与开幕词互相呼应，但各有侧重，各具特色。

2. 闭幕词的特点

闭幕词的特点主要包括以下四方面内容：

（1）总结性。总结性主要体现在讲话人要概括总结大会所完成的任务、所通过的报告、决议，以及大会的经验等内容。

（2）概括性。闭幕词应对会议开展的情况、完成的议题、取得的成果、提出的精神及产生的意义等进行高度概括。

（3）号召性。闭幕词应激励参加会议的全体成员为实现会议提出的各项任务而奋斗，增强与会人员贯彻会议精神的决心和信心，所以，闭幕词的行文要充满热情，语言要坚定有力，富有号召性和鼓动性。

（4）口语化。闭幕词要适合口头表达，写作时语言要通俗易懂、生动活泼。

闭幕词的特点如图 5-5 所示。

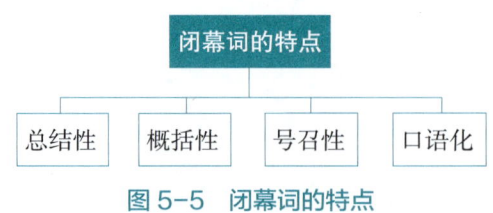

图 5-5　闭幕词的特点

3. 闭幕词的写作格式

闭幕词与开幕词的格式写法大体相同，由标题、称谓、正文和结语四部分构成。

（1）标题。闭幕词的标题一般有以下三种形式：

①单独由文种组成，如"闭幕词"。

②由"事由+文种"组成，如"××公司职工运动会闭幕词"。

③由"致词人+事由+文种"组成，如"×××同志在×××会议上的闭幕词"。

（2）称谓。根据会议性质及与会者的身份来确定称谓，其写法与开幕词基本相同。

（3）正文。闭幕词的正文分为开头、主体和结尾三部分。

①开头以简练的文笔总结大会情况，也可对大会做简要评价。

②主体是闭幕词的中心部分，应概括会议通过的主要事项和基本精神、会议的重要价值和深远意义，并向与会人员提出贯彻会议精神的基本要求和希望等。有些闭幕词在主体部分还会分析当前形势、指出今后任务。

③结尾对保证大会顺利进行的有关单位及服务人员表示感谢，并发出相关号召，提出对今后的期望。

（4）结语。郑重宣布大会胜利闭幕，通常以惯用语作结，即"现在我宣布××大会胜利闭幕"。

4. 闭幕词的写作要求

（1）注意与开幕词的区别。开幕词是大会序曲，重在阐明大会的任务，为会议顺利进行打基础、定基调，对会议产生指导、定向和"提神"的作用；而闭幕词是会议的尾声，写作闭幕词要善于反思总结，要对会议的主要成果给予准确的评价和概括，并强调大会精神对今后工作的指导作用。

（2）闭幕词要言简意赅，与会议的整体基调保持一致，富有感染力，能鼓舞人心。

写作之窗

开幕词、闭幕词的撰写和表述技巧

开幕词、闭幕词在遵循格式规范的基础上，应注意形成独特风格，以便更好地抓住听众。或真挚细腻、文采飞扬；或娓娓道来、寓意深刻；或列举数字、准确生动。不应拘泥于章法的限制和束缚，应随发言内容和场合而随时变化，不仅要逻辑严密、思路清晰，还要生动活泼、文采斐然。另外，还要注意根据现场听众的实际情况灵活调整，可加入即兴调节因素来吸引听众的注意力。

例文简析

例文一

咸阳市第八次党代会闭幕词
(2022年3月23日)

各位代表、同志们:

中国共产党咸阳市第八次代表大会,在省委的高度重视和省委指导组的精心指导下,经过全体代表的共同努力,圆满完成了各项议程,就要胜利闭幕了。这里,我代表大会主席团和全体代表,向莅临指导的省委指导组,向关心支持大会的老领导、老同志和社会各界人士表示诚挚谢意!向为大会圆满召开付出辛勤努力的全体工作人员表示崇高敬意!同时,代表新当选的市委委员、候补委员和市纪委委员,对各位代表的信任和支持一并表示衷心感谢!

由于年龄原因和工作需要,七届市委和市纪委中的部分同志不再进入新一届市委和市纪委。过去五年,这些同志兢兢业业、勤勤恳恳,为咸阳经济社会发展倾注了大量心血、做出了重要贡献,让我们向他们表示衷心的感谢和崇高的敬意!希望这些同志一如既往地关心支持新一届市委、市纪委的工作,为加快建设现代化"西部名市丝路名都"做出新的贡献。

各位代表、同志们!这次大会,是在进入全面建设社会主义现代化新征程、向第二个百年奋斗目标进军的重要节点,召开的一次承前启后、继往开来的大会,一次团结民主、催人奋进的大会,一次求真务实、风清气正的大会。大会系统总结了市第七次党代会以来的主要工作,提出了今后五年全市经济社会发展的总体要求、奋斗目标、战略举措和重点任务,形成了主题鲜明、目标宏伟、思路清晰、措施有力的报告,选举产生了新一届市委和市纪委,为加快建设现代化"西部名市丝路名都"奠定了坚实的思想基础、政治基础、组织基础。会议期间,全体代表以强烈的政治担当、饱满的工作热情,共谋创新大计,共商发展良策,集中展示了新时代咸阳共产党员奋发有为、昂扬向上的精神状态,必将汇聚起解放思想、改革创新、再接再厉,奋力谱写高质量发展新篇章的磅礴力量。

各位代表、同志们!征程万里风正劲,重任千钧再出发。立足新起点、奋进新征程,我们要深入学习贯彻习近平总书记来陕考察重要讲话和重要指示,贯通落实"五个扎实""五项要求""谱写高质量发展新篇章",坚决拥护"两个确立"、坚决做到"两个维护",一步一个脚印把习近平总书记擘画的美好蓝图变成现实。立足新起点、奋进新征程,我们要全方位、多角度、深层次宣传解读大会确定的目标思路和战略重点,切实把广大党员、干部群众的思想和行动统一到大会精神上来,在新时代赶考路上奋发有为、再创佳绩。立足新起点、奋进新征程,我们要在党的旗帜下团结成"一块坚硬的钢铁",带头学习大会精神,带头落实大会决议,争当改革者、奋斗者、领跑者，只争朝夕立潮头，笃行不怠向未来！

　　让我们更加紧密地团结在以习近平同志为核心的党中央周围，在省委的坚强领导下，高举旗帜勇担使命、解放思想实干兴咸，加快建设现代化"西部名市丝路名都"，以实干实绩迎接党的二十大和省第十四次党代会胜利召开！

（资料来源：咸阳市第八次党代会闭幕式．咸阳日报，2022.03.24.）

例文二

闭幕词

尊敬的各位领导、老师，亲爱的同学们：

　　大家好！随着最后一场精彩演出的落幕，我们的大学生艺术节也即将画上圆满的句号。在此，我代表学校向所有参与艺术节的师生们表示衷心的感谢和崇高的敬意！

　　这次大学生艺术节，我们共同见证了一场场精彩纷呈的演出、一件件独具匠心的艺术作品。这些作品不仅展现了同学们的才华和创造力，更体现了我们对美的追求和对艺术的热爱。在这里，我们感受到了艺术的魅力和力量，也体验到了艺术带给我们的快乐和感动。

　　艺术节期间，我们欣赏到了各种类型的表演，从激昂的舞蹈到深情的歌唱，从幽默的小品到深情的朗诵，每一个节目都让我们感受到了艺术的多样性和包容性。同时，我们也看到了许多精美的绘画、雕塑和摄影作品，它们以独特的视角和表现形式，展现了同学们对世界的理解和感悟。

　　这次艺术节不仅是一次艺术的盛宴，更是一次心灵的洗礼。它让我们更加深刻地认识到艺术在生活中的重要性，它不仅能够陶冶我们的情操，提升我们的审美素养，还能够激发我们的创造力和想象力。通过参与艺术节，我们不仅锻炼了自己的艺术技能，更学会了如何欣赏和理解艺术，如何在生活中发现美、创造美。

　　在艺术节筹备和举办的过程中，我们得到了学校领导的大力支持和各部门的密切配合。同时，也涌现出了一批批优秀的组织者和参与者，他们用自己的热情和才华，为艺术节的成功举办贡献了力量。在此，我要向他们表示衷心的感谢和崇高的敬意！

　　虽然艺术节已经闭幕，但我们对艺术的追求和热爱永远不会停止。希望同学们能够继续保持对艺术的热情和兴趣，不断探索和创新，用艺术的力量去影响和改变世界。同时，也希望学校能够继续举办更多丰富多彩的艺术活动，为同学们提供更多的展示和交流平台。

　　最后，再次感谢各位领导、老师和同学们的参与和支持！让我们共同期待下一次艺术节的到来，相信它会带给我们更多的惊喜和感动！

　　在这个充满艺术气息的夜晚，让我们用热烈的掌声和欢呼声，为这次大学生艺术节的圆满成功喝彩！也让我们用一颗感恩的心，去珍惜和回味这段美好的时光。谢谢大家！

例文评析

第一篇闭幕词的正文部分首先以简练的文字概括总结了咸阳市第八次党代会的召开情况，并对会议做出了简要评价；接着，概括了会议通过的主要事项，包括"系统总结了市第七次党代会以来的主要工作，提出了今后五年全市经济社会发展的总体要求、奋斗目标、战略举措和重点任务，形成了主题鲜明、目标宏伟、思路清晰、措施有力的报告，选举产生了新一届市委和市纪委"，并概括了会议的重要价值和深远意义，即"为加快建设现代化'西部名市丝路名都'奠定了坚实的思想基础、政治基础、组织基础"；最后，向与会人员提出贯彻会议精神的基本要求，并分析当前形势、指出今后任务。整篇闭幕词要素齐全、结构清晰、内容完整。

第二篇闭幕词格式规范、内容充实，展现了闭幕词的庄重与温馨。在格式上，这篇闭幕词遵循了传统的结构，从回顾艺术节盛况到表达感谢，再到对未来的展望，条理清晰、逻辑严密。在内容上，这篇闭幕词不仅回顾了艺术节的精彩瞬间，还深入总结了艺术带给我们的收获与感动，凸显了艺术的价值和意义。同时，表达了对参与者的感谢和对学校的期待，也表达了对所有付出者的敬意和对未来的美好愿景。此外，语言流畅、情感真挚，使得这篇闭幕词富有感染力，成功地为整个艺术节画上了一个圆满的句号。

牛刀小试

一、填空题

1. 开幕词的特点是（　　　）、（　　　）、（　　　）、（　　　）。

2. 闭幕词一般由（　　　）、（　　　）、（　　　）、（　　　）构成。

二、判断题

1. 开幕词向与会者介绍会议的议程和宗旨，能够激发其参与意识，调动其积极性。　　　　　　　　　　　　　　　　　　（　　　）

2. 闭幕词要求言简意赅，与会议的整体基调保持一致，富有感染力。
　　　　　　　　　　　　　　　　　　　　　　　　　　（　　　）

三、实务实练

请为学校上一年度的春季运动会撰写一篇闭幕词。

第二节 经济活动文书

学习目标

● 知识目标

1. 理解合同、协议书、市场调查报告、策划书等经济活动文书的概念。
2. 了解合同、协议书、市场调查报告、策划书等经济活动文书的特点和分类。
3. 掌握合同、协议书、市场调查报告、策划书等经济活动文书的写作格式和写作要求。

● 能力目标

1. 能够撰写条款明确、逻辑严密、表达规范的合同及协议书。
2. 能够撰写内容翔实、数据充分、条理清晰的市场调查报告。
3. 能够撰写逻辑清晰、条理分明、文字精练的策划书。

● 素质目标

1. 通过学习写作合同和协议书，培养学生的契约精神。
2. 通过对市场调查报告例文的点评讲解，培养学生深入调查研究的工作作风。
3. 通过学习策划书写作，培养并提升学生的事前计划意识和创新能力。

一 合同、协议书

（一）合同

1. 合同的概念

《中华人民共和国民法典》（以下简称《民法典》）规定："合同是民事主体之间设立、变更、终止民事法律关系的协议。"

卫盉——最早的地契

卫盉 [hé]，西周中期青铜器，1975 年出土于陕西岐山县董家村，现藏于岐山县博物馆。盖内有铭文 12 行 132 字，记述周恭王三年（前 920 年）的一次田土交换契约签订的经过，铭文中不仅明确记载了土地交换的价格，还记载了土地

交换的具体仪式，这篇铭文是我国发现最早的地契，为我们研究西周中期土地制度、货币制度和社会经济提供了极其重要的史料。

（资料来源：杨曙明.陕西古代青铜器.北京：文物出版社，2019.）

2. 合同的分类

《民法典》把合同分为以下 19 类：买卖合同，供用水、电、气、热力合同，赠与合同，借款合同，保证合同，租赁合同，融资租赁合同，保理合同，承揽合同，建设工程合同，运输合同，技术合同，保管合同，仓储合同，委托合同，物业服务合同，行纪合同，中介合同，合伙合同。

微课：
严谨精确的经济合同

3. 合同的特点

（1）主体的平等性。合同是平等的民事主体之间进行的民事法律行为，订立合同的当事人彼此法律地位平等，任何一方不得把自己的意志强加给对方。在实践中，主体的平等性包括以下几方面：自由订立合同，即任何一方都有权提出订立合同的意愿，另一方也有权利接受或拒绝；条件平等，双方应互相尊重对方的意愿，不得利用优势地位强制对方接受不公平条款；平等履行义务，双方都应当按照合同约定履行各自的义务，享受相应的权利；法律地位平等，产生合同纠纷时，无论当事人的身份如何，法律都给予同等保护。

（2）意愿的一致性。签订合同是民事主体的双方或多方的法律行为，只有合同当事人的意愿一致，达成协议，合同才能成立。如果合同意愿缺乏一致性，可能会导致合同无效、撤销或者解释上的争议。

（3）内容的确定性。合同是明确当事人之间权利和义务的协议，其中所确定的当事人之间的权利与义务是具有对应性的，一方享有的权利，同时是对方应负的义务。合同内容的确定性包括合同条款的明确性、法律规定的适用性、标的的特定性、双方权利义务的平衡性。

（4）法律的约束性。合同当事人依法达成的协议，对当事人均有法律约束力。当事人各方都必须严格按照合同确定的义务切实地履行，否则应当承担法律责任。

合同的特点如图 5-6 所示。

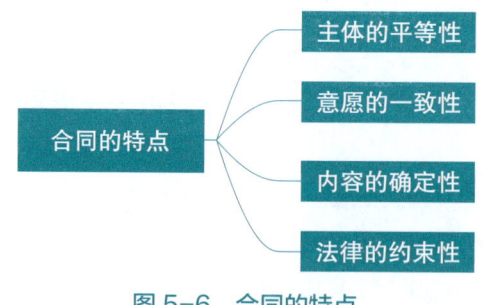

图 5-6 合同的特点

4. 合同的写作格式

订立合同无论采用哪种方式，最基本的应包括合同首部、合同正文、合同尾部以及合同附件四部分。

（1）合同首部。合同首部应明确合同名称、合同编号、当事人名称及引言。

①合同名称。合同的名称一般由合同的内容或性质加文种组成，如"产品购买合同""房屋租赁合同""软件开发服务合同""个人借款合同"等。标题写在首行正中间，字迹要醒目，表达要具体明确。

②合同编号。如果是经常签订合同，为了方便登记和统计，应在标题右上方写明合同编号。

③当事人名称。在标题之下，分行并列书写签订合同当事人名称。合同签约各方的名称应写全称，可以在各方的前面或后面注明"甲方""乙方"或"供方""需方"；建筑工程承包合同可用"发包方""承包方"等。

④引言。引言主要是对合同的签订背景及情况进行说明。

（2）合同正文。正文是合同的主体内容，通常包括缘由、主体和附则三个方面的内容。

①缘由是正文的开头，通常需要写明双方签订合同的依据和目的。常见的写法是"为了……，经双方（或多方）协商，签订本合同，以资共同恪守""根据……等有关法律、法规，甲乙双方遵循……的原则，经协商一致，签订本合同"等。根据不同的要求，这一部分在写法上可以灵活运用，有时也可以省略。

②主体即合同的主要条款和具体内容，一般用有规律的序号加以编排。按《民法典》第四百七十条规定，合同应具有以下 8 条主要条款。各项条款及其具体内容详见表 5-1。

表 5-1　合同主要条款及具体内容

主要条款	具体内容
当事人的姓名或者名称和住所	当事人是自然人的，应写明其姓名和住所；当事人是法人或其他组织的，应写明其名称和住所
标的	标的是合同双方当事人权利义务所指向的对象，也称为合同法律关系的客体
数量	合同的数量条款是衡量标的的尺度，相应的数字和计量单位应当具体、统一、准确

续表

主要条款	具体内容
质量	应明确规定标的采用的质量标准，以及相应的质量责任、验收等；并载明对质量负责的期限和条件，对质量提出异议的期限和条件，抽验的方法、比例和标准
价款或者报酬	合同中的价款或者报酬的确定，应当遵守国家的有关规定；确定价款或者报酬，应当明确有关结算和支付方法
履行的期限、地点和方式	注明履行的期限、地点和方式，具体内容以双方约定为准
违约责任	违约责任可以从以下几个方面进行约定：违约责任承担方式、违约责任条款、损害赔偿的范围、违约金
解决争议的方法	解决合同争议的办法有和解、调解、仲裁和诉讼四种

③附则。合同的附则应注明合同的份数和保存方式；合同的适用法律、通知送达、效力位阶、有效期、文字书写等；合同执行中发生意外情况的处理办法，如因自然灾害、非人为因素造成无法履行合同的情况的处理办法；合同的附件，如表格、图纸、样品等的名称、数量和保管方式等，以及合同中未尽事宜的补充规定。

(3) 合同尾部。合同尾部是指合同正文结束后的内容，一般包含附件清单和合同各方的签署栏等。

附件清单应有明确的附件名称。签署栏包括署名、日期和附项，即署上双方当事人名称，并按手印或加盖公章，署名或用印要端正、清晰。日期要以签订合同的日期为准。附项写明当事人单位的地址、邮编、电话号码、传真号码、银行账号等内容。需注意，在附件清单之后才应当是合同双方的签署栏，这样才能确保以上内容均经过了合同双方的确认。

(4) 合同附件。合同附件不是必须存在的，但从风险控制的角度，在签署合同之时最好将合同当事人的主体信息（身份证复印件、营业执照复印件）、经营资格的信息（行政许可证复印件、资格证复印件）、授权信息（授权委托书、授权代表的身份证复印件）、交易细节（产品的技术说明、质量说明）等内容作为附件进行确认。

合同的写作格式如图5-7所示。

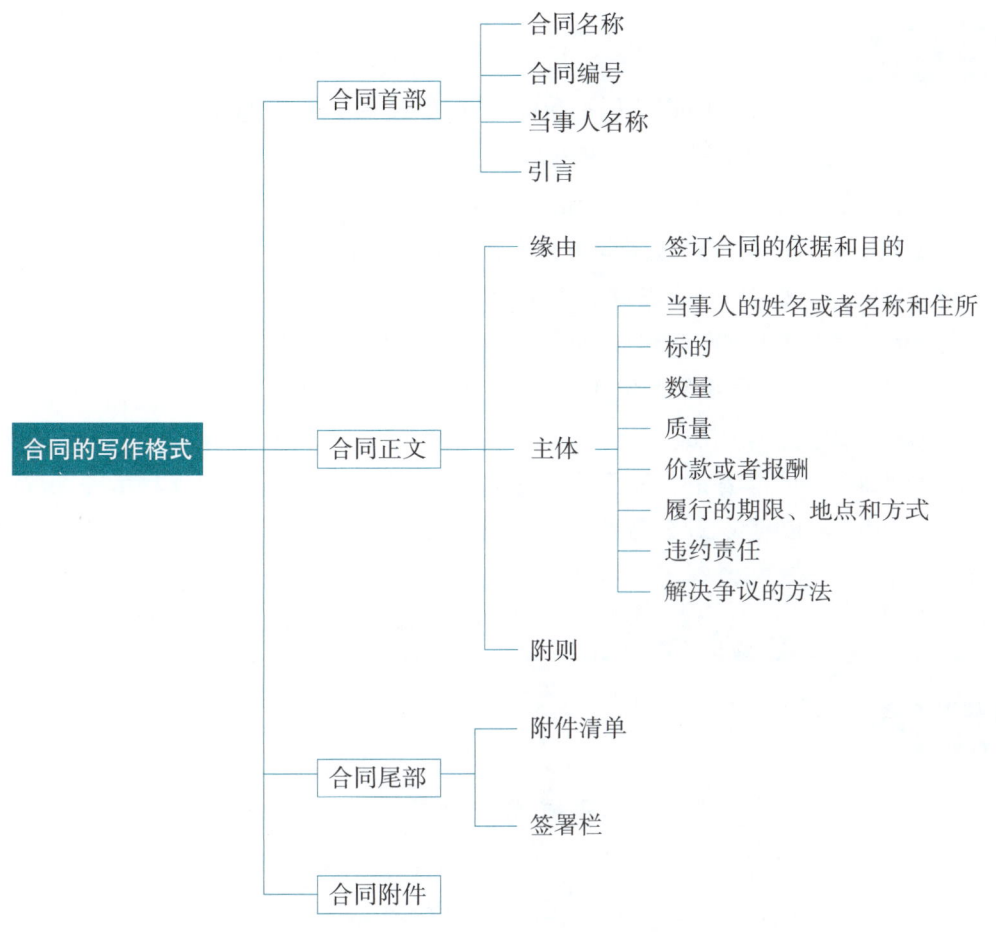

图 5-7 合同的写作格式

5. 合同的写作要求

（1）要符合国家有关合同的法律法规和现行条例。《民法典》是签订合同的基本依据。合同能不能成为合同当事人双方行使权力和履行义务的法律依据，关键在于它的签订是否符合国家的法规和政策。

（2）要坚持平等自愿、互惠互利和协商一致的原则。合同当事人双方在法律上是平等的。当事人中的任何一方均不得将自己的意志强加给另一方。在不损害国家和社会公共利益的前提下，合同内容要照顾到双方的合法权益，做到互惠互利。

（3）内容表述要具体明确、严密完整。合同内容的表述必须具体、明确、严密、完整，既不能含糊不清、出现疏漏，也不能产生歧义。合同涉及钱、物等的金额和数量时，数字应大写，标点符号也要准确到位，否则，可能会引起合同纠纷。

（4）文面要整洁美观。合同书写要正确工整，字迹要端正清楚，应尽量避免在正式合同上进行修改，如有修改，应在修改处加盖双方印章，以示认可。

写作之窗

还（hái）或还（huán）？想借读音之差逃避还款

合同条文是当事人执行义务的依据，其语言要准确、无歧义，应避免使用"希望""尽可能""争取"等模糊性用语，不说空话、套话，以免发生争执和纠纷。

案例：朱某和采某曾经是同事关系。2014 年 12 月，采某向朱某借款 8 万元，采用现金交付，双方未出具借条。2019 年 4 月，采某通过微信向朱某转账 3 万元，并发送消息"今还欠款 3 万元"。现在，朱某起诉采某，要求其偿还剩余借款 5 万元，而采某却主张自己的剩余借款金额为 3 万元，而不是 5 万元。

分析：上述合同纠纷，是一个"还"字引起的。"还"字在汉语中有两个读音：hái 和 huán，两个读音的含义不同。采某认为"今还（hái）欠款 3 万元"，朱某则认为"今还（huán）欠款 3 万元"。所以在写作合同条文时，一定要注意语言的准确性，不能含糊不清。

（资料来源：中国法院网，2023-07-18，有改动）

例文简析

房屋租赁合同

出租人：_____   签订地点：_____
承租人：_____   签订时间：_____年____月____日

第一条　租赁房屋坐落在_____、间数____、建筑面积_____、房屋质量_____
_____。

第二条　租赁期限从_____年____月____日至_____年____月____日。
（提示：租赁期限不得超过二十年。超过二十年的，超过部分无效）

第三条　租金：(大写)_____

第四条　租金的支付期限与方式：_____
_____

第五条　承租人负责支付出租房屋的水费、电费、煤气费、电话费、光缆电视收视费、卫生费和物业管理费。

第六条　租赁房屋的用途：_____

第七条　租赁房屋的维修：_____
出租人维修的范围、时间及费用负担：_____
_____

承租人维修的范围、时间及费用负担：_____
_____

第八条　出租人（是／否）允许承租人对租赁房屋进行装修或改善增设他物。装修、改善增设他物的范围：_____
_____

租赁合同期满，租赁房屋的装修、改善增设他物的处理：_____
_____

第九条　出租人（是／否）允许承租人转租租赁房屋。

第十条　定金（大写）_____元。承租人在_____前交给出租人。

第十一条　合同解除的条件

有下列情形之一，出租人有权解除本合同

1.承租人不交付或者不按约定交付租金达____个月以上；

2.承租人所欠各项费用达（大写）_____元以上；

3.未经出租人同意及有关部门批准，承租人擅自改变出租房屋用途的；

4.承租人违反本合同约定，不承担维修责任致使房屋或设备严重损坏的；

5.未经出租人书面同意，承租人将出租房屋进行装修的；

6.未经出租人书面同意，承租人将出租房屋转租第三人；

7.承租人在出租房屋进行违法活动的。

有下列情形之一，承租人有权解除本合同

1.出租人迟延交付出租房屋____个月以上；

2.出租人违反本合同约定，不承担维修责任，使承租人无法继续使用出租房屋。

3._____

第十二条　房屋租赁合同期满，承租人返还房屋的时间：_____
_____

第十三条　违约责任：_____
_____

出租人未按时或未按要求维修出租房屋造成承租人人身受到伤害或财物毁损的，负责赔偿损失。

承租人逾期交付租金的，除应及时如数补交，还应支付滞纳金。

承租人违反合同，擅自将出租房屋转租第三人使用的，因此造成出租房屋毁坏的，应负损害赔偿责任。

第十四条　合同争议的解决方式：本合同在履行过程中发生的争议，由双方当事人协商解决；也可由有关部门调解；协商或调解不成的，按下列第____种方式解决；

（一）提交_____仲裁委员会仲裁；

（二）依法向人民法院起诉。

第十五条　其他约定事项：＿＿＿＿＿＿＿＿＿＿＿＿＿＿＿＿＿

出租人（章）：	承租人（章）：	鉴（公）证意见：
住所：	住所：	
法定代表人：	法定代表人：	
（签名）：	（签名）：	
居民身份证号码：	居民身份证号码：	
委托代理人：	委托代理人：	
（签名）：	（签名）	
电话号码：	电话号码：	鉴（公）证机关（章）：
开户行：	开户行：	经办人：
银行账号：	银行账号：	年　月　日
邮政编码：	邮政编码：	

（资料来源：国家市场监督管理总局，合同示范文本库）

例文评析

房屋租赁合同是日常生活中较为常用的合同之一，一份依法依规的房屋租赁合同能保护出租人与承租人双方的合法权益。

例文中的房屋租赁合同包括如下方面的主要条款：出租房屋的地点、面积；房屋租赁的期限、用途；租金的数额及交付时间；房屋修缮的责任以及违约责任等，在格式及内容上极具参考性。

（二）协议书

1. 协议书的概念

协议书是双方或数方，为实现一定的共同利益、愿望，经过协商达成一致后，共同订立的明确权利义务关系的契约性文书。

2. 协议书的特点

（1）合法性。协议书是基于法律和法规的合法性进行约定的。协议书的合法性是指协议书的内容和形式必须符合相关法律法规的规定。合法性主要包括内容合法、形式合法、主体合法、意思表示真实以及条款明确。

（2）约束力。协议书确定了当事人的权利与义务，双方各执一张，作为凭据，互相监督、互相牵制，以保证合作的正常进行。协议书一旦签署，便具有法律效力，能够对签约双方产生约束力。如果一方违反协议书的约定，可能会承担相应的法律责任，包括继续履行、赔偿损失等。

敦煌契约文书

敦煌契约文书，是卷帙浩博的敦煌遗书中的重要组成部分，广涉借贷契、买卖契（包括一般买卖、土地交易）、租佃契、雇工契、养男立嗣契和放妻书、放良书、分书和遗书，可称为"敦煌五契四书"，总数约300件。这批文书对研究我国古代的契约制度以及由此所反映出的社会经济活动、法律生活等方面，具有弥足珍贵的重要价值。

（资料来源：侯文昌．近六十年来敦煌契约文书的刊布与研究综述．中国史研究动态，2012年第6期，有改动）

3. 协议书的写作格式

（1）标题。协议书的标题通常有两种形式：一是只写文种，二是"内容+文种"。

（2）约首。约首在标题之下，写明签订协议当事人的单位名称或个人姓名。为使协议书正文行文简洁方便，在当事人的前面或后面，注明"甲方""乙方"。"甲方""乙方"放在立约当事人名称前时，应在它后面加冒号；放在后面时可加括号，如图5-8所示。

图5-8 协议书约首示例

（3）正文。正文一般包括开头、主体和结尾三部分。开头部分写明立约的依据、目的。主体部分写明约定的内容，一般采用分条列项的写作方式。结尾部分写明协议份数（正、副本各几份）、保存方式、仲裁办法。

（4）约尾。约尾需要署上双方当事人的签名，并加盖公章或按手印。署名或用印要端正、清晰。日期要以签订协议的日期为准。

协议书的写作格式如图5-9所示。

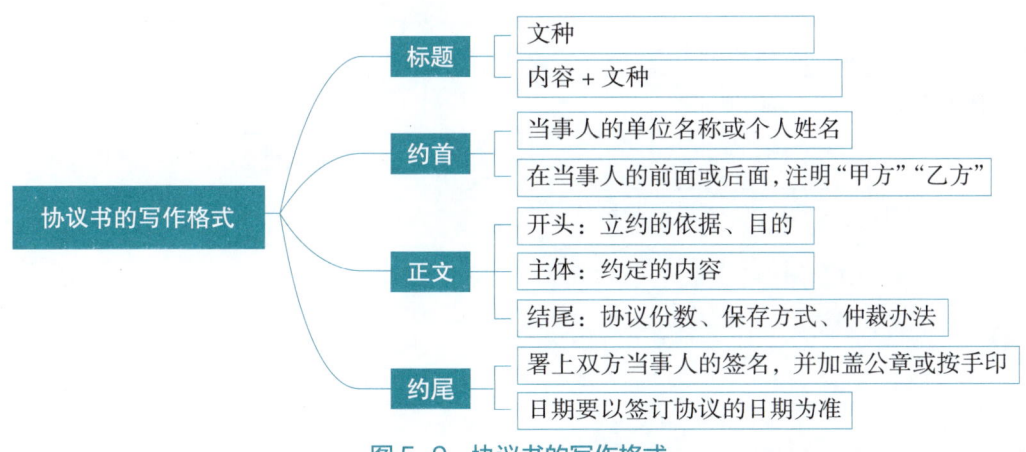

图5-9 协议书的写作格式

4. 协议书的写作要求

（1）合法。协议书是一种契约，一旦签订就具有法律效力，因此，协议书内容必须遵守国家法律法规，符合国家政策要求，任何单位和个人都不能以协议书为名进行违法活动。

（2）平等互利、协商一致、等价有偿。签订协议书必须出于当事人的真正意愿，在双方自由表达意志的基础上，经过充分协商达成协议。同时要体现协作的精神，遵循等价有偿的原则，符合价值规律的要求。

写作之窗

合同和协议书有什么区别？

一是协议书的内容比较单纯，往往是协商的原则性意见；而合同内容具体、详细，各方面的问题均有涉及，全面周到。二是两者的适用范围不同，合同通常适用于商业交易、服务提供、货物买卖、租赁、雇佣等具体法律关系的建立，特别是那些需要详细条款和条件的复杂交易；协议书更多地应用于初步的合作意向表达、框架协议、研究合作、联盟建立等领域，其适用范围更广泛。三是协议书更具有灵活性，没有固定统一的写作格式，内容安排、条款形式可由当事人协商议定，可以是签订正式合同前的意向式协议书，也可以是为补充合同条款不足而订立的补充式协议书。

（资料来源：李婕，路开源. 应用文写作. 北京：高等教育出版社，2022.）

例文简析

××大学毕业生就业协议书

编号：

用人单位（甲方）	就业单位名称				
	就业单位所在地			统一信用代码	
	单位详细地址			单位联系电话	
	档案接收	接收单位名称			
		详细地址			
		联系人		联系电话	
	户口接收地址	户口　　　　学校			

毕业生（乙方）	姓名		性别		民族		出生年月	
	学号		学制		学历		培养方式	
	学院				专业			
	生源地				联系电话			
	电子邮箱				QQ号			

甲方（用人单位）与乙方（毕业生）根据国家毕业生就业政策，通过双向选择达成如下协议：

一、甲方已如实向乙方介绍本单位情况，以及乙方工作岗位情况，并通过对乙方的了解、考核，同意录用乙方。

二、乙方已如实向用人单位介绍自己的情况，并通过对甲方的了解，愿意到甲方就业并在规定或约定期限内报到。

三、甲乙双方协商达成如下条款：

（1）甲方聘用乙方合同期_____年，其中试用期____月，试用期从乙方报到之日起计算，具体安排乙方到_____岗位工作。

（2）甲方为乙方提供的工作条件和劳动保护应符合国家有关规定。

（3）甲方为乙方提供社会统筹养老保险、医疗保险、失业保险、工伤保险等国家规定的社会保险及_____等福利。

（4）乙方试用期的收入为人民币（大写）_____元/月，试用期满后的收入为人民币（大写）_____元/月。

四、乙方有下列情况之一的，甲方可单方面终止协议：

（1）报到时未取得毕业资格或应聘材料严重失实；

（2）经体检不符合录用条件；

五、甲方有下列情况之一的，乙方可单方面终止协议：

（1）经当地县级以上劳动、卫生部门确定其劳动安全、卫生条件恶劣等因素，严重危害人身安全与健康的；

（2）不履行本协议，侵犯乙方合法权益的；

（3）被撤销或宣告破产的；

（4）法律、法规规定的或甲乙双方约定的其他情况。

六、本协议经甲乙双方签字盖章后即生效。本协议在双方签订后的10个工作日之内送鉴证方。鉴证方负责登记、列入就业方案并办理相关手续。

七、甲乙双方必须严格履行协议。任何违反本协议条款的，违约方应承担相应的违约责任并向对方支付违约金人民币（大写）_____元。

八、乙方到甲方报到后，双方应按有关法律法规规定及本协议约定的条款，及时订立劳动合同（聘用合同），并办理有关录用手续。劳动合同（聘用合同）订立后，本协议自动终止。

九、甲乙双方若有其他约定条款，可填写如下。若无其他约定，请填写"无"。

_____

十、乙方被录取为国内或国外研究生是否视为违约：_____。若有具体处理意见可在约定条款中另作说明。

十一、本协议一式三份，甲、乙双方和鉴证方各执一份。

	用人单位上级主管部门：
甲方（用人单位）	（有用人自主权的单位可省略）
经办人：　　　（公章）	经办人：　　　（公章）
年　月　日	年　月　日
乙方（毕业生）	鉴证方（学校/学院）
签名：	经办人：　　　（公章）
年　月　日	年　月　日

例文评析

应届生毕业前，需要办理很多手续，其中一项就是签订就业协议书，也就是我们俗称的"三方协议"。例文中的就业协议书涉及了用人单位和毕业生双方的具体信息，同时也详细写明了档案接收信息、户口接收地址、薪酬待遇、试用期、签约年限等就业相关问题，格式规范、内容完备。需要注意的是，不同学校的"三方协议"在格式和内容上略微会有出入，因此，本书中所选例文仅供参考，同学们在现实中签约时，应当以自己学校的就业协议书格式为准。

此外，毕业生签约前务必认真阅读并理解协议的全部内容，包括用人单位的名称和地址、工作内容、工作地点、劳动报酬、福利待遇、社会保险、工作时间和休息休假、劳动保护、劳动条件和职业危害防护等条款。如有疑问，应及时向学校或用人单位咨询，确保自己的权益得到保障。同时，三方协议具有法律效力，违约需要赔偿，所以毕业生要谨慎签约，不要轻易违约，签约之前要慎重考虑，要对自己的每一个选择负责，做一个诚实守约的人。

牛刀小试

一、填空题

1. 合同的特点有（　　　）、（　　　）、（　　　）、（　　　）。
2. 合同和协议书的区别有（　　　）、（　　　）、（　　　）。

二、判断题

1. 合同和协议书两者都是明确当事人权利义务关系的法律文书；在形式和格式上基本是相同的，都可以称为契约。（　　　）
2. 合同中可以出现如下语句："争取在12月30日之前交货"。（　　　）

三、实务实练

请参照示例，指出并分析以下句子中的歧义之处。

示例：满头白发的王师傅的老父亲也赶来了。

在这个句子里，"满头白发"到底指谁，有歧义。既可以指"王师傅"本人，也可以指"王师傅的老父亲"。

1. 哥哥和姐姐的朋友来了。
2. 他们多半去公园了，所以下午课未上。
3. 鸡不吃了。

二 市场调查报告

（一）市场调查报告的概念

市场调查报告是对市场进行深入调查研究后，对调查获得的信息资料进行系统、周密的整理后，根据实际需要进行分析、归纳、综合后撰写的书面报告。它是经济领域最常见的应用文体之一。

微课：
系统全面的调查报告

（二）市场调查报告的分类

根据市场中的不同要素，市场调查报告可分为以下四类：

（1）商品情况的调查报告，主要是针对商品特性，原材料，产量、质量、价格等方面的调查分析。例如，《全国45家实体书店文创（文具）等多元产品调查报告》《新康养科技产品使用情况调查报告》。

（2）消费者情况的调查报告，主要调查分析某一种或某一类商品消费者的数量、分布、性别、年龄、职业，消费者的收入、消费能力、消费倾向等方面的情况。例如，《2024年一季度中国消费者消费意愿调查报告》《2024年沈阳市大学生消费状况调查报告》。

（3）销售情况的调查报告，主要调查商品的销售情况，反映商品的供求比例、市场份额、销售前景、销售渠道等方面的内容。例如，《成都市100家大中型知名中餐馆和火锅店葡萄酒销售情况调查报告》《电焊机行业部分制造企业2023年第3季度销售情况调查报告》。

（4）市场竞争情况的调查报告，主要调查分析竞争对手及其产品的情况，如对手的数量，对手的经营策略、产品的优势等。例如，《应对大行下沉 提升竞争能力——基于普惠型小微企业贷款市场竞争的调查报告》《紫苏籽油的市场竞争情况调查报告》。

市场调查报告的分类如图5-10所示。

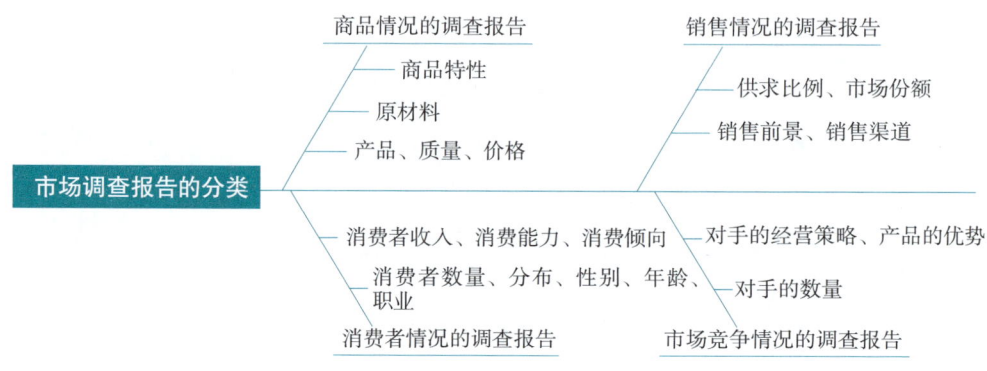

图 5-10　市场调查报告的分类

（三）市场调查报告的特点

1. 针对性

调查报告在选题上要有针对性，确保目的明确、有的放矢，这样才能发挥市场调查应有的作用；同时，调查报告还必须明确阅读对象，考虑不同阅读对象的需求，这是因为不同的阅读对象，他们的要求和所关心问题的侧重点是不同的。

2. 新颖性

市场调查报告的新颖性是指调查报告应以全新的视角去发现问题，用全新的观点去看待问题。具体来说，新颖性可以体现为创新的研究方法、前沿的调查主题、独特的呈现方式以及跨学科的研究视角等。

3. 时效性

市场的信息千变万化，经营者的机遇也是稍纵即逝。因此，市场调查行动要快，调查报告发布要快，做到在竞争中取胜。例如，一家公司即将推出一款新产品，并希望了解市场对此的反应。在这种情况下，市场调查报告需要迅速收集和分析数据，以便在产品发布前提供最新的市场反馈。

4. 科学性

市场调查报告不是单纯地报告市场情况，还要客观、科学地进行分析和研究，寻找市场发展变化的规律。市场调查报告的科学性主要体现在研究设计、数据收集、分析方法和结论推导的严谨上。

中国古代的调查制度

中国古代社会历朝历代对体察民情颇为重视，并由此衍生出了"采诗观民风"这一调研资政制度。采诗制度早在先秦就已广泛出现，在西周时期就已经相对成熟。负责采集诗歌的人，就是采诗官。从先秦时起，"采诗官"就开始担负着获得民间信息、通晓民间实情的重要职能。他们主要在民间采录百姓生活、习俗等大事小情，并加以编纂，以歌谣的方式呈现给国君，让其了解百姓的所想所思，为其治国理政提供重要依据。虽然古人并未明确提出调查研究的概念，但通过采诗了解民间疾苦，作为施政的参考依据，这实际上就是在进行调查研究了。

（资料来源：尹传政．最早的内参资政——采诗官．学习时报，2022年12月，有改动）

（四）市场调查报告的写作格式

市场调查报告由标题、正文、落款三部分组成。

1. 标题

市场调查报告的标题可以由"调查的单位＋事由＋文种"构成，如"××公司关于××产品滞销的调查报告"；也可以直接指出或用提问的方式揭示调查对象的状况，如"电动玩具为何如此热销？"；还可以运用双行标题，即正标题点明文章主旨，副标题进一步解释说明，如"'皇帝的女儿'也'愁嫁'——关于舟山鱼滞销情况调查"。标题要与市场调查报告的内容相符合，力求做到简洁醒目。

2. 正文

（1）前言。前言也称引言、导语、开头，一般要说明调查的目的和依据，调查的对象、时间和范围，调查采取的方法，抽样统计的数据等。前言宜写得简明扼要、朴实严谨。前言常用的写作句式有"本报告旨在探讨和分析……""为了……，我们进行了深入的调查""本次调查采用了……的方式""采用了……等方法对数据进行挖掘分析"等。

（2）主体。主体是市场调查报告的核心部分。一般包括以下三个方面的内容：

①基本情况介绍。即对调查对象过去和现在的客观情况进行介绍。

②分析与预测。对调查、收集得来的材料进行充分的分析和研究，从而预测市场的发展变化趋势。

③措施与建议。根据调查和预测，提出相应的措施和建议，供决策者参考。

（3）结尾。结尾部分或是对全文的概括归纳，或是重申观点，或是提出希望和建议，或是提出未能解决而又需引人注意的问题。

3. 落款

落款包括调查者的单位名称、个人姓名以及成文时间。标题下方已注明调查者和成文时间的，落款部分可以省略。

市场调查报告的写作格式如图5-11所示。

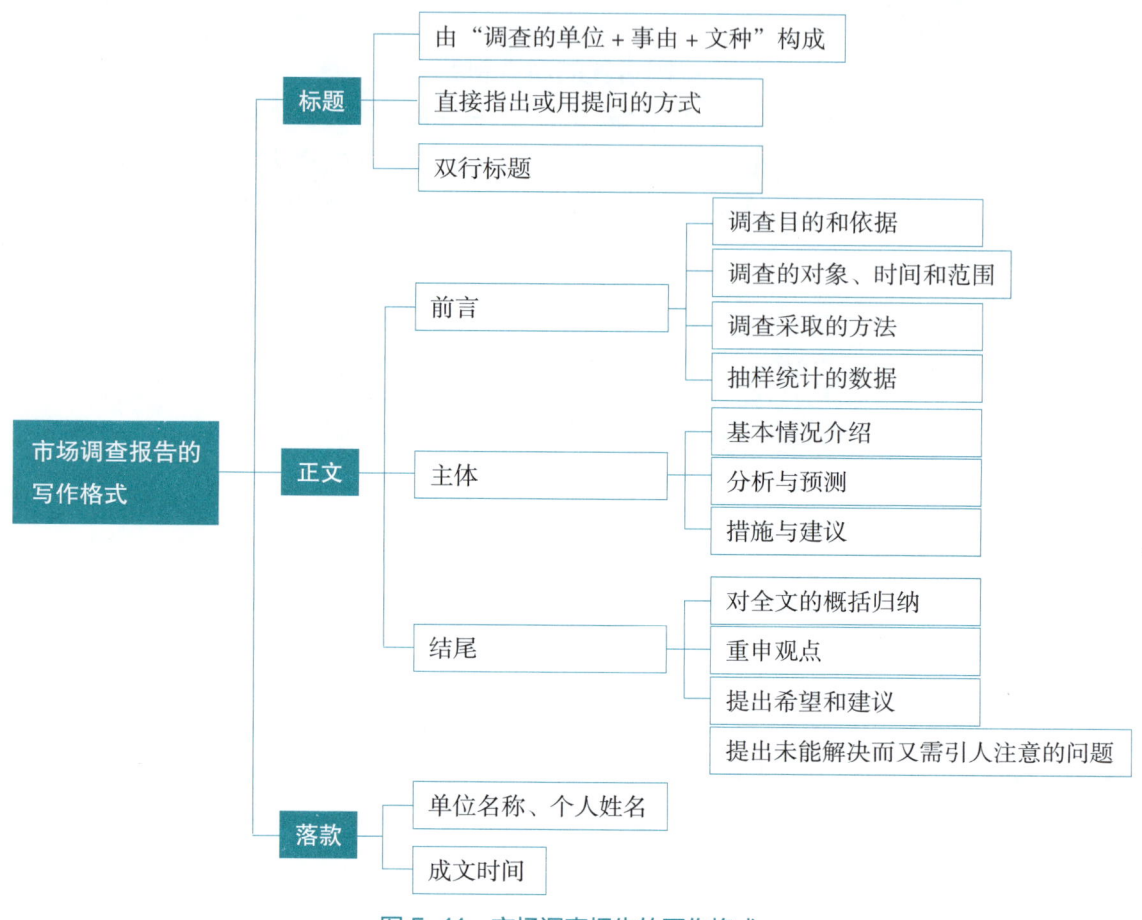

图 5-11　市场调查报告的写作格式

（五）市场调查报告的写作要求

1. 深入调查

要写好市场调查报告就必须从客观实际出发，进行深入细致的市场调查，掌握充分的材料和数据，并运用科学的方法来分析研究，如实反映调查情况，做到实事求是、真实可靠。具体来说，一要通过多渠道进行详尽的数据收集，包括一手数据（如问卷调查、实地考察、实验数据等）和二手数据（如行业报告、政府统计数据、专业数据库等）。二要深入分析获取的数据资料，运用恰当的统计和分析方法，如回归分析、因子分析、SWOT分析等，深入挖掘数据背后的含义和规律。三要进行案例研究，针对特定问题或案例进行深入研究，提供具体的实证分析。

2. 突出重点

写作调查报告时，不能简单地罗列现象，而应选取最能说明问题的典型事例和有代表性的数据，做到点面结合、中心突出、详略得当、疏密有致。除了精选材料，在结构上也要通过合理的章节安排和逻辑流程，使报告内容主次分明、条理清晰、重点突出。

3. 讲求时效

市场情况瞬息万变，因此，市场调查报告必须准确把握市场的脉搏，及时反映市场的变化。

4. 语言简明

市场调查报告的语言要简明扼要，清楚明确地表达内容即可。在语言简明扼要的基础上，还可以通过图表、图形等视觉元素，简化复杂信息的表达，提高报告的可读性。

写作之窗

调查研究"五字诀"

"深"：就是要深入群众，深入基层，善于与工人、农民、知识分子和社会各界人士交朋友，到田间、厂矿、群众和社会各层面中去解决问题。

"实"：就是作风要实，做到轻车简从，真正做到听实话、摸实情、办实事。

"细"：就是要认真听取各方面的意见，深入分析问题，掌握全面情况。

"准"：就是不仅要全面、深入、细致地了解实际情况，更要善于分析矛盾、发现问题，透过现象看本质，把握规律性的东西。

"效"：就是提出解决问题的办法要切实可行，制定的政策措施要有较强操作性，做到出实招、见实效。

（资料来源："共产党员"微信公众号，2023-05-28，有改动）

（六）市场调查报告和市场预测报告的联系与区别

1. 联系

市场调查是市场预测的手段，是市场预测的基础。市场调查报告和市场预测报告在调查上是重合的。

2. 区别

（1）对象不同。市场调查的对象是过去和现在已经存在的经济现象，而市场预测的对象是尚未形成的经济现象。

（2）目的不同。市场调查偏重于了解市场的历史和现状，进而发现问题，总结市场发展变化规律；市场预测偏重于了解市场的将来走向，以帮助企业预测商品供求的变化趋势。

（3）方法不同。市场调查报告一般通过现场调查或抽样调查获取资料，加以分析整理，得出结论；而市场预测报告则主要根据统计资料，通过科学分析，预测市场未来走向。

例文简析

2023年第二季度全国旅行社统计调查报告

按照《全国文化文物和旅游统计调查制度》要求，经各省（区、市）文化和旅游行政部门审核，现将2023年第二季度全国旅行社统计调查情况汇总如下：

一、填报情况

截至2023年6月30日，第二季度全国旅行社总数为50 780家，第二季度全国旅行社统计调查数据审核完成率为88.70%。全国26个地区数据审核完成率高于全国水平。

……

二、国内、入境、出境旅游市场情况

（一）国内旅游

2023年第二季度全国旅行社国内旅游组织3 861.26万人次、9 729.39万人天；接待4 470.13万人次、9 729.96万人天。国内旅游单项服务1.88亿人次。(详见附件2)

第二季度旅行社国内旅游组织人次排名前十位的地区由高到低依次为浙江、广东、江苏、湖南、湖北、上海、重庆、江西、山东、北京。(见图1)

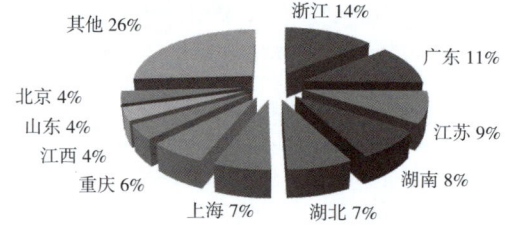

图1　第二季度国内旅游组织人次排名前十位的地区

……

（二）入境旅游

2023年第二季度全国旅行社入境旅游外联17.70万人次、65.32万人天；接待42.58万人次、148.13万人天。入境旅游单项服务75.81万人次。(详见附件3)

第二季度旅行社入境旅游外联人次排名前十位的客源地国家或地区由高到低依次为中国香港、越南、中国澳门、俄罗斯、韩国、中国台湾、蒙古国、泰国、美国、新加坡。(见图2)

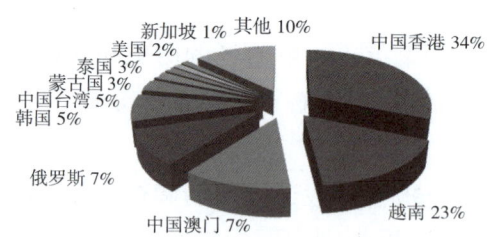

图2　第二季度入境旅游外联人次排名前十位的客源地国家或地区

……

（三）出境旅游

2023年第二季度全国旅行社出境旅游组织121.75万人次、564.07万人天。出境旅游单项服务39.01万人次。（详见附件4）

第二季度旅行社出境旅游组织人次排名前十位的目的地国家或地区由高到低依次为泰国、中国香港、中国澳门、越南、新加坡、马来西亚、印度尼西亚、法国、埃及、意大利。（见图3）

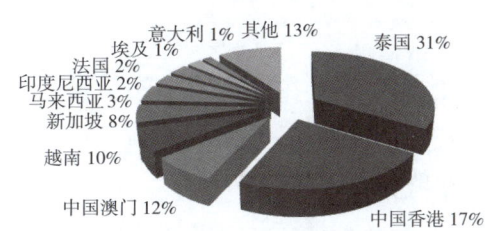

图3　第二季度出境旅游组织人次排名前十位的目的地国家或地区

（四）三大旅游市场整体情况

……

三、地区情况

2023年第二季度旅行社三大市场组织（外联）接待人次（人天）汇总排序前十位的地区由高到低依次为广东、湖南、浙江、江苏、云南、北京、上海、广西、四川、湖北、重庆。其中，湖北和重庆并列第十。（详见附件5）

附件：略

（资料来源：中华人民共和国文化和旅游部，2023-08-31，有省略）

例文评析

这篇调查报告用多张数据图来辅助说明，通过数据图，读者可以清晰地看到2023年第二季度全国旅行社统计调查情况。

调查报告本身就是利用第一手的材料来阐明观点和揭示主题的，这种图文结合式的写作方法，能够更直观地说明问题，也能够化繁为简，使读者的阅读更轻松、更省时。

牛刀小试

一、填空题

1. 市场调查报告可以分为（　　　）、（　　　）、（　　　）、（　　　）。
2. 市场调查报告的特点有（　　　）、（　　　）、（　　　）、（　　　）。

二、判断题

1. 有的市场调查报告可以在标题下方注明调查者和成文时间，此时落款部分可以省略。　（　　）
2. 市场调查报告的结尾有时可以省略　（　　）

三、实务实练

选择你熟悉的一种饮品，对其在本地的市场销售状况做市场调查，并撰写一篇小型的市场调查报告。

三　策划书

（一）策划书的概念

策划书是指针对各种商务活动、社会活动等，为了达到一定目的所制订的具有创意性、可行性的行动计划，也称企划书、策划案等。

微课：
策划书总述

"策划"的来龙去脉

策划是一个由来已久、内涵极为丰富的概念。从语源学出发，追本溯源，理清其词义的发展演变，才能更深刻地理解"策划"。

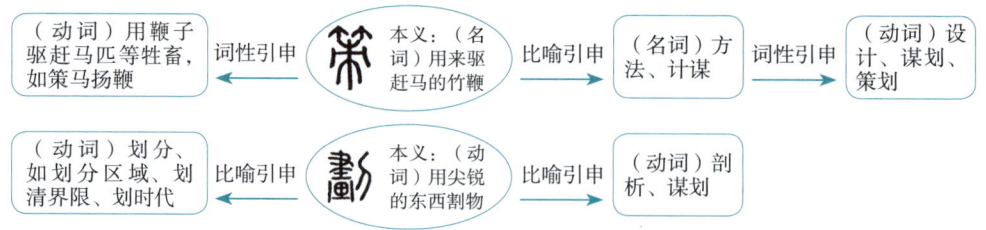

（资料来源：熊海峰.策划理论与实务——从原理、方法到能力.北京：知识产权出版社,2020.）

（二）策划书的特点

1. 目的性

策划书的主要目的是明确项目或活动的目标，包括想要达到的结果和希望取得的效益，只有明确了目标，才能够有方向地制定相应的策略和行动计划。

2. 传播性

大型活动本身就是传播载体，具有传播的作用。活动策划书就是在遵守法律、遵从道德的基础上，通过文字的形式，将活动的意义、目的、效果传播到它应该覆盖的各个角落。

3. 创新性

创新性可以体现在策划内容的独特性、项目设计及实施的新颖性上，策划书的创新性能够使方案更具挑战性和前瞻性。

4. 可操作性

创意再好也必须落实到行动中才能实现，策划书就是专题活动的具体行动计划，是在实际调研、综合考虑各种条件后形成的，应该具有可行性和可操作性。

（三）策划书的分类

从内容来看，策划书可分为市场商务策划书和专题活动策划书两类。前者如营销策划书、广告策划书、新品开发策划书等，后者如庆典活动策划书、比赛项目策划书、校园活动策划书等，如图5-12所示。本书所讲主要是专题活动策划书。

创新课堂：
活动策划书

图5-12　策划书的分类

（四）策划书的写作格式

策划书一般包括标题、正文、落款三部分。

1. 标题

标题可以由单位名称、活动内容、文种构成，如"××大学校园招聘会活动策划书""××公司新品推广策划书"；可以由活动内容加文种构成，如"书香校园活动策划书""创新创业大赛策划书""应用文写作素养大赛策划书"；也可以用正副标题的形式来表述，如"科研筑梦　强国有我——科研人物故事系列短片拍摄策划书""'青春不打烊，传播正能量'——主题团日活动策划书"。

微课：
活动策划书的写作格式

2. 正文

（1）活动背景。活动背景应根据策划方案的特点在以下项目中选取重点内容进行阐述，具体包括基本情况介绍、主要执行对象、近期状况、组织部门、开展原因、社会影响以及相关目的、动机。另外，应说明问题的环境特征，主要考虑环境的内在优势、缺点、机会及威胁等因素，对其做好全面分析，并通过对情况的预测制订计划。

（2）活动意义及目标。活动意义应该用简洁明了的语言表述清楚。在陈述意义时，该活动的核心构成、策划的独到之处以及由此产生的意义等都应该明确写出。活动目标要具体化。

（3）活动主题。活动主题是整个策划的灵魂，是统领整个活动、连接各个项目及各个步骤的纽带。策划的活动要为广大公众所接受，就必须选好主题。选出适合的主题需要综合考虑活动目标、受众需求、创新性和可行性等多个方面。只有经过深入思考和精心策划，我们才能选出最符合活动宗旨和公众期待的主题，为活动的成功打下坚实基础。

（4）活动安排。这部分需要写清楚活动的时间、地点、对象以及活动的主办单位、承办单位。这部分内容是策划书的最基本要素，应做到详细、准确。需要注意的是，活动时间、活动地点、活动对象等要素也可以各自作为一级标题分开书写。

（5）活动内容与要求。活动内容力求详尽、没有遗漏。在此部分中，首先应详细交代活动推进的具体步骤，包括活动项目、活动流程、活动规则、评分细则、奖项设置等，确保决策者和工作人员准确把握整个活动的组织，必要时还应注明注意事项。其次，要说明人员的组织配置以及相应权责，既要有统筹者，也要有具体执行者；既要有专门负责者，也要安排机动人员，以备应急调遣，人员分工明晰，责任到人，活动才能得到有效落实。再其次，对策划的各活动项目，应按照时间的先后顺序排列，绘制实施时间表，便于方案核查。最后，这部分内容在写作时不局限于文字表述，也可以适当加入统计图表等。

（6）经费预算。可以按照"明确预算范围、列出所有费用项、估算每项费用、汇总预算、预算调整与优化"的顺序最终确定费用预算，并以清晰明了的形式列出。需要注意的是，经费预算只是策划书的一部分，它需要与策划方案、活动流程等其他部分相互协调，共同构成一个完整的策划体系。

（7）应急预案。策划是有预见性的，策划书应针对突发事件或计划外情况制定应急预案，以保障活动顺利进行。在写作策划书的过程中，可以根据活动的性质、规模和场地等因素，列出可能出现的突发情况，如天气突变、设备故障、人员伤害、安全事故等，然后对每种突发情况进行风险评估，确定其发生的可能性和潜在影响，并制定相应的应对措施。

3. 落款

在策划书最后一页右下角写明活动策划单位的名称和日期。落款的主要作用包括标识活动策划团队的身份和责任，提高团队的信誉度，以及防止活动策划过程中出现纠纷。

（五）策划书的写作要求

1. 策划要主题单一

在策划活动的时候，要扬长避短地提取当前最重要也是最值得推广的一个主题，向目标群体传达最重要的信息。这样做可以提高信息传递效率、增强记忆点以及提升活动执行效果。

2. 策划要简练可行

策划书的内容要简洁集中，这样不仅易于操作和执行，还有助于确保策划活动的高效性和成功率。在写作过程中可以通过明确目标、优先级排序、删除冗余内容、简化流程、明确责任、量化指标等方法让策划书内容做到简洁集中。

3. 策划要严谨客观

策划书写作需要建立在严谨、客观的基础上，这样才能确保策划的有效性和可行性。在活动策划前期，需要进行深入调查，运用定性和定量的方法对收集到的数据、资料进行分析，确保策划基于真实可靠的数据。在策划书的写作过程中，需要吸取不同背景和专业的团队成员的意见，以增加策划的多元性和全面性，同时措辞要客观严谨，避免夸大其词或主观臆断。

写作之窗

视觉化效果让你的策划书更出彩

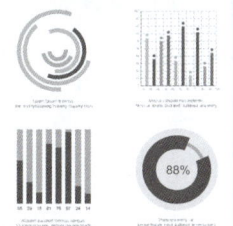

为使策划书达到更好的效果，同时增强策划文案的可操作性，写作策划书时，可以采取一些视觉化表现手段。这主要分为两个方面的内容，一是文字和版面处理的视觉化，如重要部分使用抢眼的字体或用放大字号来表现，或将标题或小标题彩色化；二是形成流程表、制图或使用绘画和照片，用图表和图案等来进行辅助说明。

例文简析

例文一

"情系家乡　青春建功新时代"2022年朝阳县暑期三下乡活动策划书

一、活动背景

为深入贯彻落实习近平总书记关于青年工作的重要思想，特别是习近平总书记在庆祝中国共产主义青年团成立100周年的重要讲话精神，聚焦迎接党的二十大这一工作主线，坚持"受教育、长才干、作贡献"的宗旨，激发我县青年振兴发展的激情，引导更多朝阳县籍大学生心系家乡、宣传家乡、服务家乡，增强新时代新青年热爱家乡的朴素情感，帮助青年学生不断提升社会化能力，为在外高校学子搭建就业创业平台，团县委决定举办"情系家乡 青春建功新时代"2022年暑期"三下乡"社会实践活动。

二、活动主题

情系家乡　青春建功新时代

三、活动时间

2022年7月—2022年8月（活动具体日期以微信群通知为准）

四、活动简介

1.活动方式：集中学习和现场观摩相结合

2.活动人数：40人（志愿服务者人数不设限）

3.活动内容：

（1）乡村振兴实践活动。组织学员集中参观县域内龙头企业、特色产业，采取讲师授课与现场观摩、座谈会研讨交流等方式，让学生参与乡村振兴战略实施，进一步了解家乡发展趋势。

（2）青春寻访红色记忆。参观××乡烈士陵园，追寻红色足迹，缅怀革命先烈，以沉浸式教育感念党恩，坚定理想信念跟党走。

（3）家乡志愿行活动。围绕农村人居环境整治、创建文明城市、反诈等党委中心工作组织志愿服务活动，引导在校大学生热爱家乡事业、激发参与家乡建设热情。

（4）开展创业就业培训。邀请就业、创业导师或青年典型，与同学们分享创业就业知识，为参与者一同在成长途中寻找发展方向。

（5）开展情暖人心活动。走访慰问困难儿童，开展志愿帮扶活动。

注：本次实践活动全部免费

五、活动对象及条件

朝阳县籍的应届高中毕业生、大中专学生（以大三、大四学生为主，毕业两年内的大学生也可报名）和研究生，符合以下基本条件均可报名：

1.理想信念坚定、组织纪律观念强。

2.品学兼优、身体健康，无违法违纪等不良记录。

3.服从管理，注重形象，充分展示当代青年学生积极向上的精神风貌。

六、报名方式

1.扫描下方二维码，加入活动微信群。

（二维码略）

2.查看群公告，在指定邮箱中下载活动报名表，填写后发送至邮箱××××××××××，邮件标题为暑期"三下乡"社会实践活动报名表。

3.报名后的同学需要返回微信群，修改群昵称为真实姓名。报名以邮件为准，截止时间为2022年7月20日下午4点。

4.联系方式：
联系人：×××　×××
联系电话：××××××××
电子邮箱：××××××××××

共青团朝阳县委员会
2022年6月30日

（资料来源：共青团朝阳县委员会微信公众号，2022-07-14，有改动）

例文二

"应用文写作素养大赛"策划方案

　　文以载道，章以达意，良好的应用文写作能力是学生在生活、学习和未来的工作中必不可少的重要技能。为提升学生的应用文写作能力及创新思维，增强公众演说及团队协作能力，推进第二课堂，深化素质教育，校团委定于2024年4月举办××××学院首届"应用文写作素养大赛"。

一、大赛主题

妙笔生花，"文"以致用

二、参赛人员

××××学院全体在校学生

三、比赛时间

2024年4月

四、比赛内容与要求

本次比赛以团队形式报名参赛，每支团队设置领队1人、参赛选手2人。

比赛分为材料撰写、现场展示两个环节。

（一）材料撰写环节

需提交3份文字材料，具体文种见附件1。

（二）现场展示环节

需由1名队员进行团队及选题介绍，2名队员进行应用文实践展示，每人用时5分钟以内。建议以PPT辅助展示。

五、比赛办法

本次大赛由公共课教学部与校团委联合主办。比赛分初赛、决赛两个阶段，各二级学院初赛推选报名队伍应不少于3支团队，经专家评审后择优进入决赛。

1.初赛：各学院于4月14日前将推荐团队报名表（附件2）及参赛作品（包括文字材料和现场展示PPT）报送至邮箱××××××××，参加初赛遴选。公共课教学部、校团委将邀请相关专家担任评委，对各学院报送的材料进行评审，按照30%的比例选出优秀团队参加决赛。

2.决赛：决赛环节将由专家评委对各团队的文字材料和现场展示进行点评打分（文字材料得分占最终成绩的60%，现场表现得分占最终成绩的40%，决赛具体事宜另行通知）。

六、其他事项

1.参赛选手应为××××学院在校学生。

2.现场展示环节如需辅助，请提前自备相应背景视频、音乐等，报名时需予以说明。

3.参赛作品应为原创，不得抄袭，不得侵犯他人知识产权，否则取消参赛资格。

七、评比奖励

本次比赛将按决赛队伍总数的10%设置一等奖，20%设置二等奖，30%设置三等奖，优秀奖若干。

八、联系人及联系方式

联系人：××× ×××

联系电话：××××××××

电子邮箱：×××××××

附件：

1."应用文写作素养大赛"选题指南

2."应用文写作素养大赛"团队报名表

××××党政办公室

2024年3月28日

例文评析

第一篇例文是一篇操作性较强、内容简练、主题单一的专题活动策划书，文中说明了活动背景、活动主题、活动时间、活动简介、活动对象及条件，对活动进行了全面而具体的策划和安排，内容呈现清晰。同时，不难发现，这份策划书相较于策划书的常规要素，省去了经费预算和注意事项，增加了报名方式。所以，写作策划书时，可以在基本的写作框架内灵活调整相关要素，不必"墨守成规"，因为写作策划书的最终目的是要让相关受众读懂、看懂，让活动圆满完成。

第二篇例文的结构安排较为合理，从大赛的主题、参赛人员、比赛时间到比赛内容与要求、比赛办法等，都按照逻辑顺序进行阐述，使得读者能够清晰了解比赛策划方案的基本情况。策划方案中还明确指出了提高学生的应用文写作能力及创新思维、增强公众演说及团队协作能力等方面的目标，有助于激发读者的参与兴趣。

牛刀小试

一、填空题

1. 策划书的写作要求有（　　　　）、（　　　　）、（　　　　）。
2. 从内容来看，策划书主要有（　　　　）、（　　　　）两类。

二、判断题

1. 策划书要有可操作性。　　　　　　　　　　　　　　（　　　）
2. 策划书通常由标题、正文、落款三部分构成。　　　　（　　　）

三、实务实练

　　学校为表示对新生的欢迎，激发同学们对新学校、新生活的热爱；也为了展示当代学生的风采，丰富同学们的课余生活，为全体学生提供一个展现自我、释放才艺、增进友谊的舞台，学校决定举办新生迎新晚会。假设你是校学生会的成员，请你据此为迎新晚会撰写一份活动策划书。

> 讲好中国故事、传播好中国声音,展示真实、立体、全面的中国,是加强我国国际传播能力建设的重要任务

第六章　资讯传播文书

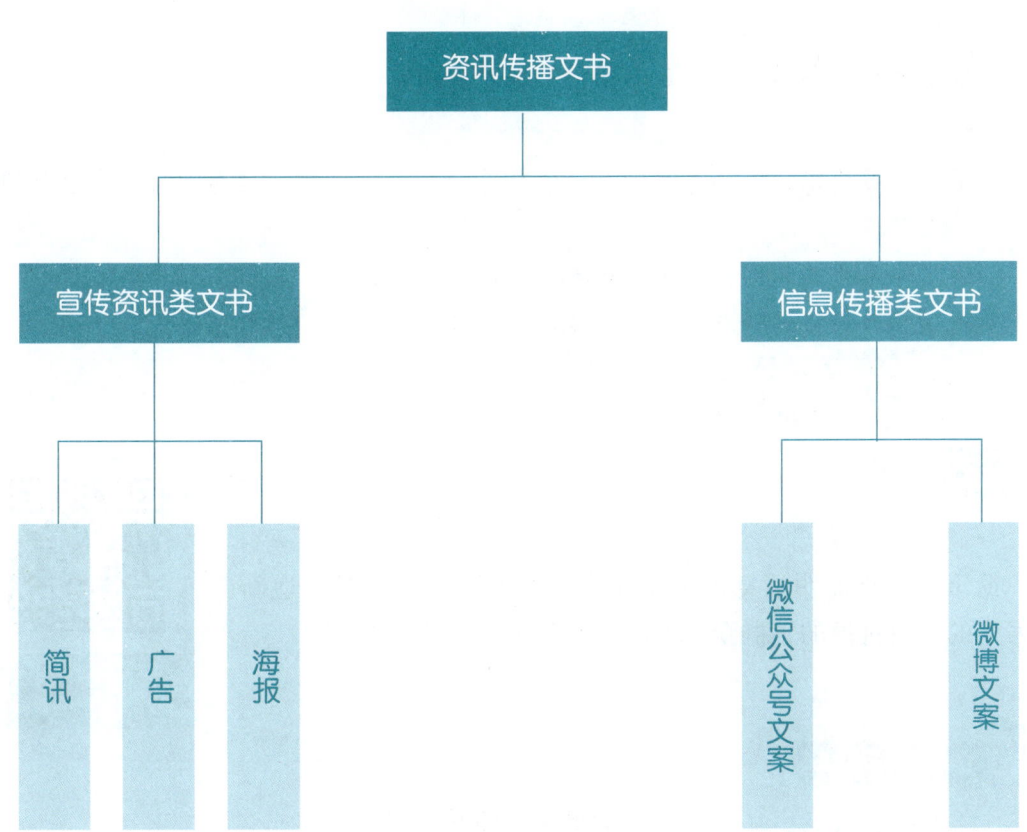

第一节 宣传资讯类文书

学习目标

● **知识目标**
1. 理解简讯、广告、海报的概念。
2. 了解简讯、广告、海报的特点和分类。
3. 掌握简讯、广告、海报的写作格式和写作要求。

● **能力目标**
1. 能够写出重点突出、言简意明的简讯。
2. 能够写出具备感染力和创新性的广告和海报。

● **素质目标**
1. 通过学习简讯，提高学生的社会责任感和批判性思维，培养学生实事求是的务实作风。
2. 通过学习广告的写作要求，培养学生的创新意识。
3. 通过学习海报的特点，提升学生的审美意识。

一、简讯

（一）简讯的概念

简讯，又称简明消息，是用简明扼要的文字，及时报道新近发生的、有价值的、群众最关心的事件的一种应用文书。

微课：
关注时事的新闻

中国最早的新闻载体

露布是一种写有文字并用以通报四方的帛制旗子，多用来传递军事捷报。露布从汉代开始就被古人用来传播信息，到唐代，封演的《封氏闻见记》记载，只要打了仗，人们就会将具体情况写在帛书上，并高高挂在竹竿上，向所有人报告战争的情况。露布面向公众传播信息，传播内容为最近发生的重要情况、最新资讯，具有公开传播的特性。

（资料来源：朱肖鼎.我国最早的新闻报——"露布".新闻记者，1987（12），有改动）

（二）简讯的分类

按照不同领域，简讯可分为以下四类：

1. 政治类简讯

政治类简讯是对政治领域中的重要事件、政策变化、选举结果、国际关系等进行简洁、准确、及时的报道。

2. 经济类简讯

经济类简讯是对经济领域中的重要事件和信息的简要概述，涉及市场动态、企业新闻、财经数据等内容，方便读者快速了解最新的经济动态。

3. 文化类简讯

文化类简讯是针对文化领域的报道，主要包括音乐、电影、戏剧、美术、建筑等各种文化活动和事件的最新动态。

4. 社会类简讯

社会类简讯是指对当前社会事件或热点问题进行简要概述和分析的新闻报道。

（三）简讯的特点

1. "真"：事实准确

"真实"是简讯的生命。在撰写简讯的过程中，要秉持高度的社会责任感，简讯的内容必须符合客观事实，简讯所写的人物、时间、地点，事情发生、发展的经过不能虚构。

2. "新"：内容新鲜

简讯贵在"新"，就是要报道新鲜事、新人物、新动态、新风尚、新知识、新问题等。它要求尽可能报道最新出现的人、事、物，且有认识、启迪和指导意义。

3. "快"：报道及时

简讯报道要迅速及时，时效性强。报道速度迟缓会降低简讯的价值，对新人物、新鲜事、新经验、新问题，要敏锐地发现，尽快地了解，迅速地反映。

4. "短"：篇幅简短

简讯一般篇幅短小、语言简洁，要求在有限的篇幅里传播尽可能多的信息，使读者可以用尽量少的时间获取尽量多的信息。

5. "活"：文笔鲜活生动

写作简讯时要做到文笔清新活泼，有生活气息，通俗易懂，可读性强。

（四）简讯的写作格式

1. 标题

标题是对简讯内容的高度浓缩，简讯标题的写作既要概括简讯的主要内容，又要醒目、新颖、有趣味，以引起读者注意，增强其阅读兴趣。

2. 主体

主体部分要用简练的语言概括出事件的主要内容，可按时间顺序写出事件的发展，或按空间位置的转换组织材料，或依据事物的逻辑联系来安排层次，对事实做出报道。

写作之窗

新闻五要素

简讯的主体遵循"新闻五要素"的写作原则,即写清:

何事(What)——发生的事件。

何人(Who)——涉及事件的主要人物。

何地(Where)——事件发生的具体地点。

何时(When)——事件发生的时间。

何因(Why)——新闻事件发生的原因或动机。

(资料来源:张琼.新闻写作五要素新解读.新闻传播,2012(05),有改动)

(五)简讯的写作要求

1. 去粗取精,突出重点

写作简讯要选取真实典型的材料,把角度选小,要集中一点,以少胜多,不搞大而全的总结式报道。

2. 挤掉水分,只讲事实

写作简讯要开门见山,不拐弯抹角,不搞"穿靴戴帽"。简讯要把新闻的主要事实,即最重要的东西,简洁明了地讲出来,体现实事求是的务实作风。

3. 言简意赅,质朴无华

写作简讯要学会炼字、炼句,言简意赅。写作中多用动词,少用形容词、副词;多用短句,少用长句、复杂句;多用短段落,少用或不用长段落。

例文简析

例文一

陕西神木石峁博物馆今日开馆

陕西神木石峁博物馆今日正式对外开放,馆内展出了石峁遗址和石峁文化时期的玉器、石器、陶器和彩绘壁画等各类珍贵文物688件组,包括国内年代最早的21件口簧,长2.5米的大型神面石雕等。石峁遗址是距今4 000年前后东亚地区目前已发现规模最大的城址。

(资料来源:新华网,2023-12-01,有改动)

例文二

多地推出春风行动高校毕业生就业服务专场

来自人力资源社会保障部的消息,从今天起,河北、山东、江苏、江西、河南等地依托春风行动，陆续开始推出高校毕业生专场服务活动，各地用人单位提供包括技术、管理、服务等多个领域的职位，覆盖医药、科技、装备制造业、商业等多个行业。

(资料来源：央广网，2024-02-22.)

例文评析

第一篇例文，结构清晰，由标题和主体两部分组成，标题简要概括出简讯的主要内容；主体部分遵循了新闻五要素的写作原则，概括出了事件的基本情况。在内容上，这篇简讯中包含了开馆的时间、地点、展出的文物种类和数量等关键信息，信息量充足，让读者能够全面了解到该事件的主要内容，并且突出了石峁遗址的重大历史价值，内容鲜明，使读者能够快速了解该博物馆的特色和意义。在语言上，这篇简讯简洁明了，没有过多的修饰，使得信息传达更加直接、清晰。

第二篇简讯涵盖了新闻五要素："何人"——人力资源社会保障部；"何事"——依托春风行动，推出高校毕业生专场服务活动；"何时"——从今天起；"何地"——河北、山东、江苏、江西、河南等地；"何因"——提供包括技术、管理、服务等多个领域的职位。在内容上清晰传达出事件的主要内容、时间、地点和原因，信息量充足，语言上简洁朴实、表意准确，符合简讯写作的要求。

牛刀小试

一、选择题

1. 哪个选项最适合描述简讯的特点？（　　　　）

A. 长篇幅，详细展开事件描述

B. 简短明了，突出主要信息

C. 使用复杂词汇和长句式

D. 引用大量统计数据和分析报告

2. 在简讯写作中，下列哪个要素是最重要的？（　　　　）

A. 细节丰富，展示深度报道

B. 语言华丽，彰显作者修辞功底

C. 准确传达信息，突出新闻要点

D. 引用多个来源，提升报道可信度

二、判断题

1. 简讯的特点之一是简洁明了，突出主要信息。（   ）
2. 简讯的主要目的是提供详细的背景信息，以帮助读者更好地理解新闻事件。（   ）

三、实务实练

请给下面一则简讯拟写一个标题。

今天（2024年7月11日），全国妇联在北京启动第32届全国青少年爱国主义读书教育活动。活动期间，将在各地中小学生中开展亲子阅读、主题宣讲、传统文化经典读书等特色活动，引导广大青少年成长为堪当强国建设、民族复兴大任的栋梁之材。

二 广告

（一）广告的概念

广告是通过一定的传播媒介，将语言与图像等视觉元素相结合，公开而广泛地向公众传递某一信息或宣传某一事项时所使用的文书。

创新课堂：广告

世界上最早的铜版印刷广告

北宋时期的"济南刘家功夫针铺"广告，被认为是世界上最早的铜版印刷广告，比西方公认最早的印刷广告早三百多年。铜板上雕刻着"济南刘家功夫针铺"，中间是白兔捣药的图案，图案两侧分别标注"认门前白""兔儿为记"的字样，下方的文字阐明了商品质地和销售办法："收买上等钢条，造功夫细针，不误宅院使用。转卖兴贩，别有加饶，请记白。"这张"广告纸"既可做包装纸，也可制作成张贴广告。此广告图文并茂，体现了较高的广告制作水平和广告理念。

（资料来源：央视新闻，2023-11-27，有改动）

（二）广告的分类

按照诉求方式、存在形式、目的、内容，广告可分为不同类型，因类型众多，不一一列举，具体分类如图6-1所示。

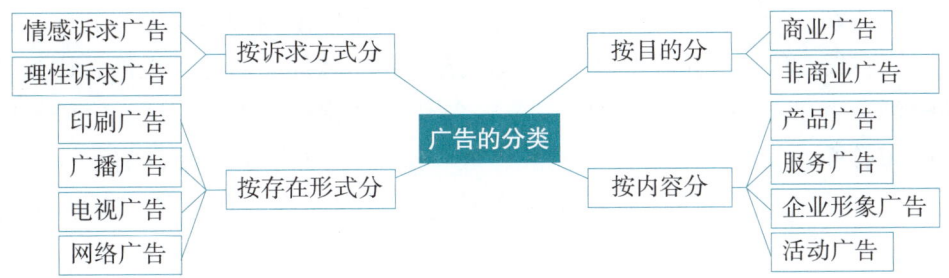

图 6-1　广告的分类

（三）广告的特点

1. 目的性

广告要针对特定的受众群体进行分析，吸引目标受众，起到宣传、推广产品或服务的作用。这就要求广告文案的写作具有明确的目的性，对广告的内容以及目标受众都应有全面的认识。

微课：
商品宣传广告

2. 创新性

好的广告需要有吸引人的创意和设计，能够吸引消费者的注意，引起消费者共鸣，从而提高品牌知名度或宣传某种理念。

3. 艺术性

为了着重表现商品或服务的优点，广告的设计需要考虑色彩、构图、文字等多方面的配合，以营造出良好的视觉效果和美感，由此吸引消费者的注意，提高品牌知名度和产品销售额。

4. 真实性

广告所宣传的产品或服务的特点、优势、质量等要与实际情况相符，且必须真实可靠，不能夸大其词来误导消费者。

（四）广告的写作格式

1. 标题

（1）直接式标题。直接式标题通常直截了当地传达产品或服务的主要信息或优势。例如，"免费试用""全新上市"等。

（2）间接式标题。间接式标题通常不会直接涉及产品或服务的主要信息和优势，而是通过侧面描述来引起受众的兴趣，例如，一则护肤品广告："这个夏天，你的美丽需要它的加持。"

（3）复合式标题。复合式标题是将直接式标题与间接式标题结合起来。一则复合式标题由一个主标题和一个副标题组成，主标题往往从侧面介绍产品，副标题则是正面说明产品的名称、型号、性能等，例如，"'有了它，让你的生活更加美好'——智能家居系统全新上市"。

2. 正文

正文要简明扼要地向受众介绍产品及其独特之处，进一步吸引受众，促使他们采取行动，以达到广告宣传的目的。广告正文可以采用以下两种写作方法：

（1）单一式。单一式正文具体向受众陈述产品的名称、商标、规格、用途等，突出产品给消费者带来的好处。例如，"××气垫系列跑鞋，极致舒适，突破界限。高透气性网布鞋面，保持干爽；耐磨橡胶鞋底，适应各种地形。多种颜色，多种选择，轻盈自如，引领潮流。选择××气垫系列跑鞋，体验舒适与卓越，开启全新跑步之旅。"

（2）复合式。除了直接向受众陈述产品的信息，还可以采用复合式的写法，即"引言+中心段"的结构。

引言位于正文的开端，它的主要任务是引起消费者的注意，并引出广告正文的中心段。例如，"快如闪电，稳如磐石；力求完美，技战结合。××乒乓球拍，让每一次挥拍都成为制胜的关键。"

中心段是广告的核心，要阐述产品或服务的基本信息或优势，以具备说服力的事实描述来陈述产品或服务所具有的无可替代的特点。例如："××乒乓球拍，碳纤维材质，轻盈坚固；特殊橡胶面层，增强摩擦，轻松实现精准旋转和快速击球。迅击为伴，助你掌控全场。"

3. 口号

广告口号也叫广告标语或广告警句。通常情况下，是一句富有感染力的话，反映某种品牌的经营理念、长远发展战略或产品的特点，并在一定时期内反复使用，成为该品牌特定的宣传语句和代名词。口号大多放置在结尾，也可穿插在正文中。

写作之窗

巧用修辞写广告

1. 比喻

通过比喻的修辞对广告对象的特征加以渲染，使其生动形象。例如，某公益广告"爱，是陪我们行走一生的行李"。

2. 拟人

通过拟人的修辞把广告对象人格化，使其亲切可感。例如，某药品广告"口腔卫士，舍我其谁"。

3. 对偶

通过对偶的修辞使广告语言凝练、音韵和谐。例如，某汽车广告"心静、思远，志在千里；顺畅、豁达，放怀天下"。

4. 双关

通过双关的修辞使广告语幽默风趣，实现言有尽而意无穷的语言效果。例如，某汽车润滑油广告"多一些润滑，少一些摩擦"。

4. 随文

随文也叫附文，位于广告结尾，一般交代广告方的名称、地址、联系电话、电子邮箱、传真号码、邮政编码等信息。

（五）广告的写作要求

1. 创意新颖

广告能否吸引并激发人们的兴趣，创新是关键，这就提醒我们要注重培养创新意识。广告创意一方面体现在广告主题立意的创造性，另一方面是在广告主题确定后，用独特、新奇的表现手法来展现主题，既包括"传播什么"的问题，又包括"怎样传播"的问题。

2. 重点明确

广告应该强调产品或服务的独特之处，突出其优点和特点。同时，也要分析受众的兴趣、需要、情感等心理因素，一定要针对他们的消费心理，善于根据不同地区、不同受众的消费特点，做到"有的放矢"。

3. 感染力强

广告的语言文字是否具有感染力，是衡量广告优劣的重要标志。因此，广告语言文字要准确、精练、鲜明、生动，既要通俗易懂、朗朗上口、易于记忆，又要活泼风趣、富有情调。

例文简析

例文一

突破极限，尽享精彩；创新科技，触手可及
——××新款手机全面上市

搭载 A15 处理器，运行流畅，配备 6.7 英寸超视网膜显示屏，色彩鲜艳。120Hz 刷新率，滚动顺滑，1200 万像素双摄，夜景清晰。长效续航，快速充电，存储灵活，满足需求。日常通信，畅快游戏，记录瞬间，连接世界，选择××新款手机，享受卓越体验，提升生活品质。

例文二

云端笔记，让记录随时随地

你想过无论何时何地，都能轻松记录灵感吗？
你想过所有笔记都能安全存储、方便查找吗？
云端笔记，助您随时记录、随时获取，打造高效学习与工作体验。无论是文字、图片还是语音，所有内容一键整理，让每个瞬间都不被错过。

例文评析

这两篇例文符合广告的写作结构，重点明确，富有语言感染力。第一篇例文采用复合式标题，正文采用单一式，陈述了产品的各项功能，介绍全面、条理清晰。第二篇例文采用直接式标题，正文采用复合式，引言使用两个问句，增强语言的感染力，为后文提出云端笔记做了铺垫，引起阅读者的好奇心，激发购买欲。

牛刀小试

一、填空题

1. 广告的特点包括（　　　）、（　　　）、（　　　）、（　　　）。
2. 广告标题的分类为（　　　）、（　　　）、（　　　）。

二、判断题

1. 广告口号的创作既要具有新颖、独特、简洁、便于记忆的特点，又要带有一定的鼓动性和针对性。　　　　　　　　　　（　　　）
2. 广告包括标题、正文、口号和随文四个部分。　　（　　　）

三、实务实练

请自行选择某一产品，写一篇宣传广告文书。

三　海报

（一）海报的概念

海报是主办单位向公众告知举行文化、娱乐、体育、商务等活动信息的一种应用文书。海报不仅可以通过媒体进行发布，也可以张贴在闹市街头、车站、机场等公共场所，以此来引起大众注意，进而传播相关信息，引导大众参与活动。

文海百科

"现代海报之父":朱尔斯·谢雷特

1866年,法国的朱尔斯·谢雷特在巴黎他自己的印刷厂制作出第一张彩色的平版海报,标志着现代海报设计的产生。他从1866年到19世纪末,共设计出1 000多幅海报广告,其题材从戏剧到煤油及电影新星、摩登美女等,几乎无所不包。1889年,他获得了国际海报展览金奖,法国政府授予他荣誉勋章。他逝世后,尼斯城开办了收藏其作品的"谢雷特展览馆",他被后人誉为"现代海报之父"。

(资料来源:海报设计的前世今生.人民网,2018-01-22.)

(二)海报的分类

按内容,海报可分为以下几类:

1. 文艺类海报

文艺类海报主要是指告知电影、戏剧、文艺演出和大型公众活动信息的海报,如图6-2所示。

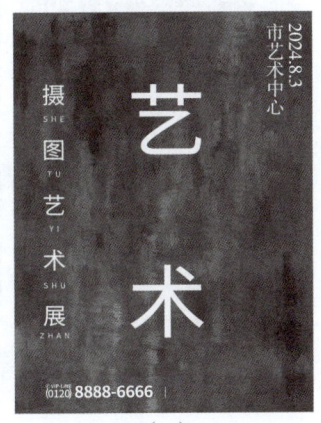

（a）　　　　　　（b）

图6-2　文艺类海报示例

2. 体育类海报

体育类海报主要是指介绍体育赛事和活动的海报,如图6-3所示。

（a）

（b）

图 6-3　体育类海报示例

3. 报告类海报

报告类海报主要是指告知举办各种学术讲座、报告等的海报，如图 6-4 所示。

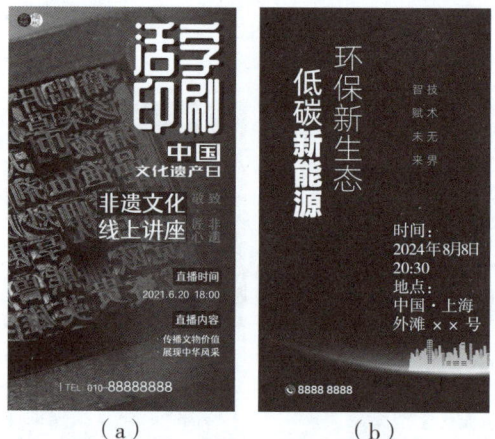

（a）　　　　　　（b）

图 6-4　报告类海报示例

4. 展销类海报

展销类海报主要是指告知各种展览活动的海报，如商品展销、科普展览等，如图 6-5 所示。

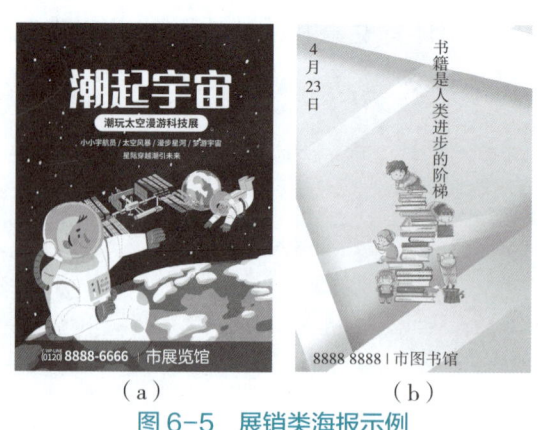

（a）　　　　　　（b）

图 6-5　展销类海报示例

（三）海报的特点

1. 宣传性

海报应清晰明确、准确无误地告诉受众关于活动或产品的重要信息，例如时间、地点、主题以及相关细节等，能够让受众快速了解所要宣传的内容。

2. 多样性

海报的设计和审美能力息息相关，海报要通过色彩搭配、排版布局、图文并茂等多种方式，增强视觉效果，使其具有强烈的表现力，从而引起人们的共鸣和注意，提高信息传达率。

3. 简洁性

海报需要在短时间内吸引读者的注意，并使他们了解海报上的全部信息，所以，用词应简明扼要，避免冗长和烦琐。

（四）海报的写作格式

1. 标题

（1）文种名作为标题。即在第一行中间写上"海报"字样。

（2）活动内容作为标题。直接将活动的内容作为题目。例如，"练好'提笔能写'基本功——应用文写作专题讲座培训"。

2. 正文

以简洁的文字写清楚活动意义、时间、地点、内容、参加办法以及注意事项等内容。

（1）一段式。正文内容较少，可以几句话说清楚的，只写一个自然段即可。

（2）项目排列式。内容稍多的可分项排列成文，这样可使内容清晰、一目了然。

（3）附加标语式。在正文首或正文末加上排列整齐的标语，起到吸引读者注意的作用。

3. 落款

落款是在正文右下方写清主办单位和发布时间。

写作之窗

海报文案写作技巧

海报要达到特定的宣传效果，仅仅依靠美术设计是不够的。海报作为一种活动信息传播文体，不仅应有美术设计的视觉冲击力，更应有文字内容的视觉冲击力。

在进行文案写作时，将其分成两部分，即宣传部分和实质说明部分。宣传部分是指海报文案中对公众最有吸引力、鼓动性最强的内容。在写作时，首先要对所宣传的活动的特色进行挖掘，找到活动本身的独特性；其次，分析海报受众的心理需求，抓住能激起受众兴趣的亮点做出宣传。实质说明部分是指海报所宣传的活动的时间、地点、参加对象、参加方式、主办单位、注意事项等。海报实质说明部分的写作关系到受众能否顺利参与活动，因此，在写作时，要充分考虑活动特点，将活动细致周密地表现出来。

（资料来源：王红.谈海报写作技巧.科技信息（学术研究），2008（32），有改动）

（五）海报的写作要求

1. 要素齐全

海报应该包括活动的时间、地点、内容、参加方式、注意事项以及主办方联系方式等必要的信息，以便读者能够准确了解活动的基本情况和参与方式，安排自己的日程。

2. 简明扼要

由于海报篇幅有限，在制作海报时必须使用简明扼要的语言，利用合理的排版设计来传达产品或活动的主要信息，确保海报有一个清晰的视觉焦点。比如，一个引人注目的图像或大胆的标题，可以迅速吸引读者的注意力。

3. 图文并茂

海报除了具备信息传播功能外，还要兼具审美功能。因此，海报的排版应该具有美感、设计感，图片和文字应结合得当、图文配合，使人眼前一亮，提高海报的可读性和视觉效果。

例文简析

示例一

示例二

例文评析

这两个海报示例结构清晰、内容完整。第一个示例的正文部分采用项目排列式，逐条列出主办单位和参赛对象、比赛时间、参赛地点，内容清晰，让人一目了然。第二个示例的正文部分采用附加标语式，在标题之下、正文之前加上排列整齐、朗朗上口的标语，能起到吸引读者注意的作用，之后也简明扼要地列出活动时间、地点和主办方等信息，符合海报的写作规范。

牛刀小试

一、填空题

1. 海报可以分为（　　　）、（　　　）、（　　　）、（　　　）。
2. 海报的特点包括（　　　）、（　　　）、（　　　）。

二、判断题

1. 海报包括标题、正文、落款三个部分。　　　　　　（　　　）
2. 海报以文字为主，一般不需要图片。　　　　　　　（　　　）

三、实务实练

为了欢庆元旦佳节，学院学生会准备在学院大礼堂举办"元旦联欢晚会"，具体时间是元旦当天的19:00—21:00，需要同学们持学生证入场。请为此次活动设计一份海报。

第二节 信息传播类文书

学习目标

- **知识目标**
1. 了解微信公众号、微博的概念及分类。
2. 掌握微信公众号文案和微博文案的写作格式和技巧。

- **能力目标**
1. 能够写出内容翔实、条理清晰的微信公众号文案。
2. 能够写出结构完整、重点突出的微博文案。
3. 提升对多媒体素材的整合和运用能力。
4. 提升信息筛选和编辑的能力。

- **素质目标**
1. 通过微信公众号文案的写作训练,提升学生的创意思维与逻辑思维。
2. 通过微博文案的写作训练,培养学生关注时事热点、客观表达观点的意识。

一 微信公众号文案

(一)微信公众号的概念

微信公众号是企业、组织、政府、个人在微信公众平台上申请的应用账号,通过公众号,使用者可以在微信平台上实现和特定群体的文字、图片、语音、视频的全方位沟通和互动。

(二)微信公众号的分类

根据不同账号主体,微信公众号可以分为以下三类:

1. 订阅号

订阅号是向订阅用户提供信息的一种公众号,其基本定位为资讯平台,为媒体和个人提供一种新的信息传播方式,构建与读者之间更好的沟通与管理模式。订阅号的主要功能是在微信侧给用户传达资讯,功能类似报纸、杂志。

2. 服务号

服务号是各类组织(如公司、媒体等)向用户提供与组织相关服务的一种公众号,给企业和组织提供更强大的业务服务与用户管理能力,其基本定位是提供服务,宣传性和媒体属性并不明显。服务号只允许组织申请,个人不能申请。

3. 企业微信（企业号）

企业微信是为企业客户提供的移动服务，是企业的专业办公管理工具，为企业提供丰富、免费的办公应用，并与微信消费、小程序、微信支付等互通，可以帮助企业建立员工、上下游供应链与企业IT系统间的连接。利用企业微信（企业号），企业或第三方服务商可以快速、低成本地实现生产、管理、协作、运营的移动化，并能有效简化管理流程、提高信息的沟通和协同效率、提升对员工的管理能力。

（三）微信公众号文案基本写作思路

1. 明确定位

在着手撰写微信公众号文案之前，首要任务是确立清晰的定位，这是因为精准的定位能使公众号展现出鲜明的特色，有效地吸引并维系目标受众。明确定位涵盖多个维度，具体包括目标群体定位、内容风格定位、功能目的定位、表现形式定位等。

2. 明确写作目的

明确写作目的是为了确保文案内容的聚焦性和有效性。根据具体情况，微信公众号文案的写作目的有以下几种类型：提供信息、推广产品、维护商家品牌、维系用户情感等。

3. 确定选题

确定选题需要充分考虑公众号的定位、目标受众的需求，以及内容的实用性和吸引力。好的选题一般具有以下几种特质中的某一条或几条：密切结合热点；提供专业知识；分享"干货"信息；提供情绪价值。

4. 凝练文章主题

进入文案撰写阶段后，要总结选题关键要点和核心信息，对所写文章的主题做到心中有数。

5. 搭建框架

确定选题和文章主题后，需要收集相关信息、数据和资料，构思文章的内容和结构，制订写作计划和大纲，对文章主要内容和重点进行谋篇布局。

微信公众号文案基本写作思路如图6-6所示。

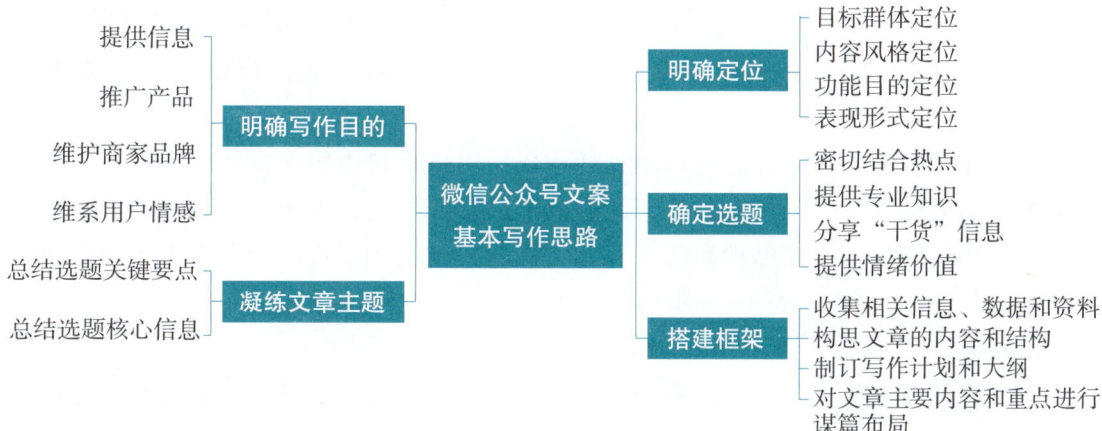

图6-6 微信公众号文案基本写作思路

（四）微信公众号文案写作格式与技巧

微信公众号文案的基本结构包括标题、开头、主体和结尾四个部分。

1. 标题

一个好的标题应该具有引起关注、筛选读者、传达信息、引导阅读四个功能。拟定一个好的标题，可以参考以下方法：

（1）提供利益。根据"自我参照效应"心理学理论，个体在众多的信息中更容易关注到与自身利益相关的信息。所以，微信公众号文案标题如果能够体现与读者利益密切相关的要素，便能有效提高吸引力。例如，"三部门发文！事关你的医保！""这些我们留着，其他的统统给你"。以上标题通过运用第二人称代词，限定身份标签，引导读者对号入座，同时提及与读者切身利益相关的要素，促成读者进一步点击阅读。

（2）设置矛盾。在标题中设置矛盾对立，容易对大脑形成冲击，从而吸引读者眼球，引发点击率。例如，"耶鲁毕业的小伙，为何坚持回老家做保温杯？""越聪明的人，越懂得下笨功夫"。在这里，"耶鲁毕业"与"做保温杯"、"聪明的人"与"笨功夫"形成了鲜明对比，产生了常规认知的矛盾，这种矛盾可以激发读者的好奇心，能够有效引导读者继续阅读。

（3）提出问题。在标题中提出问题，对答案的探知欲能引导读者进一步阅读。例如，"喝新茶饮、住茶民宿，茶是如何'圈粉'年轻人的？""请客吃饭为什么叫吃席？方言里还藏着哪些古语？"……这些标题不是直接告诉读者答案，而是以提问的方式，引发读者对相关问题的思考，为了得到答案或者寻求思想碰撞，读者便会进一步阅读全文，这样的标题可以起到吸引读者注意、引导读者阅读的作用。

（4）应用数字。数字更加直观，更有说服力，同时还能更好地展示文章的要点。例如，"15元→5.39元！年度'灵魂砍价'现场来了"。通过前后数字对比形成强烈反差，引起读者好奇心。

（5）引入情境。在标题中描绘某种情境，让读者产生画面感，触动其情绪，进而引起读者的兴趣并点击阅读。例如，"从前满身汽油味，如今两手胭脂香！""那个蒸馒头的炊事兵，后来集齐了一二三等功！"。以上标题都是通过对比的手法来营造画面感，将读者引入某种情境，触动读者情绪，是比较成功的情境型的标题。

以上几种标题的写作方法可以单独使用也可以进行自由组合。实际上，很多微信公众号文案的标题都使用了两种甚至两种以上的写作技巧，如上文提到的"耶鲁毕业的小伙，为何坚持回老家做保温杯？"这一标题，就运用了提出问题和设置矛盾两种写作技巧。

2. 开头

一个好的开头是维系读者注意力和推动读者继续阅读的关键。写好文章的开头可以借鉴以下几种方法：

(1) 开门见山。开门见山就是在文章的开头,用三五句话直接揭示文章的主题和作者观点,这种写法干脆利落、入题快捷、不蔓不枝,容易吸引读者的注意力。例如,《那个蒸馒头的炊事兵,后来集齐了一二三等功!》一文的开头是这样写的:

他曾是揉面蒸馒头的炊事兵

后来用 4 年时间

集齐一二三等功

……

文案开头没有任何铺垫,仅用几个短句来告诉读者,这篇文章主要讲述某士兵从炊事兵到集齐一二三等功的军旅故事,直截了当地揭示文章的主要内容,丝毫不拖泥带水,这就是开门见山式开头的优势所在。

微信启动图片变化始末

原本微信启动页选用的素材是美国 NASA 在全世界范围公开的非洲大陆上空视角,这幅摄影作品名为"蓝色弹珠",这是人类第一次从太空中看到地球的全貌。

2017 年 9 月 25 日,微信团队将我国新一代静止轨道气象卫星"风云四号"拍摄的中国上空成像图设置为新的启动图片,也为"风云四号"献上一份特殊的礼物,旨在向亿万微信用户展示华夏大地的河山风貌。

(资料来源:新华社微信公众号,2017-09-25,有改动)

(2) 讲个故事。在文章开头引用一则典故或现实生活中的小故事来引出主题,展开下文,可以增加文章的趣味性,能引起读者的兴趣。例如,阅读量超过 10 万的《无为的力量》一文,它的开头通过引入"儵和忽的'有为'害死浑沌"这一故事,引出本文的主题"无为的力量"。其开头如下所示:

庄子在《应帝王》中讲了一个故事:

上古时期,南海的帝王叫儵,北海的帝王叫忽,中央的帝王叫浑沌。

儵和忽经常来浑沌这里相会,浑沌对他俩很好。

他俩就想报答浑沌,说:人都有七窍,用来视物、饮食、呼吸,唯独他没有,我们试着替他凿开。

于是他们就替浑沌开七窍,一天开一窍,开到第七天,浑沌就死了。

儵和忽的"有为"害死了浑沌。

……

顺其自然,清静无为,是一种智慧,也是一种力量。

（3）引入事件。以某个新闻、视频或者某个事件为开头引入正文。例如，《大学生误食"人参"后昏睡17个小时？紧急提醒！》一文的开头：

近日，一段"大学生错把商陆当作人参，误食后睡了17个小时"的视频在短视频平台广泛传播，引发热议。

这篇公众号文案的开头就是通过引用"大学生误食'人参'"这一事件，来引入正文，向读者科普商陆不是人参，提醒读者不要自行采摘食用野生植物。

（4）讲述现象。通过讲述一种普遍的现象或者某种异常现象，进而总结观点、引出下文。例如，《网络戾气不该是伤人"利器"》一文的开头是这样的：

你有没有这样一种体验：在网上看到某条新闻深有感触，或是刷到某个视频觉得有意思，点进评论区正想谈谈看法，却发现总有一些"杠精"在进行言语攻击。他们总能找到莫名其妙的角度来发表不友好言论，并且一旦有人反驳、解释，他们更会像吃了火药一般开启"骂战"模式。

……

这也引发我们思考：网络戾气到底从何而来？我们又该如何拨开这层"迷雾"？

这篇公众号文案在开头通过讲述"网络骂战"这一现象，引发读者思考"网络戾气到底从何而来？我们又该如何拨开这层'迷雾'？"进而推进下文，引出观点"网络戾气不该是伤人'利器'"。

3. 主体

主体是文章的深入阐述部分。微信公众号文案的主体和传统文章主体的写作有许多不同。公众号文案大多是碎片化、娱乐化的阅读，所以，写作公众号文案主体部分时，应注意做到以下几点：

（1）尽量将整篇文案分散成数个短的段落。微信公众号文案多为"小屏"阅读，太长的段落容易让读者望而却步，所以，简洁的短段落更方便读者阅读，更受读者喜欢。

（2）多运用短句。相较于长句，短句表意简洁、明快、有力，易于阅读，传递的信息更容易被提取，同时富有节奏感，能有效地提升文章的可阅读性。

（3）使用简单的词汇。公众号文案多为碎片化阅读，简单易懂的词汇能让读者快速且轻松地理解文章主旨，能更好地提升读者的阅读体验感。

4. 结尾

好的公众号文案结尾可以起到画龙点睛的作用。要想写出好的结尾可以运用以下方法：

（1）总结概括。在文章末尾梳理全文，呼应文章总论点，其优点在于强调主题、突出主旨。例如，《信评分不如信舌头，这届年轻人开始青睐"3.5分餐厅"》一文的结尾：

"信评分不如信舌头"。这句话已经说出了很多年轻人的心声和选择。商家应该重视自身，回到"好好做食物"的本职工作，不必追求"卷好评"的泡沫。毕竟，虚假的宣传只能收获短期的利益，不能带来长远的口碑。

这篇公众号文案的结尾，首先回扣标题，加深读者的印象，同时将前面所论述的内容凝成全文的主旨，彰显文章的中心思想。

（2）引用名人名言。选择符合主题的名人名言进行结尾，可以让论据更充实，让观点描述更具有可信性，在强化文章主旨的同时增加文章的高级感。《流离百年，圆明园兽首的万里归途》一文的结尾就通过引用法国作家雨果的名言和中国谚语来佐证文章观点，增加了文案的知识性和深刻性。

正如法国作家雨果所说，"未来是一扇门，过去则是钥匙。"中国也同样有一句谚语："以史为鉴，可以知兴替。"对于人类共同文化艺术遗产的保护和传承，××集团找到了一条独特的道路。企业与社会和谐共生，归途致远，承启未来。透过这个不同寻常的关于回家的故事，我们看到的不仅是中法两国的甲子佳谊，更是文化相通、文明互鉴的共同愿景。

（3）运用关联。在结尾关联其他事项来回扣文章主题，通过拓展读者思维来进一步深化中心思想。例如，《"科目三"进修手册：全网都跳的科目三到底是什么？》一文的结尾是这样写的：

中国地大物博，每个省市或许都有自己的"神技能"和"科目三"。吉林人的"单腿驴"、内蒙古人的赛马、天津人的摊煎饼果子……

从表面上看，"吉林人的'单腿驴'、内蒙古人的赛马、天津人的摊煎饼果子……"和文章着重论述的"科目三"似乎并无太大关系，但实际上这是一种知识和思维的向外延伸和拓展，通过关联其他省份的"神技能"，引导读者进一步思考，进而回扣文章主题。

（4）使用排比。排比句句式统一，给人一气呵成的磅礴气势，特别适合在结尾强调意义、深化文章主题、展望未来时使用。以排比结尾，能够有效地带动和引发读者的情感。例如，发布在人民日报公众号上的文章《幸福的人生，从来都是简单的》的结尾：

人生之路有时曲有时直，有时起有时伏，有时难有时易，生活从来都不简单，但却可以选择简单点过。当你学会以简单的心看待纷繁世事时，定会看到人生最美的风景。

写作之窗

写作结构之"起—承—转—合"

《汉语大词典》将"起承转合"解释为"诗文写作结构章法方面的术语。'起'是开端；'承'是承接上文加以申述；'转'是转折，从正面反面立论；'合'是结束全文。"该写作方法目前最早可追溯至元代范德玑《诗格》中的"作诗有四法：起要平直，承要舂容，转要变化，合要渊水。"《红楼梦》第四十八回香菱学诗，黛玉对香菱道："什么难事，也值得去学？不过是起、承、转、合。"事实上，这一写作章法不仅适用于诗歌创作，也适用于现代写作，包括新闻报道、演讲稿、学术论文乃至微信公众号文案等各种文体。

例文简析

"沧海一粟"还是"浮海一粟"？不妨"较真"一下

近日，苏轼亲笔手书的《前赤壁赋》在台北故宫博物院展出，有网友发现原文写的是"渺浮海之一粟"，而非语文课本上熟悉的"渺沧海之一粟"。有人经考证，认为是后人抄写时出现笔误，才把"浮"写成了"沧"。要不要把大家耳熟能详的"沧海一粟"改为耳目一新的"浮海一粟"？引发热议。

实际上，经典文本，包括汉语的一些成语、词义等，在流传中出现错误，甚至"以讹传讹"，乃至最后"将错就错"，并不鲜见。成语"愚不可及"最早出自《论语》，原指人为了应付不利局面而假装愚痴，以免祸患，为常人所不及，是褒义词，而如今被用来形容极端愚蠢，是完全的贬义词。这类"反转""误读"，是由于后人无心也好、有意也罢，实际上已经成为历史进程的一部分，甚至属于文化传承的一种现象，已难言对错。对专业研究和语文课本来说，确应搞清来龙去脉，正本清源；而对大众来说，却也未必要锱铢必较，争得"脸红脖子粗"。难怪面对是"沧"还是"浮"，不少人赞同：不必太较真！

近些年来，可以看到的一个现象：大家对包括汉字、成语、文艺作品中的传统文化元素，更"较真"、更"挑剔"了，对历史和文化中的细节、脉络更在意、更考究了。今年热门的"国风"影片《长安三万里》《封神》等，尽管口碑不错，但其中的历史细节、文化要素也受到一些观众有理有据地批评、"找茬"。那些披着传统文化外壳的"神剧"，就更难以"糊弄"观众。这两天，央视龙年春晚公布以"龙行龘龘，欣欣家国"为主题，一个"龘"字冲上热搜，与之相关的历史考证、文化解读刷屏朋友圈。这些现象所反映的，早已超越了"较不较真"的问题，而是大众对传统文化更在意、更呵护了。当更多关于传统文化的有趣解读、严肃讨论成为舆论空间的"家常便饭"，我们对历史、对传统文化的认知广度与理解深度，也自然而然地"水涨船高"。

汉服热、博物馆热、"国风"文创热……这些新时尚充分彰显了中华优秀传统文化的魅力。而透过对传统文化要素的严肃讨论、仔细辨析，我们更看到今天对传统文化的追捧、喜爱，并不只是符号层面的，而是越来越深入文化的肌理，去把握形式和表达背后贯通古今的精神与内质。比如，这次对"沧海一粟"和"浮海一粟"的分析，就有观点认为，尽管原文是"浮"，但从传统文学和美学角度讲，"浮"字雕琢痕迹太重，反而是讹传的"沧"字意境更开阔，更符合古代文人所追求的胸襟和气质。这实际上已超越单纯的对错，成为一次文化意义上的"科普"。实际上，也只有深入中华优秀传统文化丰富的内里，才能更有效地推动中华优秀传统文化创造性转化、创新性发展，为建设中华民族现代文明提供更丰厚的资源、更扎实的滋养。

在这个意义上，是"沧"还是"浮"，不妨"较真"一下，甚至类似的理性讨论、深入分析，在舆论场中，反而应该多些、再多些。

（资料来源："人民日报评论"公众号，2023-12-05，有改动）

例文评析

本文选自"人民日报评论"公众号，该公众号的定位为"秉承党报评论的厚土，我们向新媒体平台伸出小小一枝，期待与您一起见证复杂而深刻的转型中国"，而这篇文章的落脚点之一就是"中华优秀传统文化创造性转化、创新性发展"，这正好契合了该公众号的定位，符合该公众号的基调风格。

本文的标题为"'沧海一粟'还是'浮海一粟'？不妨'较真'一下"，很显然是以"提出问题"的方式来吸引读者的注意力，同时提出文章观点——"较真"一下。开头部分开门见山，提出大家耳熟能详的"沧海一粟"实际上有可能是"浮海一粟"。文案结合当下热点问题，指出在中华优秀传统文化传承的大背景下，对于类似的"误读"问题，可以"较真"一下。本文结尾属于"总结概括型"，通过对文章的概括重申本文的核心观点。总体而言，这篇公众号文案逻辑清晰、论点鲜明、论据充分有理。

牛刀小试

一、填空题

1. 微信公众号文案基本写作思路是（　　　）、（　　　）、（　　　）、（　　　）、（　　　）。

2. 在微信公众号文案写作中，为了在开头就吸引读者的注意力，我们可以采取（　　　）、（　　　）、（　　　）、（　　　）这几种写作方法。

二、判断题

1. 服务号基本定位为资讯平台，为媒体和个人提供一种新的信息传播方式。（　　　）

2. 服务号是各类组织（如公司、媒体等）向用户提供相关服务的一种公众号。（　　　）

三、实务实练

李华同学是××职业技术学院新媒体中心的成员，现新媒体中心拟发布一篇有关社团招新的公众号文案。假如你是李华，请你列出本次招新的基本流程和关键环节，并撰写一篇公众号文案。

二 微博文案

（一）微博的概念

微博是微型博客的简称，这一概念译自英文 MicroBlog，在中国一般特指新浪于 2009 年上线的社交媒体，是基于用户关系的信息分享、传播及获取平台。用户可以通过手机、电脑等互联网终端，组建个人社区并实现即时分享。

古人的"微博"——题壁

"题壁"在唐代开始流行，寺院、驿站、客栈等场所，会特意留出墙壁，让过往的旅客来题诗，题的人多了，就成了一道风景线。

唐代诗人元稹曾写道："邮亭壁上数行字，崔李题名王白诗。尽日无人共言语，不离墙下至行时。"值得一提的是，题壁中的文字和内容大多具有极高的艺术价值和文学价值，如苏轼的《题西林壁》、陆游的《钗头凤》等。

（资料来源：根据《经典咏流传》节目视频编写，2021-04-29.）

（二）微博的类型

根据使用主体，微博可分为以下几类：

1. 个人微博

个人微博是个体通过微博发布各类消息，及时更新与自己相关的信息，以便能够更紧密地联系自己的亲朋、同学或粉丝的专用平台。

2. 政务微博

政务微博是政府机构或政府官员，为交流公共事务而开设的具有发布政令信息、回应社会诉求、承载民意、澄清舆情事实、助力网络问政等功能的微博账户。2011 年，中国的政务微博快速发展，呈现出"井喷"的增长态势，这一年也被称为"政务微博元年"。

政务微博主要有两大功能：一是媒体功能，如发布信息、引导舆论、传播形象等；二是服务功能，如信息服务、接访服务、在线办事等。

政务微博文案写作示例如图 6-7 所示。

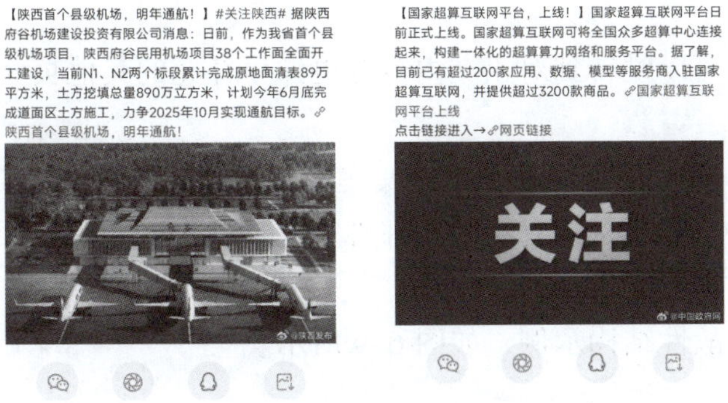

图 6-7　政务微博文案写作示例

3. 企业微博

企业微博是基于客户关系的信息分享、传播以及获取的平台，企业可以通过网络以及各种客户端组件，以精练简洁的文字更新企业信息，实现即时商业分享，如传播企业品牌和及时发布产品最新信息；与消费者进行直接沟通；开发新客户，同时增强旧客户的忠诚度，促进销售；把握信息的主动性和时效性。企业微博介绍及文案写作示例，如图 6-8 所示。

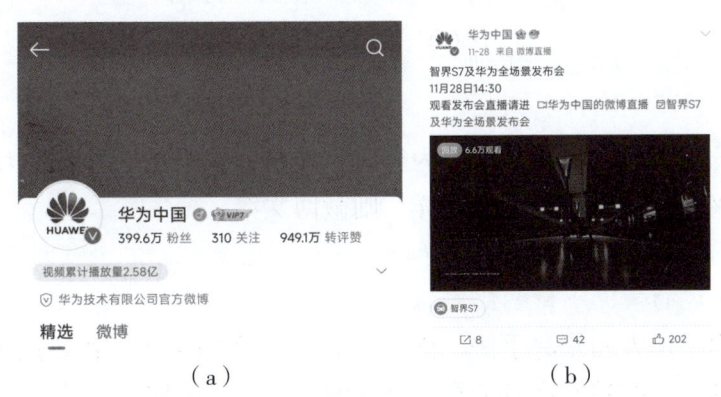

图 6-8　企业微博介绍及文案写作示例

（三）微博文案的一般性结构

一篇常规性的微博从结构组成来说，通常包括话题、正文、相关账号、网页链接和图片（视频）资源五个部分。

1. 话题

话题大多位于文案开始部分，是微博谈论的中心事件，通常用【】和双 # 括起来。

2. 正文

正文对话题进行详细展开，进一步阐明话题内容。

3. 相关账号

相关账号是指在写作正文时涉及的第三方账号，第三方可以是和内容有直接相关性的对象，也可以是作者想要沟通的对象，通常放置在 @ 后。

4. 网页链接

通过网页链接可以跳转到对正文内容有更详尽补充的其他页面。

5. 图片（视频）资源

图片（视频）资源通常出现在微博文案最后，和话题紧密呼应。

需要注意的是，并不是所有的微博都必须同时具备以上五个要素，写作微博文案时可以根据实际需求有所省略。

微博文案的一般性结构示例，如图 6-9 所示。

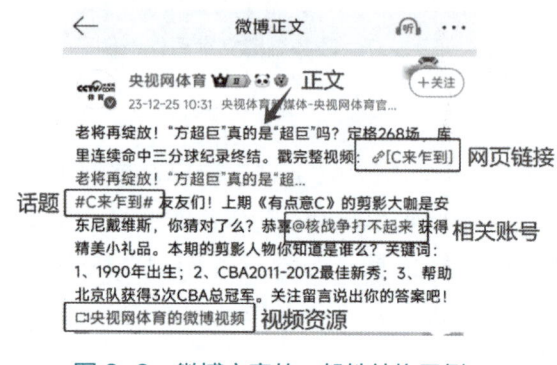

图 6-9　微博文案的一般性结构示例

（四）微博文案写作的基本原则

1. 趣味性

趣味性指的是在微博平台上发布内容时，让内容具有足够的吸引力和娱乐性，能够引起读者的兴趣和注意。例如，这样一则微博文案：

> 去公园散步时，看到一群小鸟在草坪上嬉戏。它们似乎在开研讨会，议题是"如何在不被人类发现的情况下偷吃他们的午餐"。

该文案运用了拟人的修辞手法，描写生活中有趣的瞬间，用文字捕捉记录那些巧妙和幽默的时刻，既有趣又富有创意，这样的文案不仅能够娱乐读者，还能够让他们在平凡的日常中找到乐趣。

2. 实用性

实用性指的是在微博平台发布的内容具有一定的实际价值，能够为读者提供有益的信息、知识或帮助。例如，一则关于职场提升的微博文案是这样写的：

> 想要在工作中提高效率？试试番茄工作法：工作 25 分钟，然后休息 5 分钟。这种方法能有效避免长时间高强度的注意力消耗，让你的工作状态更加持久。

该文案提供了有价值的信息，可以帮助读者解决工作效率不高的问题或者丰富他们的职场提升知识。

3. 有风格

创作微博文案时，应塑造特定的格调，形成独特的风格，以此增加微博平台的辨识度。例如，人民日报官方微博，总体的风格端庄大气又不失风趣；各高校的校园微博因为主要受众为大学生,所以微博文案多用"萌言微语"或者当下的流行语,整体上呈现出活泼有趣、青春朝气的风格。

4. 有利益

在微博平台上进行内容创作时,可能涉及个人、社会、品牌或信息传播等各方面的利益。这些利益可能会在不同层面上带来回报,包括个人发展、社会价值、品牌形象以及信息传播等方面。例如,一则产品推广的微博文案是这样写的:

【限时优惠】购买我们的新款智能手机,即可享受八折优惠,还附赠原装耳机一副。不仅省钱,还能立即体验最新的科技潮流!

该文案明确指出了对购买者的好处,即直接的金钱优惠、奖品赠送,间接的科技体验。通过强调这些利益点,来吸引读者的注意力,激发他们的兴趣,进而促使他们采取行动。

微博文案写作的基本原则如图 6-10 所示。

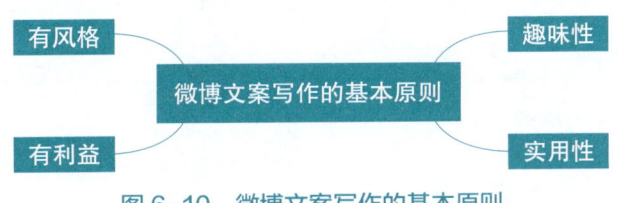

图 6-10　微博文案写作的基本原则

(五)微博文案写作的基本技巧

1. 凝练文字,突出重点

微博文案的文字内容要简洁明快,表达要清晰准确,要在有限的篇幅内将主题完整表达出来,优先并最大限度地呈现重点内容,不要把无关的内容都"塞"进来,以免分散读者注意力。

2. 善于借助热点

大家对热点事件关注度比较高,微博文案的创作如果适时地与热点相结合,借助热点的"热度",可以让内容更具有话题性和吸引力,有助于扩大影响力和触及更多的读者群体,提高自己的曝光率和关注度。

3. 感情真挚

真挚的感情表达能够让微博文案更具人情味,能够引起读者的关注和共鸣,拉近作者与读者之间的距离,建立更紧密的互动与联系。

4. 多用修辞手法

在微博文案中可多使用比喻、拟人、夸张、排比、对比、设问、反问等修辞手法,减少平铺直叙。这些修辞手法可以使文案更加生动有趣,增强语言的表现力和感染力。

5. 注意排版和视觉效果

在微博文案正文中适当使用表情、符号等元素,在文案结尾增加相关的图片、视频等资源,在排版时注意分段、分层,以此让文案更易于阅读,更具有视觉观赏性,从而吸引读者的注意力，增加文案的点击率。

> **写作之窗**
>
> ### 跟着古代诗歌学抒情之法
>
> 1. 直接抒情
>
> 仰天大笑出门去，我辈岂是蓬蒿人。——李白《南陵别儿童入京》
>
> 无意苦争春，一任群芳妒。——陆游《卜算子·咏梅》
>
> 以上两首诗，诗人将心中的感情直白地倾吐出来，不寄情于景、物、事等，不讲究含蓄委婉，直抒胸臆，这就是直接抒情。
>
> 2. 间接抒情
>
> 映阶碧草自春色，隔叶黄鹂空好音。——杜甫《蜀相》
>
> 随意春芳歇，王孙自可留。——王维《山居秋暝》
>
> 以上两首诗间接地抒发诗人情感，即通过借景和用典抒情。这种抒情手法使得情感表达更为委婉曲折。

例文简析

例文一

【事关你的汽车、快递外卖→】近日，市场监管总局（国家标准委）批准发布一批重要国家标准，涉及生产生活、公共安全等多个领域，旨在推动产业发展、促进质量提升、改善生活品质、防范化解风险等方面发挥积极作用。http：//××××× @市说新语

（图略）

——@中国政府网

例文二

#再见了2023年的秋天# 不知不觉明天就立冬啦～冬天可是坚持跑步挑战性最大的季节，很多宝子会坚持不下去，首创公园跑鞋#奇弹5.0#系列，让你爱上冬天的公园跑，让你解锁不同路面，随时随地即刻开跑～

（图略）

——@鸿星尔克官方微博

例文评析

例文一所示的微博文案属于政务微博文案，是典型的短文本。该微博文案说的是相关领域国家标准的更新和发布情况，语言庄重得体。在文案最后附有网页链接和相关账号，方便读者进一步了解详细情况。

例文二所示的微博文案属于企业微博文案，这则文案以冬季跑步挑战为引子，来为特定的跑鞋产品进行推广。首先使用了话题#再见了2023年的秋天#，引出了立冬的话题，创造了季节过渡的氛围，为后续内容做了铺垫。接着提到冬季是坚持跑步挑战性最大的季节，暗示在寒冷的冬天坚持锻炼的难度，并针对此挑战提出了解决方案，从而进行产品推广，引入"首创公园跑鞋#奇弹5.0#系列"的产品介绍，强调此跑鞋在冬季跑步上的优势，包括适应不同路面和随时随地可用等特点，以便用户更容易找到相关话题和品牌内容，促进品牌与用户之间的互动和交流。

牛刀小试

一、填空题

1. 政务微博有两大功能，一是（　　　　）；二是（　　　　）。
2. 一篇常规性的微博从结构组成来说通常包括（　　　　）、（　　　　）、（　　　　）、（　　　　）、（　　　　）五个部分。

二、判断题

1. 为了增加话题性和吸引力，应该尽可能多地在微博文案中加入不相关的信息和图片，以覆盖更多的话题领域。（　　　　）
2. 2011年，中国的政务微博快速发展，呈现出"井喷"的增长态势，这一年也被称为"政务微博元年"。（　　　　）

三、实务实练

请针对一家新开的咖啡厅，设计一则微博推广文案。

要求字数在200字以内。引导读者感受咖啡香醇的味道和舒适的环境，利用图片或短视频等多媒体元素丰富内容，突出该咖啡厅的特色或优势，并使用恰当的标签和话题增加内容的曝光度。

参考文献

[1] 李婕，路开源等. 应用文写作[M]. 北京：高等教育出版社，2022.02.

[2] 徐中玉. 应用文写作[M]. 3版. 北京：高等教育出版社，2019.08.

[3] 王首程. 应用文写作[M]. 4版. 北京：高等教育出版社，2021.12.

[4] 王粤钦，陈娟. 新编应用写作[M]. 7版. 大连：大连理工大学出版社，2018.08.

[5] 武怀军. 新概念应用文写作[M]. 武汉：武汉大学出版社，2013.02.

[6] 王用源. 沟通与写作 应用文写作技能与规范[M]. 北京：人民邮电出版社，2019.06.

[7] 孟庆荣，王雪琪，秦静. 应用文写作[M]. 3版. 大连：大连理工大学出版社，2020.09.

[8] 郭雪峰，杨忠慧，岳五九. 应用文写作实训教程[M]. 北京：高等教育出版社，2019.08.

[9] 郭沁荣. 高职应用文写作教程[M]. 北京：清华大学出版社，2020.08.

[10] 陈洁. 现代应用文写作模块化训练教程[M]. 北京：高等教育出版社，2021.08.

[11] 刘红星，甘益慧，赵亚莉. 应用写作[M]. 北京：高等教育出版社，2016.08.

[12] 许韧. 应用文写作（活页版）[M]. 苏州：苏州大学出版社，2023.01.

附　录

《党政机关公文处理工作条例》

《党政机关公文格式》（GB / T 9704-2012）

《标点符号用法》（GB / T 15834-2011）

题库